Wolfram Guh.

SOČA ISONZO

S

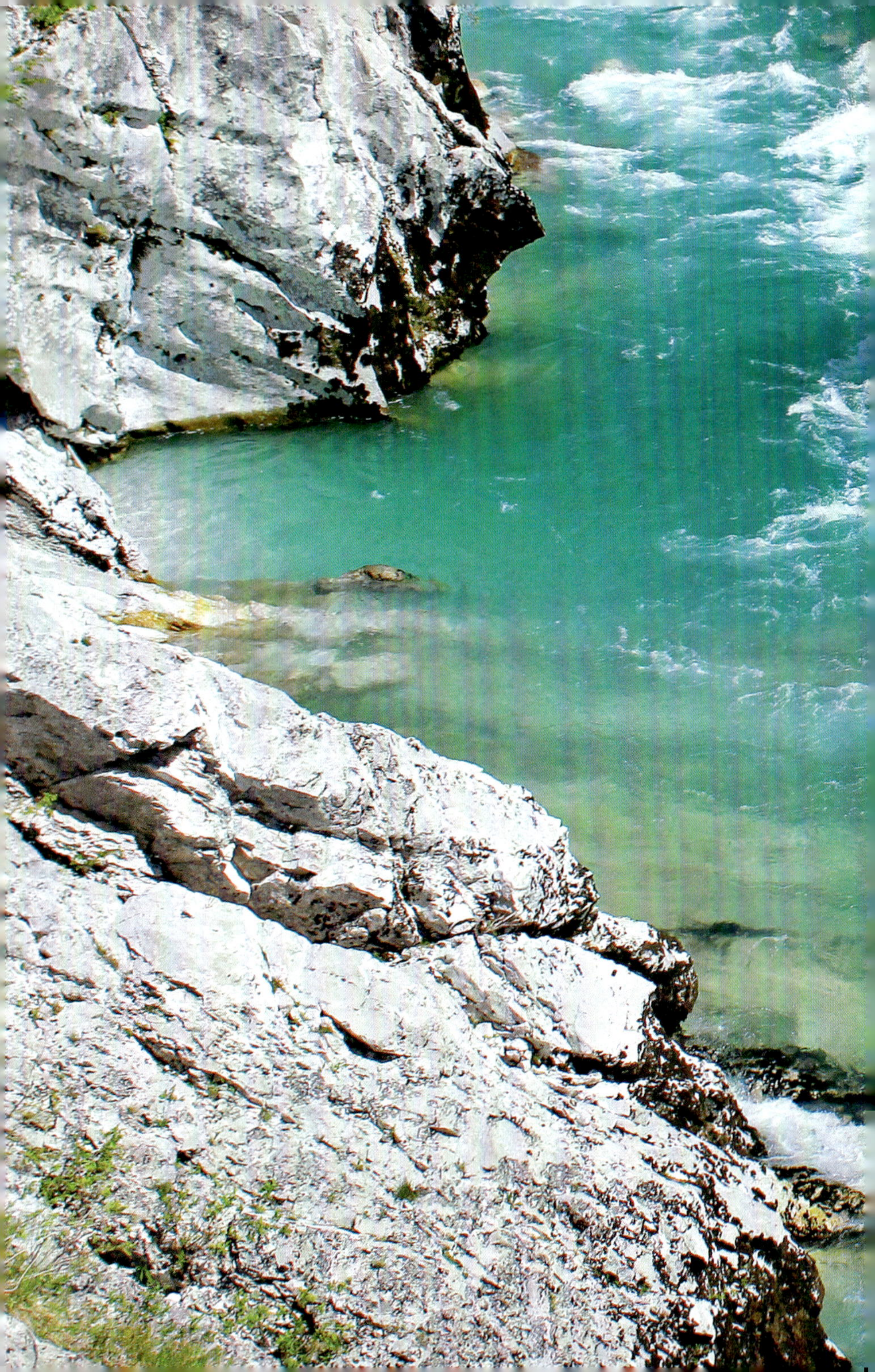

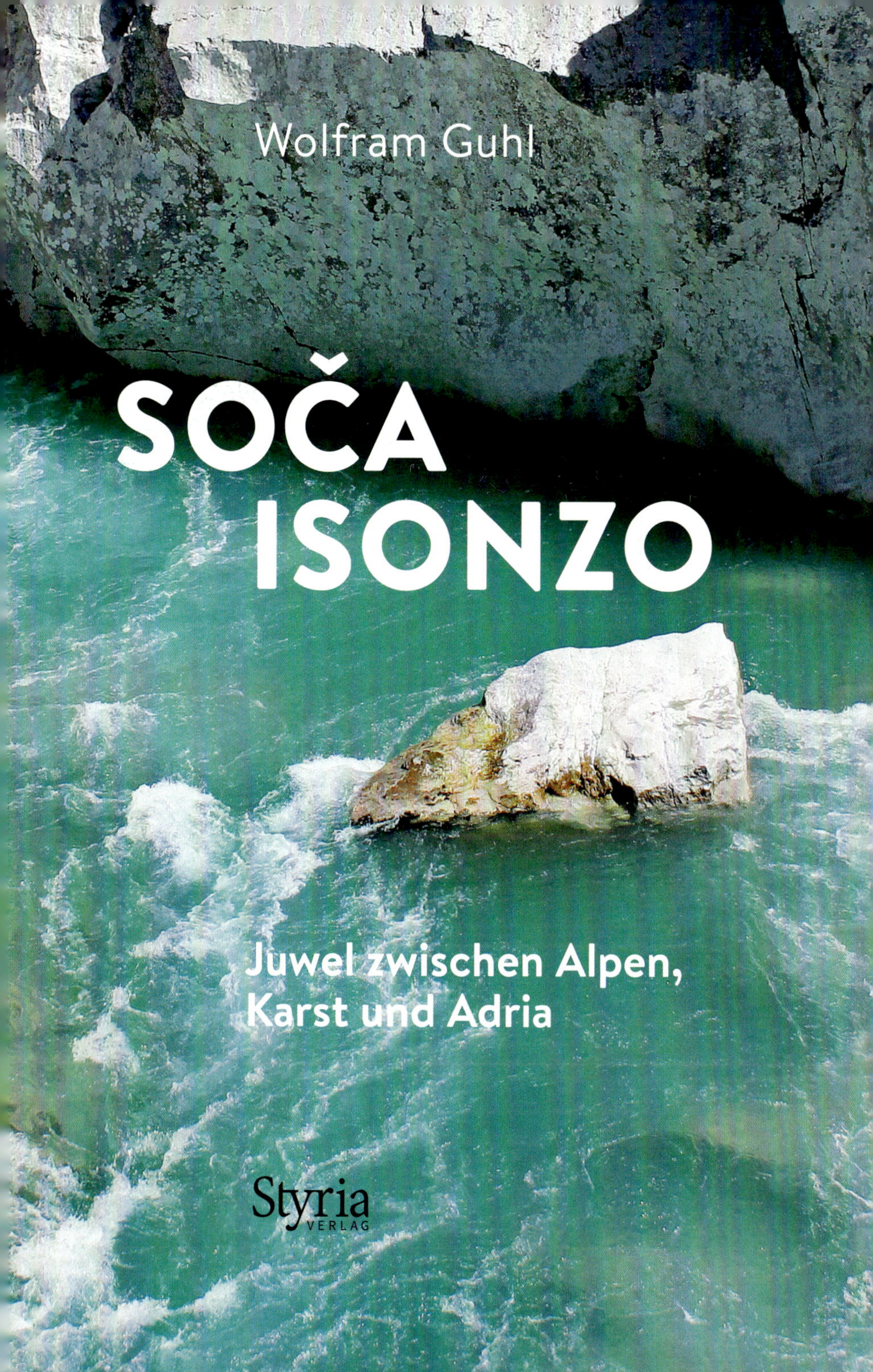
Wolfram Guhl
SOČA
ISONZO
Juwel zwischen Alpen,
Karst und Adria
Styria
VERLAG

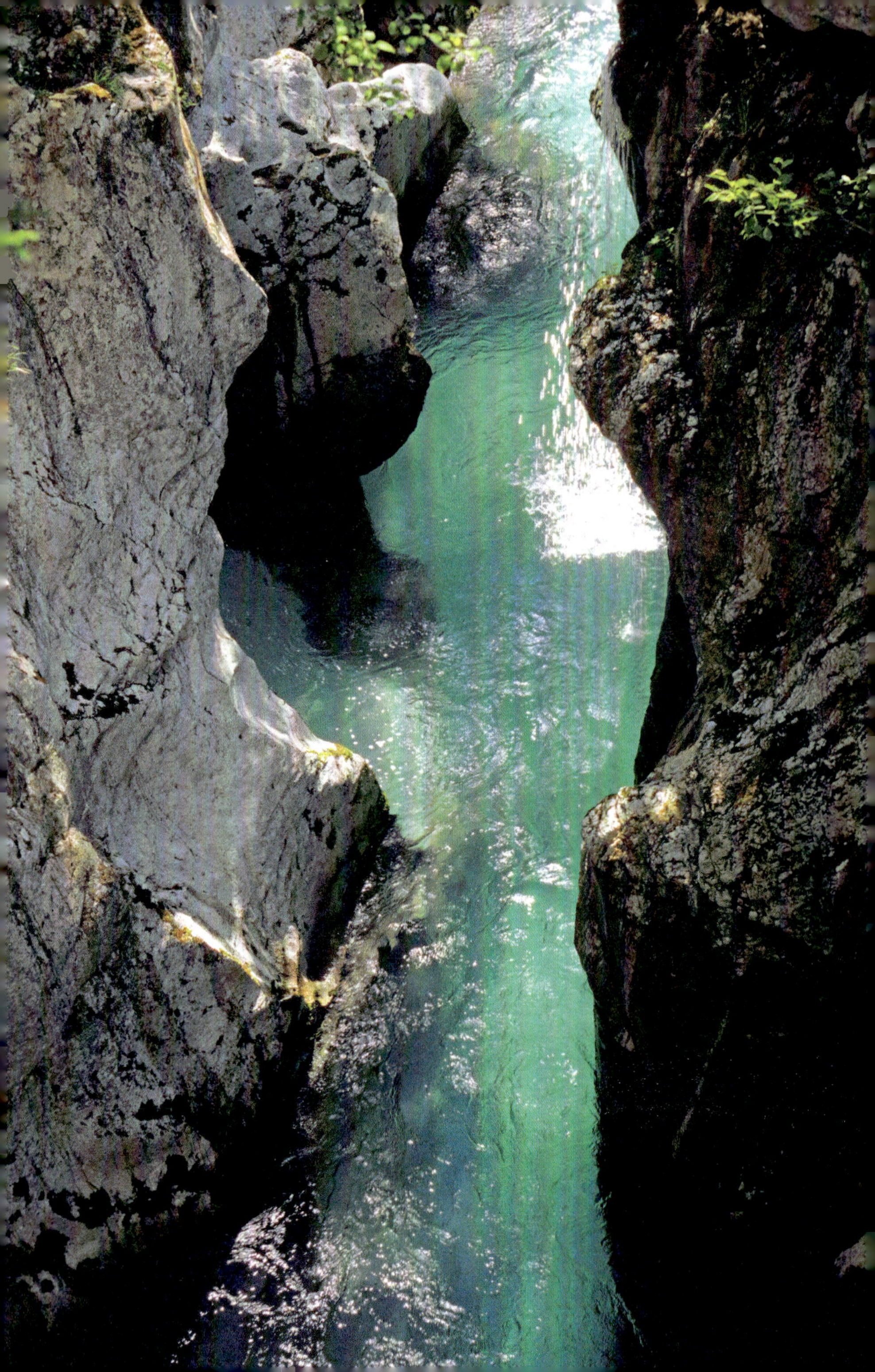

Inhalt

Im Buch verwendete Symbole und Abkürzungen

= Kondition & Ausdauer (1 = gering, 2 = mittel bis hoch, 3 = hoch bis sehr hoch)

= Trittsicherheit & Schwindelfreiheit (1 = gering, 2 = mittel, 3 = hoch)

= Rad- und Mountainbiketouren (1 = leicht, 2 = mäßig anstrengend, 3 = anstrengend)

= besonders schöne Aussicht/Weitsicht

= besonders schöne Blicke auf die Soča

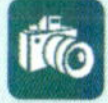
= durch Wasser geprägte Natursehenswürdigkeiten (ohne Soča), insbesondere Wasserfälle, Schluchten, ein schöner Bergsee

= besondere kulturelle und bauliche Sehenswürdigkeiten

= besondere Fauna/Flora

B = Betten, L = Lager, WR = Winterraum

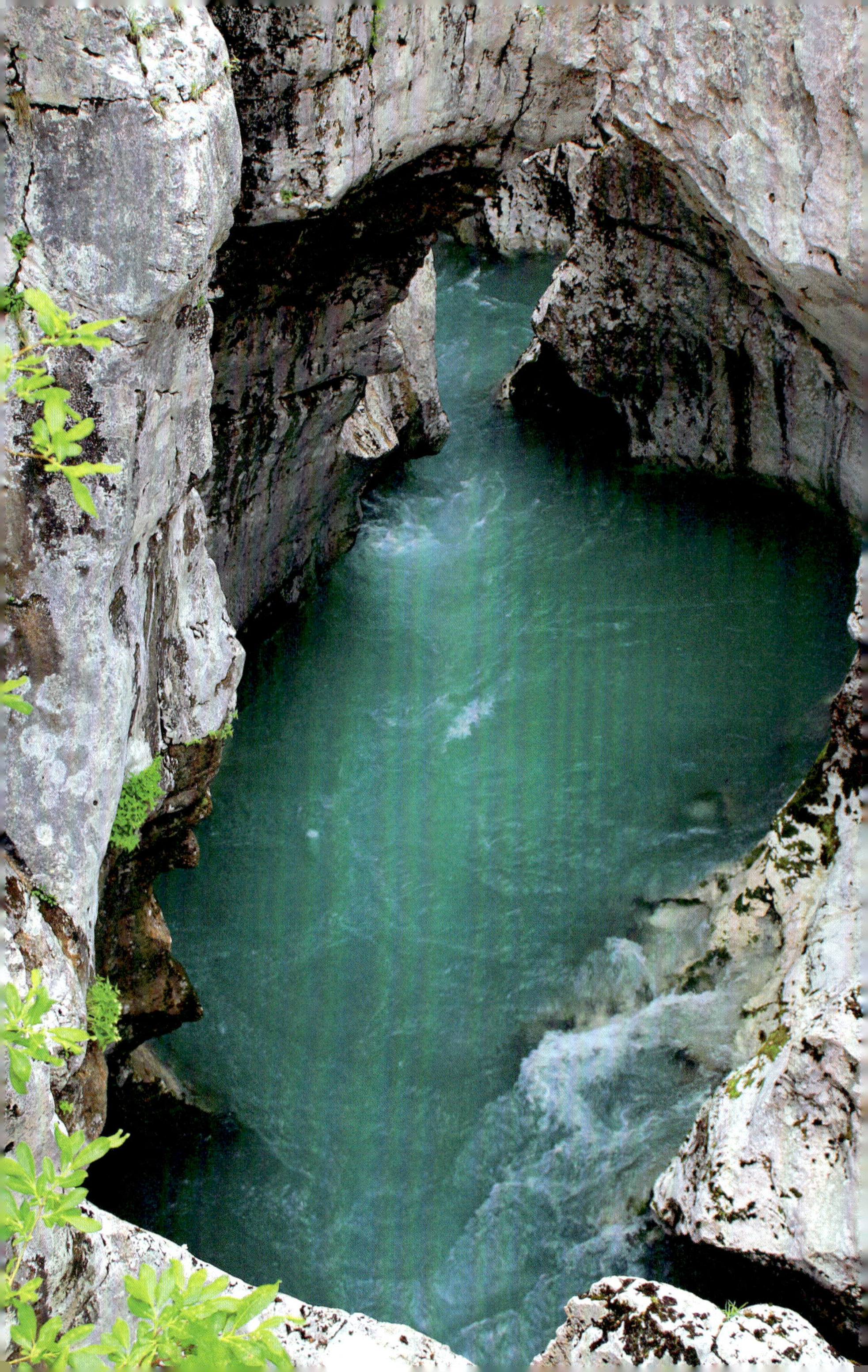

Vorwort des Autors

„Der schönste Fluss Europas." Mit diesen Worten pries vor bald 100 Jahren der berühmte Alpinist, Schriftsteller und Romantiker Julius Kugy die Soča. „Ein flüssiger Strom aus Smaragd und Aquamarin" – eine weitere Hymne Kugys, dessen Name untrennbar mit diesem Fluss und seiner einzigartigen Farbe verbunden ist.

Mitte der 1970er-Jahre besuchte ich zum ersten Mal den Oberlauf der Soča. Es folgten noch zahlreiche weitere Besuche. Auch nach über 40 Jahren hat die Landschaft mit ihren reichen Naturschätzen nichts von ihrer Faszination eingebüßt und bietet immer noch Überraschungen für mich. Glücklicherweise ist der Abschnitt der Soča oberhalb von Tolmin von gewissen Erscheinungen der Neuzeit weitgehend verschont geblieben, doch es gab und gibt Pläne zum Ausbau der Wasserkraft, die Schlimmes für diese Flusslandschaft befürchten lassen. Momentan ruhen diese Pläne wieder in der Schublade – und bleiben dort hoffentlich für immer.

So gehört der Oberlauf der Soča neben dem Tagliamento in Friaul-Julisch Venetien, der Salza in der Steiermark und dem Oberlauf des Lechs in Tirol zu den natürlichsten Flussläufen der Ostalpen. Außerhalb der Alpen, d. h. südlich von Tolmin, wurde die Soča streckenweise ihres natürlichen Charakters beraubt, ihre berühmte Farbe verblasst jedoch erst im Tiefland – verliert sich aber nicht ganz.

Die Soča – in Italien dann der Isonzo – hat eine Länge von 140 Kilometern. Die Luftliniendistanz zwischen der Quelle im Nordwesten Sloweniens und der Mündung in die Adria auf italienischem Territorium beträgt jedoch nur 70 Kilometer. Innerhalb dieser Distanz finden wir aber krasse Gegensätze wie sonst selten in Europa: schroffes, noch sehr naturbelassenes Hochgebirge im Norden, südlich daran anschließend karges, dünn besiedeltes Mittelgebirge, daneben sanftes, weinseliges Hügelland, in Meeresnähe fruchtbares, dicht besiedeltes Flachland mit alten Städten und schließlich eine

Große Sočaschlucht

urtümlich anmutende Sumpflandschaft im Mündungsbereich. Wenn wir uns an der Mündung umdrehen, erblicken wir bei klarem Wetter die Berge, die an der Quelle Pate stehen.
Das Einzugsgebiet von Soča bzw. Isonzo war und ist in vielerlei Hinsicht Übergangs- und Grenzgebiet: geologisch – wir befinden uns an der Nahtstelle zwischen Adriatischer Mikroplatte und Eurasischer Platte –, vor allem aber geschichtlich. Schon in vor- und frühgeschichtlicher Zeit kreuzten sich hier wichtige Handelswege und zu Zeiten der Völkerwanderung zogen Ostgoten, aber auch Hunnen durch. Später litt dieses Gebiet häufig unter rivalisierenden Territorialansprüchen, Herrschafts- und Staatsgrenzen wurden mehrfach verschoben – selten zum Wohl der Bewohner. Wie kaum eine andere Region spiegelt das Soča-Isonzo-Gebiet mehr als 2000 Jahre europäischer Geschichte wider.
Schon bei meinem ersten Besuch am Oberlauf der Soča Mitte der 1970er-Jahre wurde mir bewusst, dass es in dieser bezaubernden Landschaft nicht immer friedlich zuging. Von Lepena aus wanderte ich hinauf zum Krnsee. Am höchsten Punkt des Weges entdeckte ich ein Überbleibsel aus unseliger Zeit: eine im Boden verankerte Kanonenlafette aus dem Ersten Weltkrieg (diese befindet sich heute noch dort). Am Ostufer des Krnsees erinnerten Schützengräben an diese schrecklichen Jahre. (Die Gräben sind inzwischen weitgehend verfallen.) Der Erste Weltkrieg markiert einen grausamen Höhepunkt in der Geschichte dieser Gegend, die immer wieder von tragischen Ereignissen heimgesucht wurde. Unvorstellbar viel Blut wurde hier zwischen 1915 und 1917 vergossen; für Hunderttausende Soldaten wurde der Isonzo – dieser Name steht in der Geschichtsschreibung für den gesamten Flusslauf – zum Schicksalsfluss.
Auch in den darauffolgenden Jahrzehnten kehrte hier keine Ruhe ein. Ethnische Unterdrückung zu Zeiten des italienischen Faschismus, Naziterror im Zweiten Weltkrieg, nach Kriegsende eine Grenzziehung, die Familien trennte.
Ende der 1970er-Jahre kam ich auch zum ersten Mal nach Nova Gorica. Ich fuhr durch bewohntes Gebiet und fast unvermittelt stand ich an der Grenze zwischen Jugoslawien und Italien. Eine Grenze, die einen Siedlungsraum – Nova Gorica/Gorizia – durchschnitt, damals aber zwei Welten trennte. Eine Grenze, die etwas an die Ost-West-Teilung Berlins erinnerte (der Begriff

„geteilte Stadt" traf auf Gorizia/Nova Gorica allerdings nicht ganz zu), jedoch bei Weitem nicht so gewaltsam bewacht wurde und auch nicht so undurchlässig war wie die Berliner Mauer. Ich konnte sie problemlos passieren. Seit jenem Besuch fanden grundlegende Umwälzungen statt, vor allem auf slowenischer Seite: Loslösung von Jugoslawien, EU-Beitritt Sloweniens, Einführung des Euro, Wegfall der routinemäßigen Personenkontrollen an der slowenisch-italienischen Grenze – das gesamte Soča-Isonzo-Gebiet ist nunmehr Euro-Raum, in dem man sich ungehindert bewegen kann. Somit spiegelt dieses Gebiet auch die neuere europäische Geschichte wider.
Das Soča-/Isonzogebiet: Vor über 100 Jahren Schauplatz schlimmster Auseinandersetzungen, heute Vorbild für ein friedliches Zusammenleben in Europa. Und die Soča? Hoffentlich bis in alle Zukunft „schönster Fluss Europas".

Dank des Autors

Bei meinen Recherchen vor Ort habe ich in zahlreichen Gesprächen sowie über schriftliche Kontakte viele wertvolle Tipps und Informationen bekommen. Ganz besonders danken möchte ich in diesem Zusammenhang **Fedja Klavora, Historiker, Bovec, Dušan Jesenšek, Leiter der Aufzuchtstation für die Soča-Forelle, Tolmin, Katja Sivec, Stiftung „Pot miru", Kobarid, Marko und Stanka Pretner, Trenta, Domen und Irena Černuta, Log pod Mangartom, Janez Bizjak, ehem. Direktor des Nationalparks Triglav, Janez Pagon, Staatl. Forstdienststelle Tolmin, Urška Kranjc, Koseč bei Drežnica, Vesna Despodivic, Drežniška Ravne, Evelin Bizjak, Solkan bei Nova Gorica, Matjaž Marušič, Šempeter.**
Danken möchte ich auch allen, die mich auf meinen Wanderungen und Radtouren an der Soča, am Isonzo oder auch hoch über der Soča begleitet haben – und manchmal etwas Geduld aufbringen mussten, wenn ich mich wieder auf ein Fotomotiv konzentriert habe.

Aus Geschichte und Gegenwart

Eine kleine Namensforschung

Die Wurzeln der Flussnamen Soča und Isonzo reichen zum Teil weit in die vorchristliche Zeit zurück. Der Name „Soča" leitet sich aus dem altslowenischen *Sontja reka* = „Sonnenfluss" ab. Im Zuge des Sprachwandels wurde daraus *Sonča* und schließlich *Soča*.
Der Name „Isonzo" hingegen lässt mindestens zwei Deutungen zu. Einige Sprachforscher sehen darin das keltische Stammwort *Isa*, das für „schnell fließendes, rauschendes Wasser" steht. Die Namen zahlreicher Alpenflüsse lassen sich darauf zurückführen: Isar, Isel, Isère, aber auch Natisone, um nur einige zu nennen. Andere Sprachforscher leiten „Isonzo" vom lateinischen *(I)Sontius* ab, was wiederum „Sonnenfluss" bedeuten würde. Das altslowenische *Sontja reka* könnte sich hieraus entwickelt haben.

„Sonnenfluss" oder „rauschendes Wasser" – lassen wir beide Deutungen gelten.

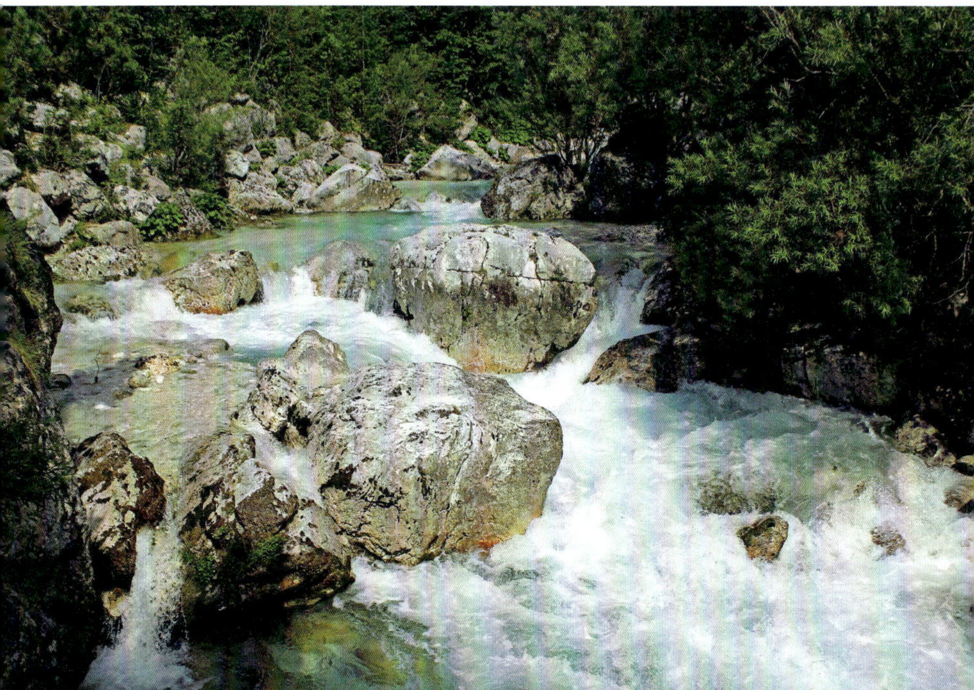

Die bewegte Geschichte

Das Soča-/Isonzogebiet war von der Antike bis in die jüngste Vergangenheit häufig Schauplatz großer historischer Ereignisse – im Positiven wie im Negativen. Erinnert sei vor allem an die Rolle Aquileias bei der Ausbreitung des Christentums nördlich der Adria, an die Schlacht am Frigidus (ein Fluss östlich von Nova Gorica, wobei geschichtlich nicht geklärt ist, ob der Hubelj oder die Vipava damit gemeint ist) im Jahr 394, aber auch an die grausamen Kämpfe entlang des Isonzo während des Ersten Weltkriegs. Die ansässige Bevölkerung hatte häufig das Nachsehen. Außerdem war und ist das Soča-/Isonzogebiet ein wichtiges Übergangs- und Durchzugsgebiet. Zwei Beispiele: Das zum Isonzo führende Vipavatal war Einfalls- und Ausfallstor für Söldner, für ganze Völker, aber auch für rege Handelsbeziehungen. Über den Predilpass führte ebenfalls ein wichtiger Handelsweg, zeitweise diente er jedoch Truppenbewegungen ungeheuren Ausmaßes, insbesondere während der Napoleonischen Kriege.

Besonders turbulent verlief hier das 20. Jahrhundert. Wer in Bovec oder in Kobarid vor 1914 geboren wurde, seine Heimat nicht für längere Zeit verließ und im Jahr 1991 noch die Gründung Sloweniens als selbständiger Staat miterleben durfte, musste sich im Laufe seines Lebens sechs verschiedenen Hoheiten und Besatzern unterordnen: Bis 1919 gehörten diese Orte zu Österreich-Ungarn, von 1919 bis 1943 zu Italien, 1943 bis 1945 waren sie von Nazi-Deutschland besetzt, 1945 bis 1947 standen sie unter angloamerikanischer Verwaltung (Zone A), 1947 kamen sie zu Jugoslawien und seit 1991 gehören sie zum neu gegründeten Staat Slowenien.

Historische Daten und Ereignisse im Soča-/Isonzogebiet

181 v. Chr. Gründung von **Aquileia** als römische Militärbasis zur Abwehr der Karner und als Ausgangspunkt für weitere Feldzüge – das Römische Reich befindet sich in Expansion. Zudem treffen sich hier wichtige Handels- und Verkehrswege, insbesondere die Römerroute der Bernsteinstraße, die von der Ostsee über Emona (heute Ljubljana) und entlang der Vipava nach Aquileia führt, sowie der Weg in die Provinz Noricum, ein höchst bedeutsamer Transportweg für Eisenerz aus dem heutigen Kärnten und der Steiermark. Eisenverhüttung, Glasherstellung, aber auch lebhafter Handel in Verbindung mit einem bedeutenden Flusshafen lassen Aquileia prosperieren; mit zeitweise mehr als 100 000 Einwohnern ist es – heute kaum vorstellbar – die viertgrößte Stadt des Römischen Reichs.

Spätestens im 3. Jh. n. Chr. erreicht das **Christentum** – vermutlich durch Kaufleute aus dem Orient – die nördliche Adriaküste. **Aquileia** wird im 3. Jh. Bischofssitz. 313 wird das Christentum durch Kaiser Konstantin als gleichberechtigt neben den übrigen Religionen anerkannt. Ab 314 entwickelt sich Aquileia vor allem unter Bischof **Theodorus** zu einem geistlich-kulturellen Zentrum nördlich der Adria.

Im Jahr 364 wird das Römische Reich aus verwaltungstechnischen Gründen in eine östliche und eine westliche Hälfte aufgeteilt. Das Isonzogebiet gehört zum Weströmischen Reich.

5./6. September 394, Schlacht am Frigidus: Der oströmische Kaiser Theodosius, der im Jahr 391 das Christentum in seinem Herrschaftsbereich zur alleinigen Staatsreligion erhoben hat, besiegt im Vipavatal den weströmischen Kaiser Eugenius, welcher – obwohl selbst Christ – seine Macht auf Senatoren stützt, die noch der altrömischen Religion anhängen. Diese Schlacht gilt als eine der größten und blutigsten in der Geschichte des Römischen Reichs. Theodusius rückte mit seinen Truppen von Nordosten über den Birnbaumer Wald (Hrušica) ins Vipavatal vor. Späteren Darstellungen zufolge soll ihm die Bora, der heftige Fallwind von den Höhen des Birnbaumer Walds, zu Hilfe gekommen sein: Die Pfeile seiner Truppen hatten, so wird überliefert, durch den „Rückenwind" eine hohe Durchschlagswirkung. Theodusius ist nach diesem Sieg alleiniger Herrscher über das nunmehr wiedervereinte Römische Reich, nichtchristliche Religionen werden im gesamten Imperium verboten. Vier Monate später stirbt Theodosius, das Imperium wird abermals in zwei Hälften aufgeteilt. Das Verbot nichtchristlicher Religionen – eine Ausnahme bildete das Judentum – bleibt jedoch in beiden Imperien bestehen, weshalb die Schlacht am Frigidus von vielen Historikern als „Sieg des Christentums" und somit als höchst bedeutsam für den weiteren Verlauf der Weltgeschichte angesehen wird. Das gesamte Isonzogebiet wird wiederum Teil des Weströmischen Reichs.

401: Die **Goten** unter König Alarich ziehen durch das Vipavatal und über den Isonzo in Richtung Mailand (und plündern 410 die Stadt Rom).

452 Zerstörung Aquileias durch die Hunnen unter Attila. Der Bischof flieht nach Grado. Attila stirbt 453, worauf das Hunnenreich zerfällt. Der nach Grado geflüchtete Bischof kehrt nach Aquileia zurück.

488: Theoderich, König der Ostgoten, zieht durch das Vipavatal in Richtung Italien. Anfang des 6. Jahrhunderts ist das gesamte Isonzogebiet Teil des Reichs von Theoderich. Das Weströmische Reich zerfällt.

567 Der Bischof von Aquileia nimmt den Titel **Patriarch von Aquileia** an. Er steht über neun Bistümern in Venetien, Istrien und Noricum.

568: Einfall der **Langobarden** durch das Vipavatal in die Tiefebene; der Patriarch von Aquileia flieht in die Lagune nach Grado, wo er ein neues Bistum gründet. Das langobardische Königreich umfasst unter anderem einen Großteil Oberitaliens einschließlich des Isonzogebietes.

606: Gründung des **Patriarchats von Grado.** Politisch gehört der Küstenstreifen im nördlichsten Teil der Adria zu dieser Zeit und bis ins 9. Jahrhundert dem Oströmischen bzw. Byzantinischen Reich an.

Ab circa 600 besiedeln **Slawen** die Berg- und Hügelgebiete entlang der oberen und mittleren Soča, am Oberlauf des Natisone (Nadiža) und im Görzer Hügelland. Die Westgrenze der slawischen Ausbreitung entspricht ungefähr der heutigen slowenischen Sprachgrenze.

774: Der Frankenkönig **Karl der Große** erobert von Westen das Langobardenreich und verleibt es dem **Frankenreich** ein. Fast das gesamte Isonzogebiet gehört somit zum Frankenreich – mit Ausnahme von Grado und der Lagune, die unter byzantinischer Herrschaft verbleiben.

828: Unter karolingischer Herrschaft wird die **Grafschaftsverfassung** eingeführt. Vom Kaiser eingesetzte weltliche und geistliche Markgrafen und Grundherren fremder Herkunft (meist aus dem deutschsprachigen Raum) berauben die bis dato freien Bauern zunehmend ihrer Selbständigkeit. Für die Slawen im Isonzogebiet markiert dieses Jahr den Beginn einer mehr als 1000 Jahre währenden Fremdherrschaft.

In der **ersten Hälfte des 10. Jahrhunderts** fallen die **Ungarn** von Osten mehrmals ins Friaul ein, weite Gebiete werden entvölkert. Erst nach der durch die Schlacht auf dem Lechfeld erlittenen Niederlage (955) beenden die Ungarn ihre Raubzüge.

1001: Otto III. Kaiser des „Heiligen Römischen Reichs" teilt das Kastell von Solkan (heute ein Ortsteil von Nova Gorica) und die Ansiedlung „Goriza"

(Gorizia) jeweils zur Hälfte dem Patriarchen von Aquileia zu. Diese und noch andere weltliche Besitztümer bilden die Basis des Patriarchenstaats von Aquileia.

1077: Patriarch Sieghard von Aquileia wird Markgraf von Friaul. Bis ins 15. Jahrhundert üben die Patriarchen von Aquileia sowohl kirchliche als auch weltliche Herrschaft aus. Das Territorium des **Patriarchenstaats** reicht vom Tagliamento im Westen bis zum Isonzo im Osten und vom Südrand der Alpen bis zur Adria.

Nach 1077 erhalten die aus Bayern stammenden **Meinhardiner** von Patriarch Sieghard große Güter als Lehen, darunter den späteren Stammsitz in Görz. Sie erweitern fortlaufend ihren Machtbereich und erheben 1120 sich selbst zu den „Grafen von Görz"; die **Grafschaft Görz** bestimmt in den nächsten beiden Jahrhunderten maßgeblich die Geschicke des Isonzoraums.

Von **Beginn des 13. Jahrhundert** bis ins Jahr 1797 gehören **Grado** und die Lagune sowie der Bereich der Isonzomündung politisch zur **Republik Venedig,** der dominierenden Handels- und Seemacht im Adriaraum.

Um **1300** entfalten die **Grafen von Görz** unter Meinhard II. ihre größte Machtfülle – vor allem auf Kosten des Patriarchats von Aquileia, dem sie ihren Aufstieg verdanken –, als große Teile von Kärnten und Tirol, aber auch das Isonzogebiet mit Ausnahme des Küstenbereichs bei Grado (s. o.) zum Herrschaftsgebiet gehören.

1420: Das Ende der weltlichen Herrschaft des Patriarchats von Aquileia. Gradisca und das Gebiet um Flitsch/Bovec geraten unter venezianische Herrschaft.

Gegen **Ende des 15. Jahrhunderts** fallen mehrmals **osmanische Reiter** plündernd und mordend ins Isonzogebiet ein. Görz wird mehrfach geplündert. 1478 reiten circa 20 000 Osmanen durch das Isonzotal und über den Predilpass nach Tarvis und fallen plündernd in Kärnten ein.

1500: Mit dem Tod des kinderlosen Grafen **Leonhard** fällt das Görzer Herrschaftsgebiet aufgrund eines Erbvertrags an die **Habsburger.** Die Grenze zwischen dem Habsburger Herrschaftsgebiet und der Republik Venedig verläuft zwischen Görz und Gradisca über den Isonzo. Bereits bestehende Spannungen zwischen den beiden Mächten verschärfen sich.

1508–1516, Großer Venezianerkrieg: Venedig erobert bis April 1509 die Städte Cormòns, Görz und Triest, muss sie jedoch bald wieder an die Habsburger zurückgeben. Der Krieg geht weiter. An dessen Ende kann Habsburg mit Gradisca, Tolmin und Idrija einen geringfügigen Territorialgewinn verbuchen. Der Venezianerkrieg gilt als einer der bis dato blutigsten Kriege. Insgesamt soll er 500 000 bis 600 000 Menschen – Söldner und Zivilisten – das Leben gekostet haben. Die Gebiete um Görz, Gradisca und Triest sind völlig verwüstet.

1615–1617, Gradiskanerkrieg: Venezianische Landsknechte und Reiter belagern Gradisca. Am Ende bleibt Gradisca habsburgisch (zu den Verteidigern zählte auch Wallenstein).

1713, Großer Tolminer Bauernaufstand: Nachdem es im oberen Sočagebiet schon seit dem 15. Jahrhundert immer wieder zu Aufständen von Bauern wegen unzumutbar hoher Abgaben an die Adligen und weiterer Schikanen gekommen war, erreichen diese Aufstände 1713 einen Höhepunkt. Neu eingeführte Steuern auf Wein und Fleisch und ein skrupelloser Steuereintreiber aus Görz, der bereits mehrere Steuerverweigerer hat einsperren lassen, sind die wesentlichen Ursachen für einen von Tolminer Bauern organisierten Aufstand, der schließlich das Sočagebiet von Kobarid bis Görz und darüber hinaus die Goriška Brda, das Banjšice-Plateau und weite Teile des Karsts bis Triest erfasst. Bis zu 6000 Bauern sind daran beteiligt. Der Aufstand wird im Juni von Kavallerie und Infanteristen, herbeigerufen von den adligen Grundherren, niedergeschlagen. Im April 1714 werden elf Anführer der Rebellion hingerichtet, sechs davon gevierteilt, ihre Leichenteile an den Stadteingängen von Tolmin zur Schau gestellt.

1751, Aufhebung des Patriarchats von Aquileia und Aufteilung auf die Erzbistümer Udine (venezianischer Teil) und Görz (österreichischer Teil).

1797: Die europäischen Monarchien sind in Kämpfe gegen das revolutionäre Frankreich verwickelt. Nach einer Niederlage in Norditalien ziehen sich österreichische Truppenteile, verfolgt von über 10 000 Franzosen, entlang des Isonzo und über den Predilpass nach Kärnten und in die Steiermark zurück. An der Festung Kluže bei Flitsch/Bovec geraten mehr als 500 österreichische Verteidiger in Gefangenschaft. Der zwischen Frankreich, Österreich und Sardinien geschlossene „Frieden von Campo Formio" bedeutet das **Ende der Republik Venedig,** dessen Festlandsbesitz großteils an Österreich fällt, das seinerseits jedoch andere Gebiete abtreten muss. Das gesamte Isonzogebiet gehört – vorerst – zu Österreich.

1805: Napoleon, Kaiser der Franzosen und König von Italien, besetzt unter anderem die venezianischen Gebiete, die 1797 Österreich zugeteilt worden sind. An der Festung Kluže bei Flitsch/Bovec kommt es abermals zu schweren Kämpfen. Das untere Isonzogebiet wird dem Königreich Italien zugeteilt.

1809: Österreich unterliegt in einem abermaligen Krieg gegen Frankreich. Französische Truppen marschieren entlang des Isonzo nach Norden und greifen am Predilpass die österreichischen Verteidigungsanlagen an; fast alle Verteidiger – der kommandierende Hauptmann Hermann und über 200 kroatische Grenzsoldaten – sterben. Görz und das obere Isonzogebiet werden Teil der von Napoleon gegründeten **Illyrischen Provinzen.** Somit steht das gesamte Isonzogebiet unter französischer Verwaltung.

1815–1848: Im Rahmen des Wiener Kongresses werden die alten Monarchien wiederhergestellt. Die Illyrischen Provinzen werden vollständig an Österreich zurückgegeben. Das gesamte Isonzogebiet gehört nun zum **Kaisertum Österreich.** Es gilt Schulpflicht. Unterrichtssprache an den Volksschulen im Isonzogebiet von Görz bis zur Küste ist Italienisch, im nördlichen Isonzogebiet ist es Slowenisch. Die Oberschicht der Bevölkerung besteht in den slowenischsprachigen Gebieten hauptsächlich aus Deutschsprachigen.

1848: Am 2. Dezember wird in Wien ein erst 18 Jahre alter Herzog zum Kaiser von Österreich gekrönt: Franz Joseph I. Er wird 68 Jahre lang regieren – und einige Kriege verlieren.

1849: Das Isonzogebiet wird Teil des **Kronlands „Österreichische Küstenlande"**, das auch Istrien und Triest umfasst. Hauptstadt ist Triest.

1861 werden die Küstenlande in drei Kronländer aufgeteilt: Görz und Gradisca, Istrien und die Stadt Triest. Das **Kronland Görz und Gradisca** mit Görz als Hauptstadt umfasst praktisch das gesamte Isonzogebiet, außerdem den Karst nördlich von Triest sowie Aquileia und Grado. Das Kronland Görz und Gradisca existiert bis 1918.

1866: Österreich muss nach dem verlorenen Preußisch-Österreichischen Krieg Venetien an das wenige Jahre zuvor gegründete und mit Preußen verbündete Königreich Italien übergeben, desgleichen einen Großteil der hauptsächlich von Slowenen besiedelten „Beneška Slovenija" (Slavia veneta) am oberen Natisone. Das Isonzogebiet wird zur Grenzregion.

1900: Im 2918 Quadratkilometer umfassenden Kronland Görz und Gradisca leben 233 000 Menschen: 141 000 Slowenen (ca. 60 %), 81 000 Italiener und Friauler (ca. 35 %), 3500 Deutschsprachige (1,5 %). Die Slowenen leben hauptsächlich im gebirgigen Norden sowie im Karst, die Italiener hauptsächlich in den Städten und an der Küste, die Friauler in den ländlichen Gebieten der Tiefebene. Die meisten Deutschsprachigen leben in der Stadt Görz. Görz (Gorizia, Gorica) hat 25 400 Einwohner, davon sind 16 100 Italiener, 4650 Slowenen und 2760 Deutschsprachige

19. Juli 1906: Feierliche Eröffnung der **Wocheinerbahn** von Aßling (Jesenice) nach Görz durch Erzherzog Franz Ferdinand. Im selben Jahr wird die „Karstbahn" von Görz nach Triest fertiggestellt. Triest mit dem wichtigsten Seehafen Österreich-Ungarns und das mittlere Isonzogebiet sind somit an das europäische Schienennetz angeschlossen.

1914: Ermordung des designierten Thronfolgers Franz Ferdinand in Sarajewo am 28. Juni durch einen bosnisch-serbischen Attentäter. Kriegserklärung Österreich-Ungarns an Serbien am 28. Juli. Eine verhängnisvolle Bündnispolitik und ein militaristischer Zeitgeist führen zum Ausbruch des **Ersten Weltkriegs,** der bald zum bis dato grausamsten Krieg der Menschheitsgeschichte eskaliert. Italien, mit Österreich-Ungarn und Deutschland noch formell im „Dreibund" vereint, erklärt seine Neutralität.

1915: Im **Londoner (Geheim-)Vertrag** zwischen Italien und den Ententemächten vom 26. April werden Italien Gebietsgewinne versprochen für den Fall, dass es auf Seiten der Entente in den Krieg gegen Österreich-Ungarn und das Deutsche Reich eintritt. Versprochen werden Gebiete, auf die Italien schon seit Längerem Anspruch erhebt, vor allem auf solche, die zu Österreich gehören: Tirol südlich des Brenners, das kärntnerische Kanaltal (mit Tarvis und Raibl), Istrien, Triest – und das gesamte Einzugsgebiet des Isonzo. Nach Kündigung des Dreibunds **erklärt Italien am 23. Mai 1915 Österreich-Ungarn den Krieg.**

1915–1917: Schon bald nach der Kriegserklärung entsteht eine 600 Kilometer lange Frontlinie, die sogenannte Südfront, die sich als Hochgebirgsfront vom Ortler, dem höchsten Berg Österreich-Ungarns, zu den

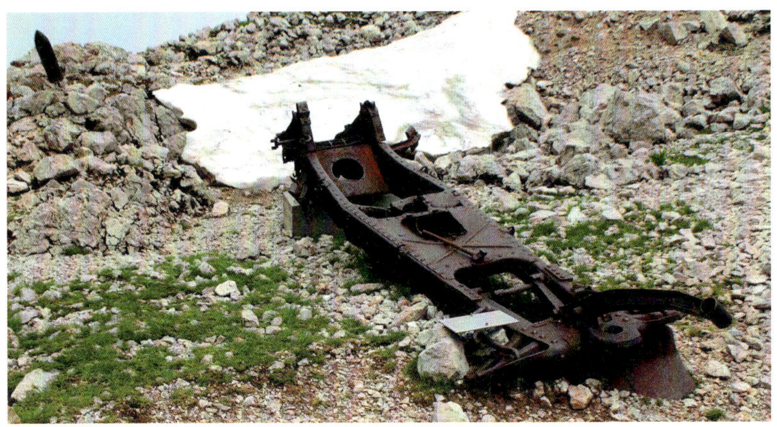

Relikt aus dem Ersten Weltkrieg auf der Krnscharte

Dolomiten und über den Karnischen Hauptkamm bis zu den Julischen Alpen hinzieht. Hauptkriegsschauplatz ist jedoch der von den Julischen Alpen entlang des Isonzo und über den Karst bis zur Adria verlaufende Frontabschnitt. Hier finden von Juni 1915 bis Oktober 1917 **12 Isonzoschlachten** statt. Elf Mal greifen die Italiener an, denen es nicht gelingt, die österreichisch-ungarischen Verteidigungslinien entscheidend zu durchbrechen. Die zwölfte Isonzoschlacht („Schlacht von Karfreit"), die am 24. Oktober 1917 beginnt, sieht Österreich-Ungarn als Angreifer, massiv unterstützt von deutschen Truppen. Innerhalb weniger Tage bricht die italienische Front zusammen. Der italienischen Armeeführung gelingt es durch Unterstützung englischer und französischer Truppen, ab Mitte November am Piave wieder eine Front aufzubauen. Der militärische Erfolg Österreich-Ungarns erweist sich aber bald als Pyrrhussieg, die Ressourcen sind erschöpft.

1918–1919: Mit der Unterzeichnung des Waffenstillstands durch Österreich (ohne Ungarn) und Italien in der Villa Giusti bei Padua endet am 3. November 1918 der Erste Weltkrieg. Das multiethnische Habsburger Reich zerfällt. **Ende der habsburgischen Monarchie.** Auf ehemals österreichisch-ungarischem Territorium entstehen neue Staaten, u. a. am 29. Oktober das „Königreich der Serben, Kroaten und Slowenen" (1929 umbenannt in „Königreich Jugoslawien"). Schon am 3. November 1918, dem Tag des Waffenstillstands, besetzt Italien Triest und das Kronland Görz-Gradisca.

12. November 1920: Im **Grenzvertrag von Rapallo,** abgeschlossen zwischen dem Königreich Italien und dem Königreich der Serben, Kroaten und Slowenen, wird die Grenze im Wesentlichen entlang der Wasserscheide Donau/Adria formell festgelegt („Rapallo-Grenze"). Das gesamte Soča-/Isonzogebiet, welches im Norden fast ausschließlich von Slowenen besiedelt ist, gehört nun zu Italien.

Ab 1922 leidet die slowenischsprachige Bevölkerung des Sočagebiets stark unter der von Benito Mussolini schrittweise errichteten **faschistischen Diktatur.** Viele Menschen wandern aus. Slowenische Beamte, Lehrer und Eisenbahner werden entlassen und durch Italiener ersetzt. In Schulen und in Ämtern, ab 1926 sogar in Kirchen, Gasthäusern und im gesamten öffentlichen Raum, darf nur noch Italienisch gesprochen werden. Orts- und Familiennamen werden italianisiert: aus Flitsch/Bovec wird Plezzo, aus Karfreit/Kobarid wird Caporetto. Slowenische Parteien, Vereine und Zeitungen werden verboten, Denkmäler zerstört – und Bücher verbrannt. Ende der 1920er-Jahre formiert sich die antifaschistische Untergrundbewegung TIGR („Trst–Istra–Gorica–Rijeka"), die für den Anschluss der von Slowenen und Kroaten bewohnten Gebiete Italiens – hauptsächlich das Sočagebiet und Istrien – an Jugoslawien kämpft. Mehrere von der italienischen Polizei aufgespürte Mitglieder werden zum Tode verurteilt und hingerichtet.

1941–1943: Am 6. April 1941 – der Zweite Weltkrieg dauert bereits eineinhalb Jahre – überfallen die deutsche Wehrmacht und ihre italienischen Verbündeten Jugoslawien. In Slowenien bildet sich aus verschiedenen Gruppierungen die antifaschistische Widerstandsbewegung „Osvobodilna Fronta" (OF/Befreiungsfront), die auch in dem unter italienischer Zwangsherrschaft stehenden Sočagebiet viele Anhänger findet. Schon bald nach ihrer Entstehung wird die OF von Kommunisten beherrscht und schließt sich Titos „Partisaneneinheiten Jugoslawiens" an. Im April 1943 werden über 40 Partisanen auf dem Berg Golobar bei Bovec von italienischen Soldaten umzingelt und niedergeschossen. Keiner der Partisanen überlebt.

1943–1945: Mussolini wird im Juli 1943 abgesetzt und verhaftet. Im Kampf gegen die demotivierten italienischen Streitkräfte erzielen die Partisanen im Sočagebiet und im Karst bedeutende Gebietsgewinne. Ein circa 2500

Quadratkilometer großes Gebiet, das von der Trenta bis zur Brda reicht, wird von den Partisanen zur **Kobarider Republik** (Kobariška republika) erklärt. Am 10. September 1943, zwei Tage nach dem Waffenstillstand zwischen dem Königreich Italien und den in Süditalien gelandeten Alliierten, besetzt die deutsche Wehrmacht Mittel- und Norditalien; der Nordosten Italiens einschließlich des Soča-/Isonzogebiets wird zur **Operationszone „Adriatisches Küstenland"**. Bis Anfang November 1943 besetzen Wehrmacht und SS die Kobarider Republik. Sowohl die Wehrmacht als auch die „Karstwehr", eine SS-Einheit, führen einen brutalen Kampf gegen die Widerstandsbewegungen. Als Vergeltungsmaßnahmen für Angriffe von Partisanen auf deutsche Besatzer werden mehrfach Dörfer zerstört und zahlreiche Zivilisten ermordet oder zwangsdeportiert. Aber auch von den Partisanen droht Zivilisten Gewalt, wenn sie Unterstützung verweigern oder sich der Kollaboration mit den Besatzern verdächtig machen.

Nahe des Predilpasses nördlich von Bovec überfallen Partisanen am 10. Oktober 1943 einige Angehörige der Karstwehr. Nach Darstellung der SS werden drei ihrer Männer getötet. Als Vergeltungsmaßnahme nimmt die SS im Dorf Strmec 16 Männer gefangen, ermordet sie, brennt das Dorf nieder und vertreibt die Frauen und Kinder.

Im März 1944 nehmen Partisanen 12 italienische Soldaten von Mussolinis „Republik von *Salò*", die den Eingang zum Raibler Stollen in Log pod Mangartom bewachen, gefangen und töten sie. Bis Kriegsende verstärken die Partisanen ihre Aktivitäten, zumal sie von den Alliierten, nicht zuletzt von Großbritannien, politisch anerkannt und materiell unterstützt werden.

Ende April und Mai 1945, Kriegsende: Eine Kolonne von mehr als 2000 deutschen Soldaten befindet sich auf dem Rückzug vom Friaul über Bovec in Richtung Predilpass. Am 30. April werden sie an der Brücke bei Kluže von amerikanischen Soldaten gefangengenommen. Am 1. Mai kommt es in Log pod Mangartom unterhalb des Predilpasses zu einem Streit zwischen Partisanen und alliierten Soldaten wegen der ungeklärten Machtverhältnisse in den von den Nazis befreiten Gebieten, woraus sich bald ein internationales Problem entwickelt (siehe unten). In Bovec rücken 600 amerikanische Soldaten ein.

Am 1. Mai besetzen Einheiten der aus den Tito-Partisanen hervorgegangenen „Jugoslawischen Volksarmee" Triest und die Stadt Gorizia. Der

Küstenabschnitt wird Ende April von neuseeländischen Verbänden befreit. Diese erreichen am 2. Mai ebenfalls Triest.
Die Volksarmee des unter kommunistischer Führung wiedererstandenen Staates Jugoslawien führt in Triest und in Gorizia einen Rachefeldzug gegen Italiener, die des Mordes oder der Misshandlung von Slowenen verdächtig sind, und gegen Menschen, die sie der Kollaboration mit Faschisten und den deutschen Besatzern beschuldigen. Innerhalb kurzer Zeit verschwinden in Triest, Gorizia und im Karst zahlreiche Menschen. Auf die Androhung Großbritanniens und der USA, die vor kurzem noch Verbündeten notfalls mit Gewalt zu vertreiben, zieht sich die Volksarmee am 24. Mai aus diesen Gebieten zurück, zumal die Sowjetunion Jugoslawien keine militärische Unterstützung in Aussicht stellt. In diesem Konflikt zeichnet sich erstmals der „Kalte Krieg" zwischen dem kommunistisch geprägten „Ostblock" und dem „kapitalistischen Westen" ab. Der Kalte Krieg wird jahrzehntelang die Weltpolitik bestimmen.

10. Juni 1945–15. September 1947: Der Streit um den künftigen Grenzverlauf zwischen Italien und Jugoslawien wird zu einer Angelegenheit der alliierten Mächte. Jugoslawien wünscht sich, politisch unterstützt von der Sowjetunion, eine weit im Westen verlaufende Grenze, wonach die gesamte Beneška Slovenija einschließlich Cividale, das gesamte Collio sowie die Städte Gorizia, Gradisca d'Isonzo, Monfalcone und Triest mit mehrheitlich italienischsprachiger Bevölkerung Jugoslawien bzw. Slowenien zufallen würden. Der Unterlauf des Isonzo wäre demzufolge Grenze zwischen Italien und Jugoslawien. Nach angloamerikanischen Vorstellungen soll die Grenze aber deutlich weiter im Osten verlaufen. Jugoslawien und die westlichen Alliierten einigen sich am 10. Juni 1945 zunächst auf die Errichtung von zwei Zonen, A und B, getrennt durch die sogenannte **Morgan-Linie.** Diese Linie nimmt ihren Anfang bei Triest und verläuft ab Gorizia entlang der Soča bis auf Höhe von Bovec und weiter durch bergiges Gelände zum Mangart. Die Zone A erstreckt sich westlich dieser Linie und umfasst im Süden unter anderem das untere Isonzogebiet, im Norden den Gebietsstreifen zwischen der Soča und der späteren jugoslawisch-italienischen Grenze bis zum Mangart. Die Zone B umfasst die slowenischen Gebiete östlich dieser Linie, die 1920 Italien zugeschlagen wurden. Zone B wird von der jugoslawischen Volksarmee verwaltet, Zone A von der angloamerikanischen Militäradministration mit Sitz in Triest. An der oberen Soča befinden sich Kobarid und Bovec in der Zone A, während Tolmin jedoch in der Zone B liegt.

29. November 1945: Formelle Gründung der „Demokratischen Föderativen Volksrepublik Jugoslawien" mit sechs Republiken, die nördlichste ist Slowenien (ab 1963 „Sozialistische Republik Slowenien"). Die Kommunistische Partei (ab 1952 „Bund der Kommunisten") wird allein herrschende Kraft. Landwirtschaftlicher Grundbesitz bleibt bis zu einer bestimmten Größe – in Slowenien 10 Hektar – unangetastet. In den kleinbäuerlich geprägten Bergregionen des Sočagebiets ändert sich deshalb nur wenig an den landwirtschaftlichen Eigentumsverhältnissen.

15. September 1947: Im **Friedensvertrag von Paris** wird die Grenzziehung zwischen Italien, seit 1946 Republik, und Jugoslawien auf Grundlage eines französischen Vorschlags vorläufig festgelegt. Das zwei Jahre zur Zone A gehörende Gebiet an der Soča oberhalb von Gorizia wird Jugoslawien zugesprochen. Die „Beneška Slovenija" verbleibt größtenteils bei Italien, ebenso die Stadt Gorizia (nicht jedoch der Bahnhof „Montesanto", Endstation der Wocheiner Bahn) sowie das überwiegend italienischsprachige Gebiet am Unterlauf des Isonzo.
Auf Grundlage dieses Vertrags wird weiter südlich das „Freie Territorium Triest" gegründet, das im Wesentlichen einen Küstenstreifen zwischen Duino und Triest sowie Istrien umfasst.

1948: Errichtung der „Reißbrettstadt" **Nova Gorica** in unmittelbarer Grenznähe. Die Grenze zu Italien wird abgeriegelt und streng bewacht. Erst ab Mitte der 1950er-Jahre werden die Grenzbestimmungen gelockert.

5. Oktober 1954: Mit Unterzeichnung des **Londoner Memorandums** durch Italien, Jugoslawien, Großbritannien und die USA wird das Freie Territorium Triest aufgelöst. Der Küstenstreifen Duino–Triest wird Italien zugesprochen, Istrien kommt zu Jugoslawien.

10. November 1975: Mit der Unterzeichnung des Vertrags von Osimo erkennen Italien und Jugoslawien ihre seit 1954 bestehende gemeinsame Grenze zwischen Triest und Gorizia gegenseitig an.

6. Mai 1976: Das verheerende Erdbeben von Friaul lässt auch im Sočagebiet die Erde erzittern. Besonders betroffen sind die Orte Kobarid und

Breginj, wo viele Häuser beschädigt werden. Zwei weitere Schadbeben erschüttern 1998 und 2004 den Raum Bovec–Tolmin.

25. Juni–4. Juli 1991: Slowenien tritt de facto aus der jugoslawischen Föderation aus. Am 27. Juni besetzt die jugoslawische Volksarmee auf Befehl der Zentralregierung in Belgrad Slowenien, um einen Verbleib des Landes in der Föderation zu erzwingen. Es kommt vor allem an den Grenzübergängen zu gewaltsamen Auseinandersetzungen zwischen Volksarmee und der slowenischen Territorialverteidigung. Es gibt Tote und Verletzte, unter anderem am Grenzübergang Rožna Dolina bei Nova Gorica. Am 4. Juli werden die Kampfhandlungen eingestellt. Bis 15. Oktober verlässt die „Volksarmee" Slowenien.

1992: Am 15. Januar Anerkennung Sloweniens als souveräner Staat durch die Europäische Gemeinschaft, durch die USA am 7. April. Bis Jahresende Anerkennung durch 90 Staaten.

November 2000: Eine Mure zerstört in Log pod Mangartom mehrere Häuser und unterbricht die Straßenverbindung zum Predilpass. Sieben Menschen sterben.

29. April und 1. Mai 2004: Slowenien wird Mitglied der NATO und der Europäischen Union. Auf dem Bahnhofsvorplatz in Nova Gorica, jahrzehntelang durch einen Grenzzaun geteilt, findet im Beisein des slowenischen Ministerpräsidenten Anton Rop und des EU-Kommissionspräsidenten Romano Prodi eine große Feier statt.

1. Januar 2007: Einführung des Euro als gesetzliches Zahlungsmittel in Slowenien.

21. Dezember 2007: Slowenien wird zum sogenannten Schengen-Vollanwenderstaat. Die bislang obligatorischen Grenzkontrollen zu den Nachbarstaaten Italien, Österreich, Ungarn entfallen.

Anfang Februar 2014 werden weite Teile Sloweniens von einem katastrophalen Eisregen heimgesucht. Die Hälfte der Wälder Sloweniens ist stark geschädigt, manche Straßen- und Eisenbahnverbindungen sind wochenlang unterbrochen. Am stärksten betroffen ist die Gegend um Postojna einschließlich des oberen Vipavatals, aber auch die Wälder um Kobarid und Tolmin sind in einer Höhenlage zwischen 500 und 900 Metern durch Ast- und Stammbrüche nachhaltig geschädigt. Der Schadholzanteil wird in der Region Goriška auf 2 Millionen Kubikmeter geschätzt.

Geografische und politische Gliederung

„Der schönste Fluss ...", wie schon gesagt. Doch was wäre dieser Fluss ohne die himmelstrebenden Alpengipfel mit ihren naturbelassenen Mischwäldern und idyllischen Almen sowie den prächtigen Seitentälern im Bereich des Oberlaufs? Ohne die lang gezogenen Bergrücken und Hochflächen mit ihren blütenreichen Wiesen, kleinen Dörfern und einsam gelegenen Wallfahrtskirchen im Bereich des Mittellaufs? Und ohne die geschichtsträchtigen Städte im Bereich des Unterlaufs?
Die in diesem Buch vorgestellten Touren – hauptsächlich Wanderungen und einige Rad- bzw. Mountainbike-Touren – verlaufen daher nicht nur in unmittelbarer Flussnähe, sondern auch im weiteren Einzugsgebiet von Soča/Isonzo. Einige Touren beginnen außerhalb davon, in Gebieten jedoch, die durch Geografie und Geschichte eng mit dem Soča-/Isonzo-Raum verbunden sind. Das beschriebene Gebiet wird im Buch wie folgt unterteilt:

- Oberlauf der Soča von der Quelle bis Bovec (nördlicher Abschnitt), einschließlich des Koritnicatals: im Zentralbereich der Julischen Alpen-Nationalpark Triglav.
- Oberlauf der Soča von Bovec bis Tolmin (südlicher Abschnitt), einschließlich des Tolminkatals: im Süden der Julischen Alpen.
- Mittellauf der Soča von Tolmin bis Gorizia: zwischen Bergzügen und Hochflächen mit Mittelgebirgscharakter, die geotektonisch bereits zu den Dinariden gehören.
- Unterlauf/Isonzo von Gorizia bis zur Mündung in die Adria zwischen Grado und Monfalcone: Venezianisches Tiefland und östlich angrenzender Karst *(Carso Isontino).*

Zwei Drittel der 140 Kilometer langen Fließstrecke, circa 95 Kilometer, verlaufen als Soča auf slowenischem Territorium; 45 Kilometer, der gesamte Unterlauf (Isonzo), befinden sich auf italienischem Boden, im Gebiet der Region Friaul-Julisch Venetien.
Das Einzugsgebiet des Flusses deckt sich auf slowenischer Seite weitgehend mit der statistischen Region Goriška (das ist keine Verwaltungseinheit). Für dieses Gebiet ist noch heute der historische Begriff „Primorska"

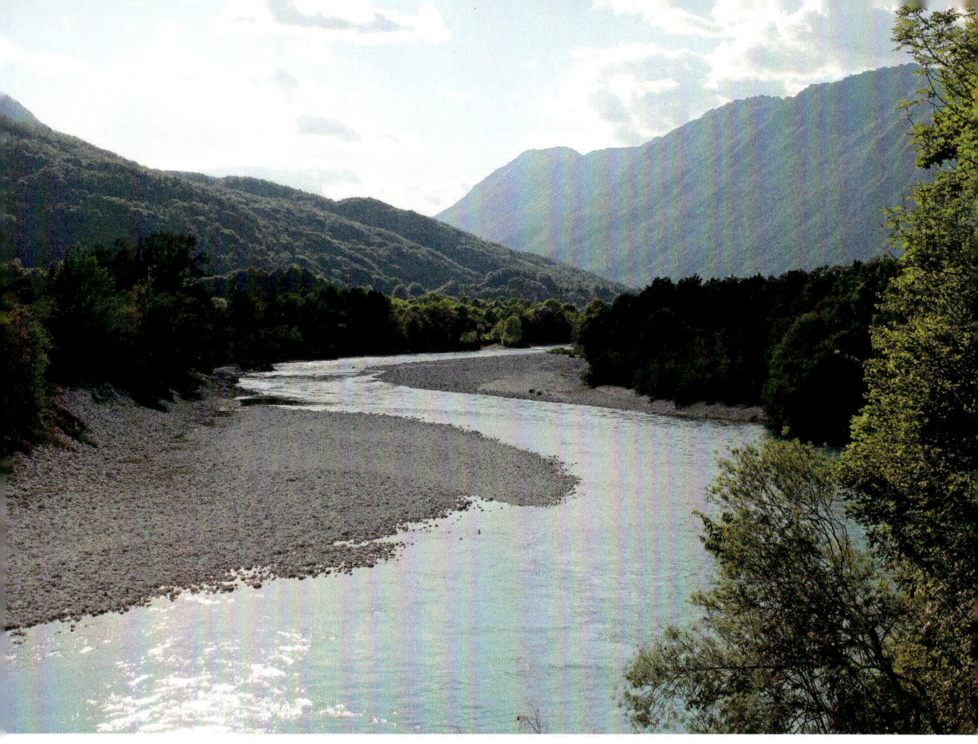

Die Soča zwischen Kobarid und Tolmin

gebräuchlich. Gemeinden und Städte im engeren Einzugsgebiet der Soča sind hier **Bovec, Kobarid, Tolmin, Kanal ob Soči, Nova Gorica.**

Zum engeren Einzugsgebiet auf italienischem Gebiet gehört hauptsächlich die ehemalige Provinz Gorizia, die seit 2017 nicht mehr Verwaltungseinheit, sondern nur noch als statistisches Gebiet existiert. (Der Begriff „Provinz Gorizia" wird jedoch im weiteren Text dieses Buchs beibehalten.)

Die bedeutendsten Städte und Gemeinden sind hier **Gorizia, Gradisca d'Isonzo, Ronchi dei Legionari, Monfalcone, Grado** (im Mündungsbereich noch angrenzend).

Morphologie, Gesteins- und Bodenverhältnisse

Oberlauf bis Bovec

Die Soča entspringt in den Julischen Alpen, einer Gebirgsgruppe der Südlichen Kalkalpen, auf gut 1000 Metern Höhe einer Felsspalte am Südhang des Mojstrovka-Travnik-Šite-Bergzugs. Nach fast 25 Kilometern naturbelassenen Flusslaufs in einem tief eingeschnittenen, durch eiszeitliche Gletscher geformten Trogtal erreicht sie weiter südlich das breite Talbecken von Bovec auf circa 370 Metern Höhe. Bis hierher hat sie mehrfach enge Schluchten in den Kalkfels gegraben. Unweit oberhalb von Bovec mündet die Koritnica, ein ebenfalls noch besonders naturbelassener Gebirgsfluss, in die Soča. Die Landschaft oberhalb von Bovec ist geprägt durch einige der höchsten Juliergipfel, vor allem Triglav (2864 m), Jalovec (2643 m), Mangart (2678 m) und Bavški Grintavec (2347 m).

Am Gesteinsaufbau dieser Gebirgslandschaft sind in erster Linie Kalkgesteine der Trias beteiligt. Triaskalke verwittern allerdings nur zu flachgründigen Böden, meist Rendzinaböden – Böden, die für die Landwirtschaft nur wenig Ertrag bringen und eine Ursache für den weitgehenden Niedergang der Almwirtschaft in diesem Gebiet sind.

Oberlauf von Bovec bis Tolmin

Auch im weiteren Verlauf nach Südosten zeigt die Soča trotz der geringen Höhe über dem Meeresspiegel noch alle Merkmale eines naturnahen Gebirgsflusses. Zwischen Srpenica und Kobarid zwängt sich die Soča durch gewaltige prähistorische Bergsturzmassen. Danach fließt sie in einem Schotterbett durch die nunmehr ziemlich breite Talsohle.

Auf der ungefähr 35 Kilometer langen Fließstrecke von Bovec bis Tolmin wird sie flankiert vom markanten Krn (2244 m) im Norden und von den deutlich niedrigeren Erhebungen des Stol (1673 m), des Matajur (1642 m) und des Kolovrat (bis 1243 m) im Süden.

Die Hochregionen sind auch hier hauptsächlich aus Triaskalken aufgebaut. Die mittleren und unteren Hänge beiderseits des Tals bestehen jedoch zu einem beträchtlichen Teil aus Mergeln der Kreide und des Jura. Diese verwittern zu tiefgründigen, relativ fruchtbaren Böden, weshalb am Südhang

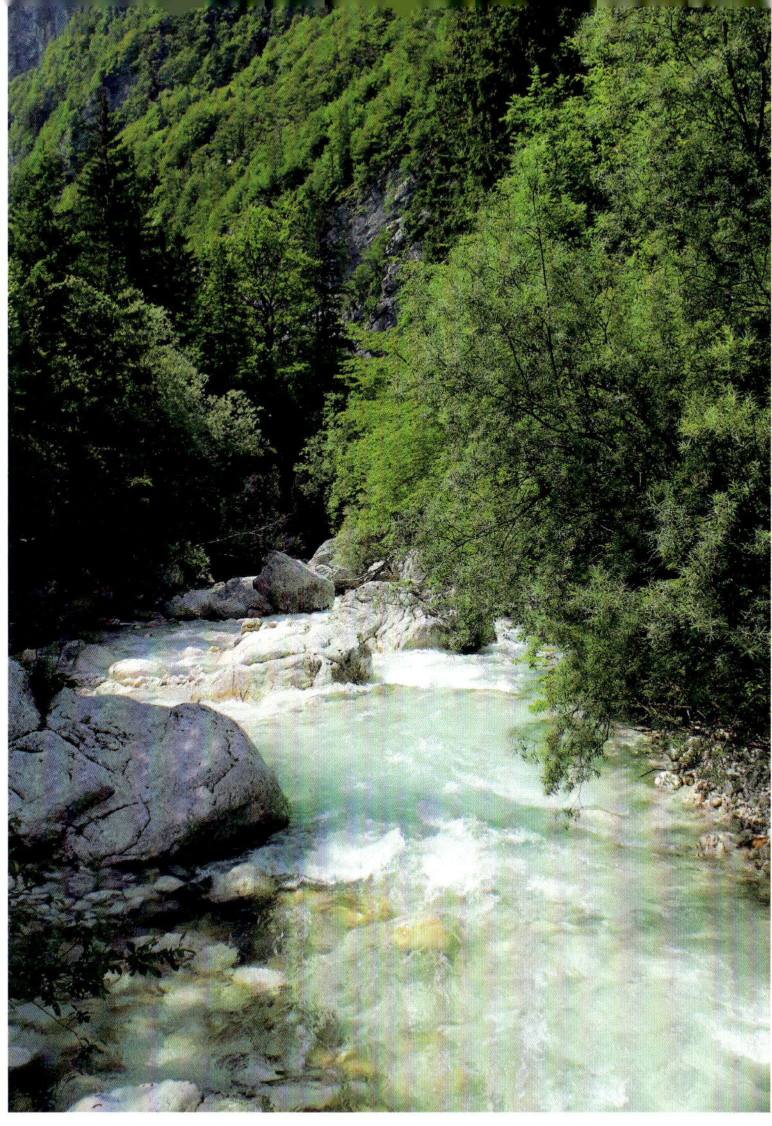

Die Soča im Bereich Trenta

des Krn seit Jahrtausenden Vieh geweidet wird und die Almwirtschaft sich heute noch lohnt.

Bei Tolmin mündet auf einer Höhe von nur 153 Metern die Tolminka in die Soča. Nur wenige Hundert Meter flussabwärts verringert sich die Strömung und kommt im Stausee von Most na Soči fast zum Stillstand.

Mittellauf

Der Stausee von Most na Soči markiert den Beginn des Mittellaufs der Soča. Die bei Most na Soči in den Stausee mündende Idrijca markiert auch den Südrand der Alpen. Geografen mögen das anders sehen, doch die Landschaft südlich davon hat „nur noch" Mittelgebirgscharakter. Die Soča fließt hier auf circa 35 Kilometern Länge durch ein streckenweise enges Kerbtal Richtung Süden. Der würmeiszeitliche Sočagletscher hatte seinen Maximalstand vor circa 17000 Jahren bei Most na Soči und im Mittellauf also keine gestaltende Wirkung mehr. Auf diesem Fließabschnitt wird sie viermal zum Zwecke der Stromerzeugung angestaut (Doblar, Ajba, Plave, Solkan). Westlich davon erstrecken sich der lang gezogene Bergrücken des Kanalski Kolovrat mit der Korada (811 m) und dem Sabotin/Monte Sabotino (609 m), östlich davon die Hochfläche Banjšice (bis über 1000 m) und die Sveta Gora (681 m) mit der bekannten Wallfahrtskirche.
Tertiäre Kalksteine und Mergel bauen einen Großteil dieser Mittelgebirgslandschaft auf. Die flach- bis mittelgründigen Böden sind meist nur mäßig fruchtbar. Bei Anhovo besteht der Untergrund aus tertiärem Flysch mit einer engen Abfolge von Sandstein und Mergel, der zur Herstellung von Zement abgebaut wird (Salonit Anhovo). Hingegen bestehen der Sabotin/Monte Sabotino und die gegenüberliegende Sveta Gora als „Vorboten" des Karsts aus hartem Kalkgestein der Oberkreide. Mit ihren steilen, zum Teil felsig-schroffen Hängen stellen sie die markantesten Erhebungen in diesem Bereich dar.

Unterlauf und Mündung

Die Grenze zu Italien bei Gorizia markiert auch den Übergang vom Mittellauf zum Unterlauf – und den Namenswechsel Soča/Isonzo. Ab Gorizia hat der Fluss im Laufe der Jahrtausende durch Ablagerung von Erosionsmaterial ein weites Schwemmland geschaffen, das mit den Schwemmlandflächen weiter westlich verlaufender Alpenflüsse – Tagliamento, Piave, Po und andere – in Verbindung steht und mit diesen zusammen die oberitalienische Tiefebene bildet. Der nördliche Teil der Tiefebene ist von durchlässigen Schotterböden geprägt, der südliche Teil bis zur Küste durch feines Schwemmmaterial, das stellenweise zur Versumpfung neigt. Durch Bewässerungsmaßnahmen im Norden und Entwässerungsmaßnahmen im Süden konnte die landwirtschaftliche Produktivität in diesem Gebiet enorm gesteigert werden.

Geotektonik

Das Sočatal zwischen Bovec und Tolmin befindet sich an der Nahtstelle zwischen Adriatischer Mikroplatte und Eurasischer Platte. Verschiebungen zwischen diesen Platten lösen immer wieder Erdbeben mit Schadenspotenzial aus, zum Beispiel am Ostermontag 1998 und im Juli 2004. Auch das Erdbeben von 1976 im Friaul war hier deutlich zu spüren. Durch diese Beben wurden auch Felsstürze größeren Umfangs ausgelöst, z. B. auf der Südseite des Krn und im Tolminkatal.

Klima

Entsprechend den topografischen Verhältnissen herrschen zwischen Quellregion und Mündungsbereich von Soča bzw. Isonzo beträchtliche klimatische Unterschiede. Von fast arktischen Verhältnissen im Bereich der Hochgipfel bis zu submediterranem Klima entlang dem Mittellauf der Soča und erst recht im Bereich des Unterlaufs mit Durchschnittstemperaturen von mehr als 20° C im Sommer und wenigen Frosttagen im Winter reicht das Spektrum. Bemerkenswert sind die Niederschlagsverhältnisse. Alpenweit rekordverdächtige Werte werden am Südrand der Julischen Alpen erreicht. Auf der Komna nördlich von Tolmin fallen im Durchschnitt mehr als 3000 mm Niederschlag im Jahr – das entspricht ungefähr dem Dreifachen des Jahresniederschlags von München oder Salzburg. Sogar in den Talorten Bovec und Tolmin fallen durchschnittlich weit mehr als 2 000 mm im Jahr. Und selbst in Nova Gorica ist es über das ganze Jahr betrachtet feuchter als in Salzburg. Ursache für diese hohen Niederschläge sind die vor allem im Spätherbst auftretenden Genua- bzw. Adria-Tiefs. Der November ist an allen Klimamessstationen entlang von Soča/Isonzo der niederschlagreichste Monat im Jahr, und auch der Juni zeigt ein Niederschlagsmaximum. Doch die Regenwolken lassen der Sonne trotzdem reichlich Platz. Mit durchschnittlich knapp 1800 Stunden im Jahr scheint die Sonne am Südrand der Julischen Alpen etwas länger als in München oder in Salzburg.

Wasserverhältnisse

Trotz der hohen Niederschläge ist Wasser meist nicht im Überfluss vorhanden. Vor allem in den Hochlagen der Julischen Alpen ist Oberflächenwasser ein Mangelfaktor. Grund hierfür ist das weitflächig verbreitete verkarstete Kalkgestein, in dessen Klüften und Höhlen Regen- und Schmelzwasser rasch verschwindet. In den mittleren und unteren Hangbereichen der Julischen Alpen tritt dieses Wasser aus **Karstquellen** mit stark schwankender Schüttung wieder zutage. Die Quelle der Soča ist eine typische Karstquelle. Während der Schneeschmelze oder nach starken Regenfällen entspringt dort der Felsspalte ein mächtiger Wasserschwall. Demgegenüber sinkt der Wasserspiegel im Quellschlund nach längeren sommerlichen Trockenperioden um mehrere Meter. Der Oberlauf der Soča und viele Gebirgsbäche führen dann nur wenig oder gar kein Wasser.
Hochwasser führt in Bereichen mit ausgedehntem Schotterbett häufig zu Änderungen des Flusslaufs, vor allem im Tiefland, aber auch im Talbecken von Bovec.

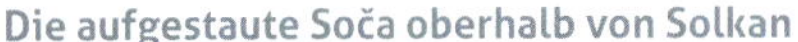

Die aufgestaute Soča oberhalb von Solkan

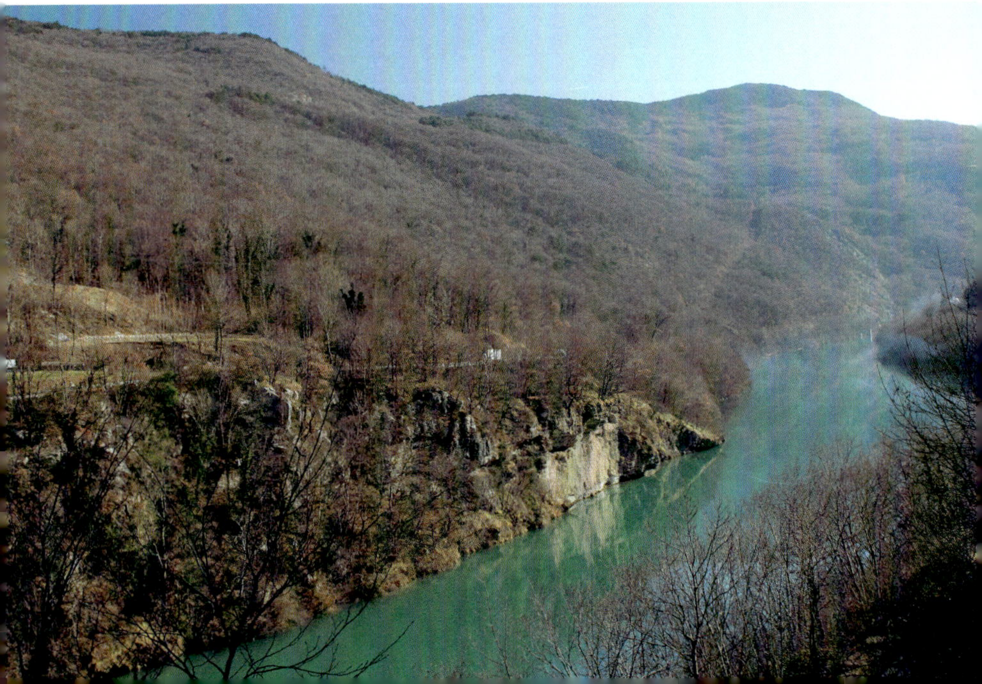

Besonders bemerkenswert ist die große Anzahl an **Wasserfällen** im Einzugsgebiet der Soča, was der Landschaft einen besonderen Reiz verleiht. Eine im Internet abrufbare interaktive Karte weist für die Region Goriška 75 Wasserfälle aus – mehr als in allen übrigen Regionen Sloweniens zusammen. Erfasst sind darin jedoch nur größere Wasserfälle, darunter der Slap Boka bei Bovec, mit 105 Metern Fallhöhe der zweithöchste Wasserfall Sloweniens. Überschaubar hingegen ist die Anzahl der **Seen**. Es gibt gerade einmal sieben Seen mit ständiger Wasserführung – aber ohne oberirdischen Abfluss – und sie befinden sich alle in den Julischen Alpen. Der bekannteste und mit gut 4 Hektar Fläche größte slowenische Alpensee ist der auf 1390 Meter Höhe gelegene Krnsee/Krnsko jezero. Der auf 2145 Metern Höhe gelegene Zgornjo Krško jezero (Obere Križsee) zwischen Razor und Stenar ist der höchstgelegene See Sloweniens. (Die Seen des Sieben-Seen-Tals liegen bereits im Einzugsgebiet der Sava Bohinjka.)

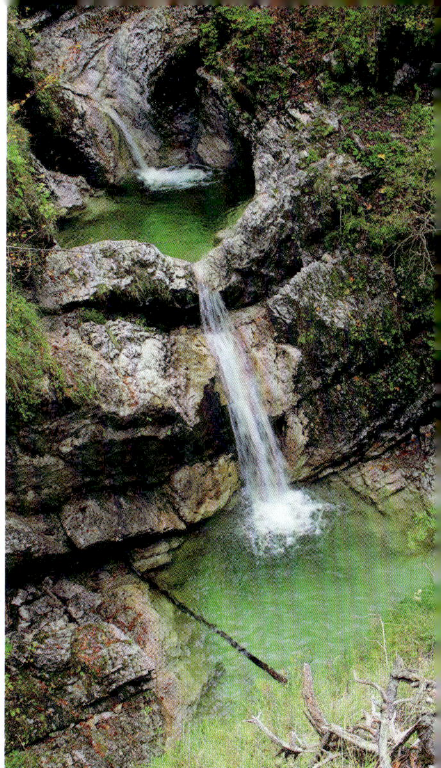

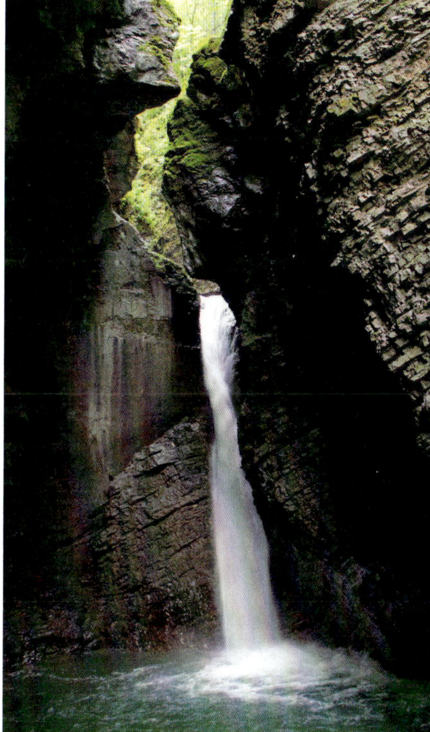

Oben: Wasserfälle und Gumpen des Fratarica-Bachs
Unten: Wasserfall „Slap Kozjak" bei Kobarid

Vegetation und Flora

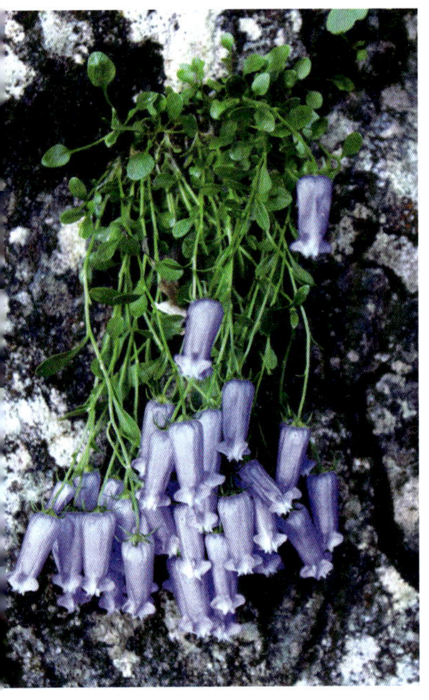
Zois-Glockenblume

Die große standörtliche Vielfalt – bedingt vor allem durch alpines bis mediterranes (Klein-)Klima – spiegelt sich auch in einer Vielfalt höchst unterschiedlicher Pflanzengesellschaften und einer enormen Artenfülle wider.

An und oberhalb der Baumgrenze in den Julischen Alpen gedeihen neben bekannten Arten wie Edelweiß, das hier noch relativ häufig vorkommt, einige Arten, die nur in einem jeweils begrenzten Gebiet der Südalpen nachzuweisen sind, zum Beispiel der **Julische Mohn**, die **Zois-Glockenblume**, der **Merkblättrige Bärenklau**, das **Obir-Steinkraut.**

Die Baumgrenze befindet sich in den zentralen Bereichen der Julischen Alpen zwischen 1700 und 1800 Metern Höhe und wird meist von **Lärchen** gebildet. Im Süden der Julischen Alpen wird die Baumgrenze häufig von Reinbeständen der **Buche** gebildet und liegt deutlich tiefer, bei maximal 1600 Metern Höhe.

Der am weitesten verbreitete Waldtyp in den Julischen Alpen sind **buchenreiche Mischwälder**, die an Nordhängen bis zur Talsohle reichen und noch in sehr natürlichem Zustand sind. Im Mai zur Zeit des Laubaustriebs und im Oktober zur Zeit der Laubverfärbung zeigen sich diese Wälder von ihrer schönsten Seite, insbesondere in der Trenta und im Koritnicatal. An den meist steilen und felsigen Südhängen der Julischen Alpen wächst bis in Höhen von 1200 Metern oft schon submediterraner Buschwald. Darin dominiert die **Hopfenbuche**, häufig ist außerdem die **Mannaesche**.

Submediterrane (Busch-)Wälder sind in den südlich anschließenden Mittelgebirgen und im Karst der vorherrschende Vegetationstyp. Neben Hopfenbuche und Mannaesche treten im Süden **Flaum- und Zerreiche** zunehmend in Erscheinung.

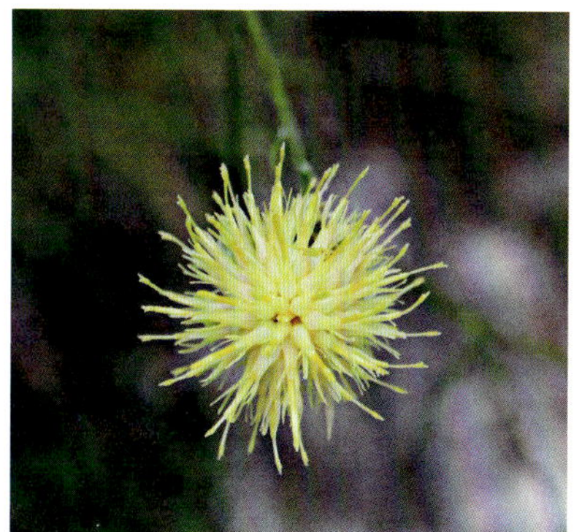

Zweifarbige Flockenblume

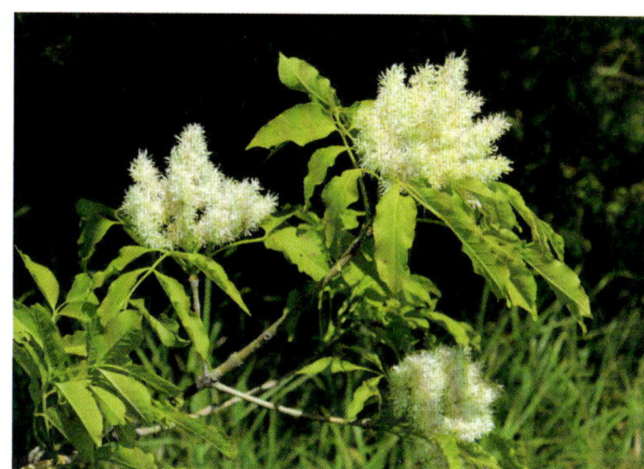

Mannaesche

Eine Besonderheit ist das Vorkommen der **Steineiche** an den heißen Südhängen des Sabotin bei Nova Gorica. Die Steineiche ist der Charakterbaum der Mittelmeerregion und befindet sich hier an der nördlichen Grenze ihrer natürlichen Verbreitung.

In den Julischen Alpen und in den Mittelgebirgen ist der Waldanteil relativ hoch – und er nimmt weiterhin zu. Zwei Drittel der Region Goriška sind inzwischen von Wald bedeckt. Gründe hierfür sind Bevölkerungsschwund und Rückzug der Landwirtschaft aus wenig ertragreichen Gebieten.

Durch die frühere Beweidung und Mahd sind in den Mittelgebirgszügen und in den Alpentälern ungemein artenreiche Wiesen und Weiden entstanden, deren Blütenpracht im Frühjahr und im Sommer manchen Mitteleuropäer ungläubig staunen lässt. Ursachen für diesen Arten- und Blütenreichtum sind der kalk- bzw. basenreiche Untergrund und fehlende oder allenfalls nur mäßige organische Düngung. Neben diversen Orchideenarten gedeihen dort die **Illyrische Schwertlilie**, **die Illyrische Gladiole**, der **Affodill** und weitere Raritäten, aber auch **Wiesensalbei**, **Witwenblumen**, **Klappertopf** und viele andere sorgen für eine bunte Pracht – und bieten Nahrung für eine artenreiche Insektenwelt. Durch Verbuschung werden diese floristisch und faunistisch wertvollen Flächen langfristig verdrängt.

Das Tiefland im Umfeld des Unterlaufs hingegen ist stark durch menschliche Aktivitäten geprägt und weist nur wenig naturnahe Vegetation auf – mit Ausnahme der Uferbereiche des Isonzos und des Mündungsgebiets.

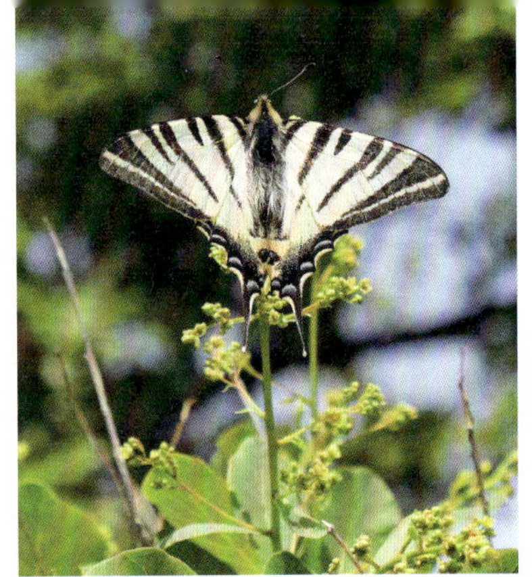

Segelfalter

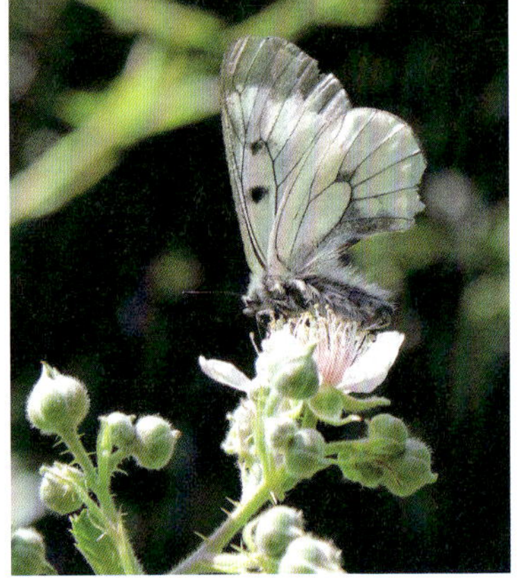

Schwarzer Apollo

Die Tierwelt

Die kargen Felszonen der Julischen Alpen oberhalb der Waldgrenze sind das Reich von **Steinbock** und **Gämse**. Sehr gute Chancen, diese zu Gesicht zu bekommen, bestehen im Bereich der Kriški podi. Der Steinbock wurde um 1960 wiedereingebürgert, nachdem er in den Julischen Alpen vor mehr als 300 Jahren ausgerottet worden war. Bereiche oberhalb der Waldgrenze sind auch Lebensraum für das **Schneehuhn**, während das **Birkhuhn** schüttere Baumbestände in mittleren und hohen Lagen bevorzugt.

Auf der Südseite des Krnmassivs und des Krasji vrh halten sich jährlich zwei bis drei Dutzend **Gänsegeier** auf. Dabei handelt es sich um fast ausgewachsene, aber noch nicht geschlechtsreife Jungvögel aus dem Balkan, die ihre Sommermonate hier verbringen und darauf warten, dass von den unzähligen Schafen, die den Krn und seine Nachbarberge beweiden, einige der Hochgebirgsnatur zum Opfer fallen...

Ein Zuwanderer ist auch der **Braunbär**. Ausgehend von den riesigen Waldgebieten Südsloweniens und Nordkroatiens, wo noch eine große Bärenpopulation existiert, versucht er, die östlichen Alpenregionen wieder zu besiedeln. Die Julischen Alpen, insbesondere die Täler oberhalb von Bovec, spielen hierbei eine wichtige Brückenfunktion,

Fast völlig verschwunden ist der **Fischotter**. Dieser scheue Wassermarder, dessen größte Alpenpopulation sich einstmals an der Soča befand, hielt dem hohen Freizeitdruck nicht mehr stand. In den vergangenen Jahren konnten an der Soča nur noch ganz vereinzelt Fußspuren dieser Marderart gesichtet werden.

Erfreulich verlief demgegenüber die Bestandsentwicklung der **Soča-Forelle**, wegen ihres Aussehens auch „Marmorata" genannt. Sie gilt als eine der weltweit größten Forellenarten und kommt nur in der Soča und einigen anderen Zuflüssen zur nördlichen Adria vor (Näheres s. S. 38 f.).

Von südexponierten Alpenhängen bis zur Isonzomündung ist die **Smaragdeidechse** anzutreffen. Dagegen kommt die **Kreuzotter** hauptsächlich in den Hochlagen der Julischen Alpen vor, sehr häufig als schwarz gefärbte Höllenotter. An den Ufern der Soča bekommt man die ungiftige **Würfelnatter** hin und wieder zu Gesicht.

Die arten- und blütenreichen Wiesen in den Alpentälern, im Mittelgebirge und im Karst sind Lebensraum einer Vielzahl von Insekten, insbesondere **Schmetterlingen**. An den Südhängen der Alpentäler fliegen noch **Apollofalter** – sowohl der rot gefleckte *Parnassius apollo* als auch der schwarz gemusterte *Parnassius mnemosyne*. Auf den Wiesen im Mittelgebirge und im Karst fliegen **Scheckenfalter**, diverse **Bläulinge** und **Widderchen**, während an exponierten Stellen **Segelfalter** und **Schwalbenschwanz** häufig zu sehen sind.

Der Mündungsbereich des Isonzo ist ein international bedeutsames Vogelbrut- und Rastgebiet. Circa 300 Vogelarten, hauptsächlich Zugvögel, wurden dort erfasst (s. Tour 34).

Smaragdeidechse

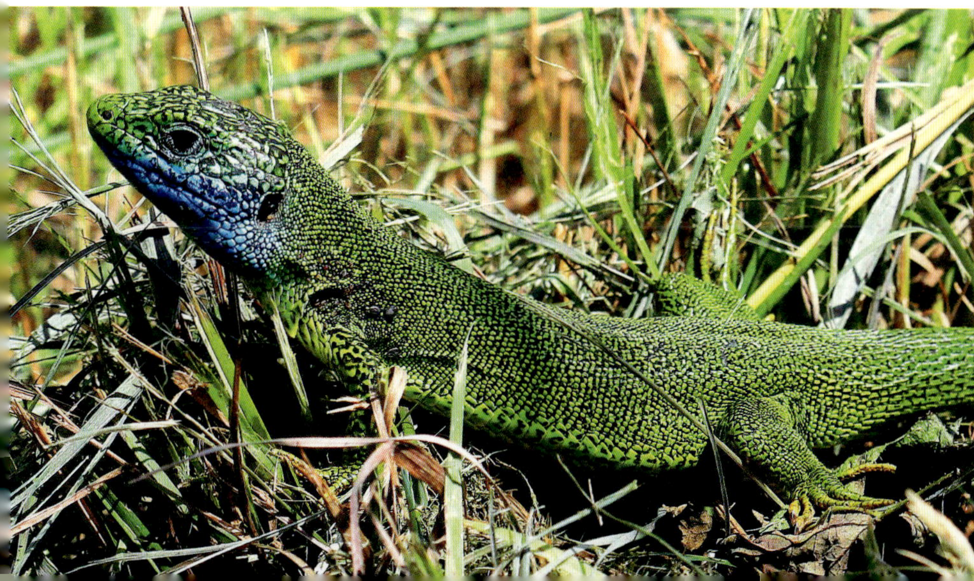

Die Rettung der Soča-Forelle

In einigen Zuflüssen zur nördlichen Adria lebt eine endemische Unterart der Bachforelle, die wegen ihrer Körperzeichnung „Marmorierte Forelle" oder kurz „Marmorata" genannt wird. Am bekanntesten ist sie jedoch unter dem Namen Soča-Forelle (slowenisch *Soška postrv*), denn die Soča beherbergt die bedeutendsten Vorkommen dieser Subspezies. Sie gilt als weltweit größte Forellenart, die in Fließgewässern lebt. Die größten bislang gefangenen Exemplare waren circa 1,20 Meter lang und wogen bis zu 23 Kilo.

Lebensraum der Marmorata sind Gebirgsbäche und -flüsse mit klarem sauerstoffreichem Wasser, das sich im Sommer auf höchstens 15° C erwärmen darf. Ein strukturreiches steiniges Gewässerbett mit vielen Versteckmöglichkeiten bietet ideale Bedingungen für diesen lichtscheuen Fisch. All diese Kriterien waren und sind in der Soča optimal erfüllt und dennoch drohte die Soča-Forelle in ihrer ursprünglichen Form dort auszusterben.

Während des Ersten Weltkriegs, der schlimmsten Katastrophe für Mensch und Natur im gesamten Soča-/Isonzogebiet, fischten Soldaten beider Seiten – im Hunger vereint – die Soča mittels unsanfter Fangmethoden fast leer. Nach Kriegsende wurden wiederholt Forellen in die Soča eingesetzt, allerdings keine Exemplare der autochthonen Subspezies, sondern „normale", die dort natürlicherweise nie vorgekommen waren. Diese sind zwar wesentlich kleiner als Soča-Forellen und auch anders gezeichnet, die genetischen Unterschiede sind jedoch so gering, dass eine Hybridisierung beider Unterarten möglich ist und sogar die „Mischlinge" zur Fortpflanzung fähig sind. So entstand im Laufe der Zeit eine Population aus Bachforellen, Hybriden und immer weniger echten Soča-Forellen. (Regenbogenforellen, die ebenfalls in die Soča eingebracht wurden, bastardieren nicht mit Soča-Forellen, stellen diesen aber nach.)

Dem langsamen Aussterben der Soča-Forelle wollte der **Fischereiverein Tolmin** (Ribiška družina Tolmin) nicht tatenlos zusehen. 1992 fingen Mitglieder des Vereins im Oberlauf eines Soča-Zuflusses, der durch hohe Wasserfälle vom übrigen Flusssystem der Soča getrennt ist und somit Bachforellen und Hybriden keinen Aufstieg ermöglicht, einige Marmoratas, deren „Echtheit" durch genetische Untersuchungen bestätigt werden konnte. Daraufhin wurde mit Unterstützung des staatlichen **Instituts für Fischereiforschung Slowenien**, des **WWF** und der französischen Stiftung **Tour du Valat** ein Aktionsplan zur Erhaltung der Soča-Forelle erstellt. Zunächst wurden weitere Bäche untersucht, in deren Unterlauf natürliche Barrieren – hauptsächlich Wasserfälle – eine Einwanderung von Fischen aus der Soča in den Oberlauf verhindern. Erstaunlicherweise wurden acht Gewässerabschnitte mit genetisch reinen Marmorata-Populationen festgestellt, unter anderem in der Zadlaščica bei Tolmin und in der Predeljica bei Bovec. (Die Predeljica-Population wurde durch die Murenkatastrophe vom November 2000 ausgelöscht – nachdem bereits Exemplare für die Nachzucht entnommen worden waren.) Diese Vorkommen bilden seither den Grundstock für die Wiederbesetzung der Soča mit unverfälschten Marmoratas. Hierfür wurde eigens eine Aufzuchtstation südlich von Tolmin errichtet, die von dem Biologen **Dušan Jesenšek** geleitet wird. **Träger sind hauptsächlich die Fischereivereine Tolmin und Idrija.** Finanziert wird die Arbeit der Aufzuchtstation ausschließlich durch den Verkauf von Angelscheinen (Näheres siehe unter www.ribiska-druzina-tolmin.si/deutsch). Seit über 15 Jahren werden jährlich ca. 20 Marmoratas aus besagten Ursprungsgewässern entnommen und nach einmaligem Ablaichen in der Aufzuchtstation wieder zurückgesetzt. Die befruchteten Eier – mehrere Hunderttausend pro Jahr – werden teils direkt in kiesreiche Fließstrecken der Soča und einiger Nebenflüsse ausgesetzt, teils in der Aufzuchtstation belassen. Die daraus sich entwickelnden „Fingerlinge" werden nach vier Monaten in die Soča „entlassen".

Der Besatz mit Bachforellen ist seit den 1990er-Jahren zwar verboten, doch eine ausschließlich aus genetisch reinen Marmoratas bestehende Forellenpopulation wird es in der Soča auch künftig nicht geben; eine vollständige Eliminierung von Bachforellen und Hybriden ist nicht realisierbar. Jedoch hat sich in der Soča nach Auskunft von Dušan Jesenšek der Anteil an Soča-Forellen und Hybriden mit ausgeprägten Marmorata-Merkmalen durch Besatzmaßnahmen innerhalb von zweieinhalb Jahrzehnten mehr als verdoppelt, von gerade mal 30 % im Jahr 1993 auf inzwischen fast 70 %. Und die

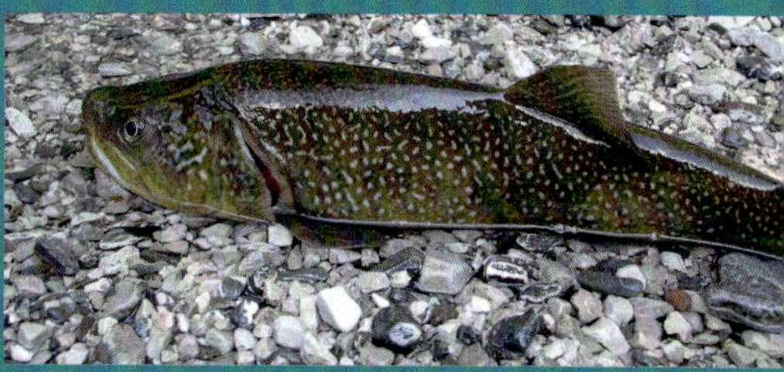

Aktion wird fortgesetzt, bis ein Anteil von mindestens 80 % erreicht wird.

Die Vermehrung und Wiedereinbürgerung der endemischen Soča-Forelle: ein erfolgreiches Artenschutzprojekt, initiiert vor fast 30 Jahren von einem einzelnen Verein, dessen Engagement ungebrochen ist. Ein Projekt auch, das viele Angler erfreut (manche Fliegenfischer bedauern allerdings den Rückgang der temperamentvollen Bachforellen).

Angelsport – erlaubt ist an der Soča nur das Fliegenfischen – wirkt sich kaum negativ auf den Fortbestand der Soča-Forelle aus, zumal die Mehrheit der Angler in Flussabschnitten fischt, in denen nur „Catch and Release" erlaubt ist. Wassersport stellt schon eher eine Belästigung dar, doch die Soča bietet genügend „Nischen", in die sich die Marmorata tagsüber zurückziehen kann. Eine Gefahr droht Soča-Forellen jedoch von ihresgleichen. Schon unter Jungfischen ist Kannibalismus durchwegs verbreitet (Kannibalismus hat allerdings noch nie zum Erlöschen einer Tierart geführt). Der „Fisch mit den zwei Schwänzen" – dem hinteren, angewachsenen und dem vorderen, der aus dem Maul ragt … So charakterisiert Dušan Jesenšek seine Schützlinge. Er selbst isst, seit er sich der Aufzucht von Soča-Forellen verschrieben hat, keinen Fisch mehr.

Naturschutz

Eine Reihe von Schutzgebieten mit unterschiedlichem Schutzstatus repräsentiert die Vielfalt der Natur im Einzugsbereich von Soča und Isonzo. Die Schutzgebiete sind jedoch unterschiedlich verteilt. Im dünn besiedelten Umfeld des Soča-Oberlaufs ist der Anteil geschützter Fläche wesentlich höher als in den dicht besiedelten Landstrichen entlang des Unterlaufs. Doch selbst dort befinden sich höchst bemerkenswerte Naturreservate.

Slowenien – Region Goriška

Als **Naturdenkmal** ist der **gesamte Oberlauf der Soča** von der Quelle bis Tolmin aufgrund seiner Natürlichkeit und seiner einzigartigen Schönheit geschützt. Überdies gehört ein Großteil des nördlichen Einzugsgebiets der Soča zum **Nationalpark Triglav**, wohingegen das **Biosphärenreservat Julische Alpen** noch weit darüber hinausgeht. Es umfasst im Einzugsgebiet der Soča jeweils die gesamte Fläche der Gemeinden Bovec, Kobarid, Tolmin. Als **Naturdenkmäler** ausgewiesen sind unter anderem die **Wasserfälle** auf der Südseite des Krn und der Bergzug **Skalnica/Sveta Gora**.
Die entsprechend der EU-Richtlinie „Flora-Fauna-Habitat" ausgewiesenen Natura-2000-Gebiete – mit diesen soll ein europaweiter Verbund ökologisch wertvoller Flächen hergestellt werden – nehmen eine deutlich größere Fläche ein als die bislang nach nationalem Recht geschützten Gebiete. Mehr als die Hälfte der relativ dünn besiedelten Region Goriška sind **Natura-2000**-Flächen (in Slowenien insgesamt machen diese etwas mehr als ein Drittel aus, in Deutschland gerade einmal ein Sechstel). Fast die gesamten Julischen Alpen fallen darunter, desgleichen ein Großteil der Hochfläche Banjšice.

Italien – Provinz Gorizia

Aufgrund der hohen Bevölkerungsdichte und der intensiven Landnutzung bleibt für schützenswerte Natur nur wenig Raum übrig. Doch gerade im Bereich des Isonzo wurden einige **Regionale Naturreservate** ausgewiesen: Hervorzuheben ist die Riserva Naturale Regionale Foce dell'Isonzo, ein für Flora und Fauna auch überregional bedeutsames Naturschutzgebiet im Mündungsbereich des Isonzo (s. Tour 33).

Besiedlung und Bevölkerungsdichte

Das Soča-/Isonzogebiet spiegelt auch demografische Entwicklungen der Neuzeit wider. Während im Bereich des Oberlaufs, besonders in der Bergregion oberhalb von Bovec, nach dem Ersten Weltkrieg ein bis heute anhaltender Bevölkerungsrückgang eingesetzt hat und auch die Landwirtschaft rückläufig ist, geschah am Unterlauf das Gegenteil: Die Bevölkerungsdichte stieg stark an, die Landwirtschaft wurde ausgeweitet, Industrie und Gewerbe nahmen rasant zu.
Bemerkenswert ist die unterschiedliche Bevölkerungsdichte beiderseits der Staatsgrenze. Mit 299 Einwohnern pro Quadratkilometer ist die Provinz Gorizia fast sechsmal so dicht besiedelt wie die Region Goriška (51 Einw./km², Stand 2017), wobei zu berücksichtigen ist, dass der Anteil besiedelbarer Flächen in der Region Goriška aufgrund der natürlichen Voraussetzungen deutlich geringer ist als in der Provinz Gorizia. Nicht zuletzt deshalb gibt es innerhalb der Region Goriška ein beträchtliches Süd-Nord-Gefälle. Während der sanftwellige Süden der Region Goriška schon relativ dicht besiedelt ist (Nova Gorica 115 Einw./km²), ist die Gemeinde Bovec im gebirgigen Norden mit 9 Einwohnern pro Quadratkilometer ausgesprochen dünn besiedelt. Die Hälfte der gut 3000 Einwohner von Bovec lebt im Talbecken am Fuße des Kanin, während die Täler von Koritnica und Soča einschließlich der Nebentäler nur sehr spärlich besiedelt sind. In diesen Tälern übersteigt allerdings die Zahl der als Wochenend- oder Ferienwohnsitz dienenden Gebäude die Zahl der noch ständig bewohnten Gebäude inzwischen um ein Mehrfaches.

Sprachen

Während in der Region Goriška fast ausschließlich Slowenisch die Muttersprache der dort lebenden Bevölkerung ist, bietet die Provinz Gorizia eine größere Sprachenvielfalt. Zwar herrscht dort Italienisch vor, doch entlang der Grenze ist die slowenische Sprache noch stark vertreten. Daneben wird in der Provinz Gorizia noch Furlanisch gesprochen, eine eigenständige (räto) romanische Sprache. Fast verschwunden ist hier jedoch Deutsch als Muttersprache.

Wirtschaft

Region Goriška

Am Oberlauf der Soča war die Landwirtschaft bis zum Ersten Weltkrieg die wichtigste Existenzgrundlage der Bevölkerung. Aufgrund der natürlichen Gegebenheiten bildete die Viehhaltung den Schwerpunkt landwirtschaftlicher Aktivitäten, nicht nur auf den Almen, sondern auch in den Tälern. Im Raum Bovec (früher: Flitsch) wurden hauptsächlich Schafe und Ziegen gehalten, zwischen Kobarid und Tolmin auch Rinder. Dort konnte die Landwirtschaft sich bis heute weitgehend halten. Noch heute gibt es an der Südseite des Krn und oberhalb von Tolmin regelmäßig bestoßene Rinderalmen. Im Raum Bovec hingegen fielen mit dem vor ungefähr 100 Jahren einsetzenden Bevölkerungsrückgang und der Aufgabe zahlreicher Gehöfte viele Wiesen und Weideflächen brach – eine Entwicklung, die bis heute nicht zum Stillstand gekommen ist. Von einstmals zwölf Almen im Bereich der Soča zwischen Bovec und der Trenta wird heute nur mehr eine, die Planina Duplje nahe dem Krnsee, bewirtschaftet. Am Fuß des Mangart

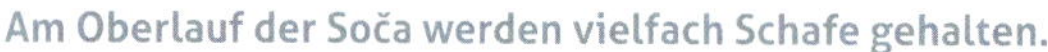

Am Oberlauf der Soča werden vielfach Schafe gehalten.

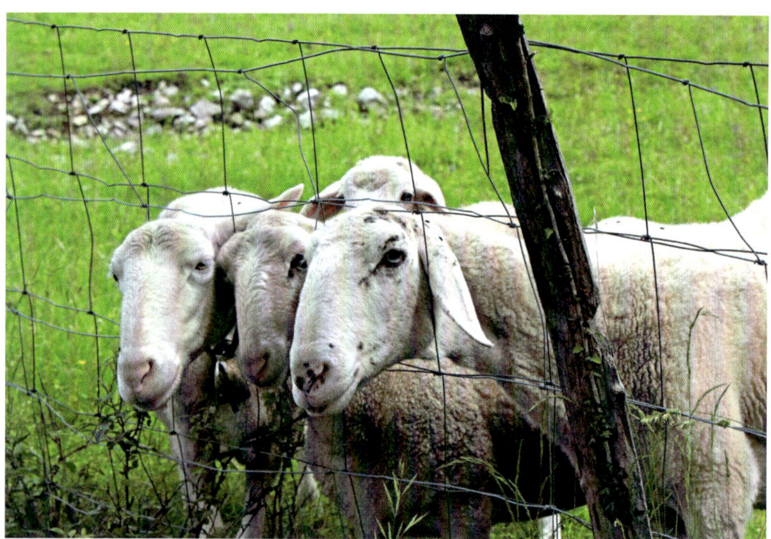

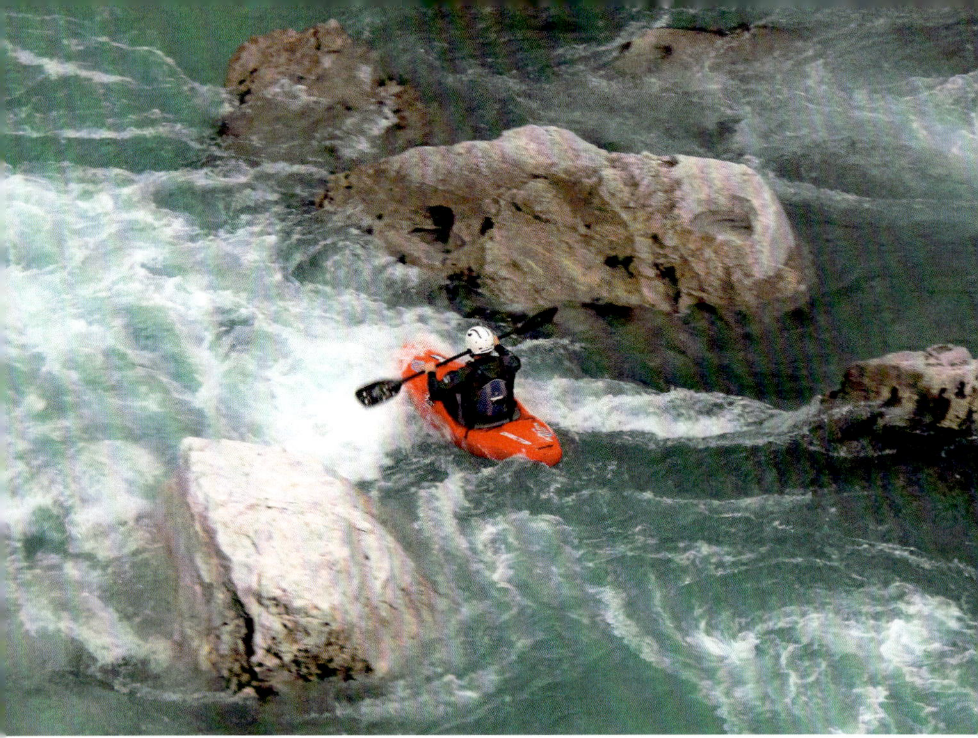

Kayaking bei Trnovo

im oberen Koritnicatal befinden sich noch zwei bewirtschaftete Schafsalmen. In den Tälern konnte sich etwas Landwirtschaft behaupten, sie diente und dient jedoch – wie in einigen Gebieten Sloweniens – mehr der Selbst- und Nahversorgung. Die raue Bergnatur erlaubt keine Massenproduktion, ist aber Voraussetzung für hohe Produktqualitäten.
Im Zuge der sozialistischen Wirtschaftspolitik Ex-Jugoslawiens – Ziel war eine dezentrale Verteilung von Industrie und Gewerbe – wurden zwischen Bovec und Tolmin mehrere kleine bis mittelgroße Industriebetriebe manchmal etwas willkürlich in der Landschaft angesiedelt. Einige existieren heute noch und gehören zu den wichtigsten Arbeitgebern in diesem Gebiet.
Der dominierende Wirtschaftszweig im Bereich der oberen Soča ist inzwischen der Tourismus, insbesondere in den Tälern oberhalb von Bovec. Dort stellt der Nationalpark Triglav die wichtigste Attraktion dar, und es herrschen mehr oder weniger sanfte Aktivitäten wie Wandern, Bergsteigen, Naturbeobachtung vor. Demgegenüber haben sich die Orte Bovec, Kobarid und Tolmin in den vergangenen Jahren zu Zentren von Outdooraktivitäten

mit betont sportlichem Charakter entwickelt. Die wichtigste Rolle spielt der Wassersport in seinen verschiedenen Facetten – die Soča avancierte innerhalb der letzten vier Jahrzehnte zum beliebtesten Wildwasserfluss der Alpen.
Der Bereich des Mittellaufs der Soča ist, abgesehen von den Gebieten um Nova Gorica, ebenfalls nicht überentwickelt. Auch dort ist die Landwirtschaft rückläufig, Tourismus spielt noch keine bedeutende Rolle. Der größte Arbeitgeber ist das große Zementwerk Salonit Anhovo. Ein weiterer Wirtschaftsfaktor ist die Stromproduktion mit vier Stauhaltungen an der Soča. Nova Gorica ist nicht nur Verwaltungszentrum, sondern mit seiner Technischen Hochschule, kulturellen Einrichtungen, verschiedenen Dienstleistungsangeboten und einer aufstrebenden Industrie (vor allem im Bereich Elektrotechnik) wirtschaftliches und kulturelles Zentrum der Region. Bekannt ist Nova Gorica aber wegen seiner Spielcasinos und wird deshalb gerne als „Las Vegas Sloweniens" bezeichnet.

Provinz Gorizia

In der dicht besiedelten Provinz Gorizia sind Dienstleistung, Industrie und eine meist intensiv ausgeübte Landwirtschaft dominierende Wirtschaftsfaktoren. Zwei Drittel aller Arbeitsplätze sind im Dienstleistungssektor angesiedelt. Touristischer Schwerpunkt ist Grado an der Adriaküste, während die Fischerei dort nur noch eine untergeordnete Rolle spielt.
An der Adriaküste befindet sich der größte industrielle Arbeitgeber der Provinz: die Fincantieri-Werft in Monfalcone. In Sichtweite der Isonzomündung werden dort einige der größten Kreuzfahrtschiffe der Welt gebaut, insbesondere Schiffe für das britisch-/US-amerikanische Kreuzfahrtunternehmen Carnival Corporation. In der Landwirtschaft sind nur noch 3 % der Erwerbsfähigen tätig. Mit mehr als 50 % Flächenanteil ist die Landwirtschaft jedoch der mit Abstand größte Flächennutzungsfaktor der Provinz. Mehr als 5 % der Gesamtfläche entfallen auf landwirtschaftliche Sonderkulturen, insbesondere Obst- und Weinbau.

Praktische Informationen

Anreise mit öffentlichen Verkehrsmitteln

Es gibt zahlreiche gute Gründe, ein Urlaubsgebiet mit öffentlichen Verkehrsmitteln zu bereisen, Stichworte: Umweltschutz, stressfreies An- und Abreisen (außer an gewissen Wochenenden, Feiertagen, in den Ferien). Für manch einen Umweltfreund buchstäblich schwer wiegt jedoch die Gepäckmitnahme. Wer aber 15 Kilo Rückenbelastung ein paar Tage aushält, dürfte eine Reise mit Bahn und Bus ohne große Probleme bewältigen. Darum nachfolgend einige Tipps für Reisende, die aus dem deutschsprachigen Raum das Soča-/Isonzogebiet mit öffentlichen Verkehrsmitteln besuchen wollen:

Hinsichtlich Erreichbarkeit und Fahrtdauer mit Bahn und Bus schneidet das slowenische Sočagebiet deutlich besser ab als das italienische Isonzogebiet.
Wer mit der Bahn von **München oder Salzburg über Villach** nach Slowenien einreist, kommt unweigerlich in Jesenice an. Von München nach Jesenice gibt es täglich drei Zugverbindungen per Eurocity oder Railjet sowie eine Nachtverbindung, Fahrtdauer 5 ¼ Stunden; zweimal mit Umsteigen in Villach, Weiterfahrt mit Schnellzug. Zwischen **Wien Meidling** und **Jesenice** gibt es drei Zugverbindungen über Villach mit jeweils 5 Stunden Fahrtdauer, und eine Nachtverbindung (Stand Ende 2019, s. *www.bahn.de, www.oebb.at*). In Jesenice, der ersten Bahnstation auf slowenischem Boden, muss man zur Weiterreise an die Soča aus- oder umsteigen. Für die Weiterfahrt bestehen je nach Ziel folgende Möglichkeiten:

- Wer die Quelle oder den Oberlauf der Soča erkunden möchte, fährt mit dem Bus von Jesenice (Haltestelle am Ausgang des Bahnhofs auf der gegenüberliegenden Straßenseite) nach Rateče über Kranjska Gora, circa 35 Kilometer weiter westlich gelegen, Fahrtdauer circa 40 Minuten. Die Busse verkehren tagsüber auf dieser Linie stündlich. Wer in den Monaten Juli und August möglichst schnell nach Süden an die Soča gelangen möchte, kann unter vier (Mo–Fr) bzw. sechs (Sa, So) Busverbindungen von Kranjska Gora über den Vršičpass nach Bovec wählen.

- Wer den Bereich zwischen Kobarid und Tolmin oder den Mittellauf der Soča besuchen möchte, fährt von Jesenice mit der Wocheiner Bahn auf der vielleicht schönsten Bahnstrecke Sloweniens bis Most na Soči (Fahrtdauer 1 Std. 20 Minuten) oder weiter bis Kanal – oder bis zur Endstation Nova Gorica (Fahrtdauer ca. 2 Std.). Die Züge verkehren ganzjährig fünfmal (an Wochenenden) bis siebenmal pro Tag in beide Richtungen.
- Im Süden der Julischen Alpen gibt es Busverbindungen von Most na Soči (s. o.) nach Tolmin und von dort weiter nach Bovec über Kobarid und die dazwischenliegenden Orte.

Wer nicht nur wandern, sondern auch mal radeln, raften oder klettern will, findet entsprechende Agenturen bzw. Leihmöglichkeiten (etwa in Hotels und anderen Unterkünften) an Orten, die gut mit Bahn und Bus zu erreichen sind, insbesondere in Bovec, Kobarid, Tolmin, aber genauso in Nova Gorica.

Tipp: In der ansprechend gestalteten englischsprachigen Broschüre *Timetables in the Alps* sind die Fahrpläne fast aller Bus- und Bahnlinien im slowenischen Alpengebiet aufgeführt. Die jährlich aktualisierte Broschüre kann als PDF aufgerufen und heruntergeladen werden.

Eine Bahnfahrt von München oder Wien nach Gorizia Centrale dauert 7 bis 9 Stunden; jeweils mit mehrfachem Umsteigen verbunden. Im Übrigen lässt sich Gorizia von Nova Gorica gut zu Fuß oder mit dem Fahrrad erkunden. Noch länger dauert eine Anreise mit öffentlichen Verkehrsmitteln an die Küste im Bereich Grado/Isonzomündung: mit der Bahn von München oder Wien bis Monfalcone bzw. Cervignano zunächst in 7 bis 9 Stunden, dann umsteigen auf Linienbusse (*aptgorizia.it,* viel Glück und Geduld bei der Recherche!).
Ich selbst bereise das slowenische Sočagebiet mit Ausnahme des Koritnicatals meist mit öffentlichen Verkehrsmitteln, während ich für die Reise ins italienische Isonzogebiet und an die Adria das Auto bevorzuge.

Aktivitäten rund um Soča/Isonzo

Das Einzugsgebiet von Soča/Isonzo ist in weiten Teilen ein Paradies für Naturliebhaber *und* für Outdoorsportler, was gelegentlich zu Konflikten mit Zielen des Naturschutzes führt – erinnert sei an das fast völlige Verschwinden des Fischotters. Darum platziere ich an dieser Stelle den Appell, bei allen Aktivitäten besondere Rücksicht auf die Pflanzen- und Tierwelt zu nehmen. Unter den vielfältigen Möglichkeiten seien folgende hervorgehoben:

Radfahren

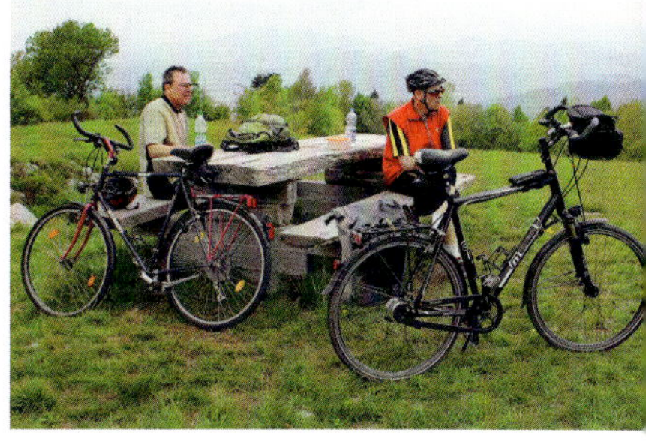

Die Soča per (Reise-)Rad zu erkunden, ist nicht immer einfach und erholsam. Im Gebiet oberhalb von Bovec gibt es praktisch keine markierten Radwege; die engen Täler und die steilen Hänge lassen dafür auch wenig Raum. Auf der Straße Bovec–Vršičpass lässt vor allem im Sommer hohes Verkehrsaufkommen mit zahlreichen Reisebussen den Stresspegel auf der oft engen Fahrbahn enorm ansteigen. Ähnliches gilt für die Hauptverkehrsstraße von Bovec nach Tolmin und erst recht für die Hauptverbindung Tolmin–Nova Gorica. Lediglich zwischen Kobarid (Napoleonbrücke) und Tolmin bietet eine wenig befahrene Nebenstraße nördlich der Soča eine lohnenswerte Alternative.

Sehr gut zum Radfahren geeignet, aufgrund einiger Steigungsstrecken jedoch mit etwas Anstrengung verbunden, sind die kleinen Asphaltstraßen auf dem Kanalski Kolovrat und auf der Hochfläche Banjšice. Einige Radtouren im Einzugsgebiet der Soča (Korada, Kolovrat u. a.) werden in dem Buch *Die schönsten Radtouren in Slowenien* von Igor Maher vorgestellt.

Ideal für leichte Radtouren ist der flache Küstenbereich zwischen Grado, Aquileia und der Isonzomündung.

Fahrrad- bzw. Mountainbikeverleih bieten fast alle Sportagenturen in Bovec, Kobarid, Tolmin und Grado, aber auch viele Hotels, z. B. Hotel Sabotin, Nova Gorica, sowie mehrere Hotels in Grado.

Mountainbiking

Gebiete mit alten Militärwegen erfreuen sich unter Mountainbikern zunehmender Beliebtheit, vor allem die Bergzüge südlich von Bovec, Kobarid und Tolmin (Stol, Matajur, Kolovrat), aber auch die Südhänge des Krn. Gern aufgesucht wird auch die asphaltierte Auffahrt zum Mangartsattel. Einen umfassenden Überblick gibt das Buch *Slowenien. 30 Mountainbiketouren im Sočatal* (P. Immich/M. Kemmler).

Klettern

Die schroffen Felsgebiete der Julischen Alpen bieten auch im Einzugsgebiet der Soča zahllose Möglichkeiten für leichte bis extrem schwierige Klettertouren. Hierzu gibt es allerdings nur wenig deutschsprachige Literatur und auch das Internet liefert kaum Infos. Vor Ort bieten jedoch mehrere Sportagenturen geführte Klettertouren an. Klettersteiggehern sei das Buch *Die 55 schönsten Klettersteige in den Karawanken, Julischen und Steiner Alpen* von Andrej Mašera empfohlen (enthält u. a. Touren durch die Loška stena und auf den Krn).

Wassersport

Unter Wassersportlern gilt der Oberlauf der Soča als schönstes Wildwasser der Alpen. Zu den verschiedenen Wassersportarten, insbesondere Kajaking, gibt es inzwischen reichlich Literatur sowie Erfahrungsberichte im Internet; einen hervorragenden Überblick bietet das Buch *Sloweniens Smaragd* von Borut Korun. Darum sollen an dieser Stelle einige wenige Hinweise genügen.

Zahlreiche Agenturen in Bovec, Kobarid und Tolmin bieten geführte Rafting-, Kajak- und Canyoning-Touren an und geben Kurse für Einsteiger. Eine geführte Raftingtour auf der Soča unterhalb von Bovec, z. B. zwischen Boka und Srpenica, ist ein unvergesslicher Genuss, die Anforderungen hierfür halten sich in Grenzen.

Um landschaftliche Beeinträchtigungen und Störungen der Tierwelt in Grenzen zu halten, gelten für Wassersportler an Soča und Koritnica unter anderem folgende Regeln:

- Wassersport darf nur vom 15. März bis 31. Oktober von 9 bis 18 Uhr ausgeübt werden.
- Ein- und Ausstieg ist nur an festgelegten Stellen erlaubt.
- Zur Befahrung ist ein Erlaubnisschein erforderlich, der auch von den örtlichen Touristik-Büros vergeben wird.

Angeln

Auch unter Anglern erfreut sich die Soča großer Beliebtheit. Besonders begehrt ist die Soča-Forelle („Marmorata"), deren Bestand sich seit den 1990er-Jahren infolge gezielter Nachzüchtung durch den Fischereiverein Tolmin weitgehend erholt hat, während der Bestand der Bachforelle infolge des Besatzverbots stark zurückgegangen ist (Näheres s. S. 38 f.) Die Marmorata schnappt nur in jungem Stadium – bis zu einer Körperlänge von circa 40 Zentimetern – nach der Fliege, mit zunehmendem Alter lebt sie mehr im Verborgenen und ist nur schwer zu fangen. Das Mindestmaß für eine Entnahme beträgt 60 Zentimeter. Einfacher ist der Fang der Regenbogenforelle, die jedoch auch nicht mehr in die Soča eingesetzt wird.

Angler an der Soča unterhalb von Bovec

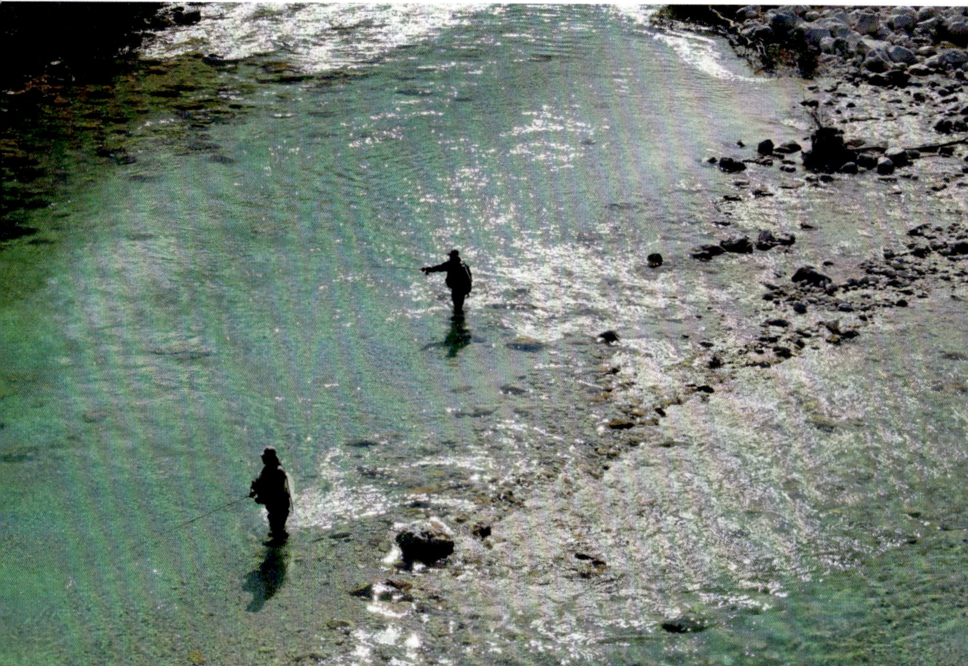

Zuständig für die Pflege des Fischbestands in der Soča und für dessen Befischung ist der Fischereiverein Tolmin. Angeln an der Soča ist ausschließlich unterhalb der Einmündung der Lepenjica (beim Camp Klin) erlaubt, an der Koritnica nur unterhalb der Festung Kluže.
Ausführliche Informationen für Angler, insbesondere zu den Regelungen für die einzelnen Flussabschnitte sowie zum Erwerb von Angelscheinen, gibt es unter *http://www.ribiska-druzina-tolmin.si/deutsch/* oder direkt vom Fischereiverein Tolmin (Ribiška družina Tolmin, Trg 1. maja 7, 5220 Tolmin, Tel. 05/3811710).

Ski alpin

Das einzige nennenswerte Skigebiet im Einzugsbereich der Soča ist auch das höchstgelegene Sloweniens und befindet sich auf dem Kanin bei Bovec. Es reicht bis in eine Höhe von 2300 Metern und ist seit 2009 mit dem Skigebiet „Sella Nevea" auf der italienischen Seite des Kanin/Canin verbunden. Die Gesamtlänge der Pisten beider Skigebiete beträgt 30 Kilometer, ungefähr drei Viertel davon werden als mittelschwer (rot) eingestuft. Ein Skipass gilt grenzüberschreitend für beide Gebiete.

Wandern

Nachdem Wanderungen den Schwerpunkt dieses Gebietsführers bilden, vor allem im Bereich des Oberlaufs, hier vorab ein Überblick:

Wandern an den Ufern von Soča/Isonzo

Für alle, die die Soča zu Fuß erkunden wollen, ist der meist gut markierte **Soča-Weg** (Soška pot) von der Quelle bis nach Bovec ein Muss (s. Tour 2). Genauso eindrucksvoll und gut markiert ist der ebenfalls als Soška pot bezeichnete Weg zwischen der Napoleonbrücke bei Kobarid und Trnovo (s. Tour 17). Wanderungen auf diesen beiden Wegen gehören ohne Übertreibung zu den schönsten Talwanderungen der Alpen.
Zwischen Kobarid und Tolmin gibt es keinen durchgehenden Wanderweg entlang der Soča, Markierungen fehlen hier völlig. Wandern ist fast ausschließlich auf der wenig befahrenen Seitenstraße nördlich der Soča mög-

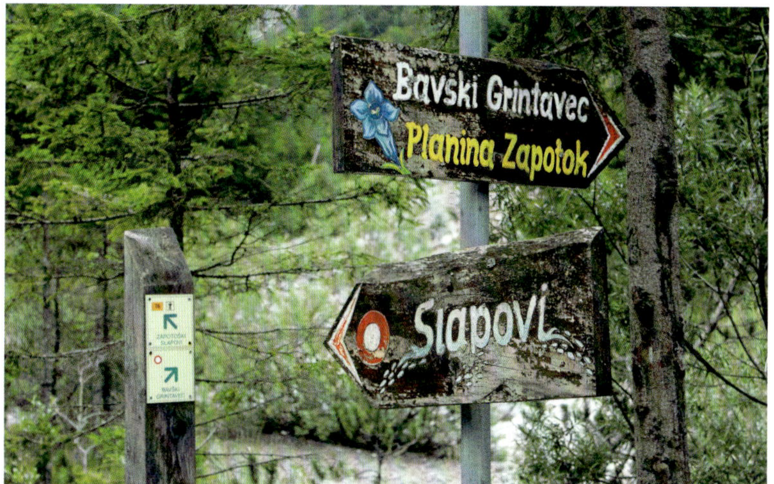

Im Bereich der Soča sind die Wanderwege meist sehr gut markiert.

lich. Wege bzw. Trampelpfade zum Soča-Ufer muss man hier selbst suchen. Zwischen Tolmin und Nova Gorica sind die Möglichkeiten, die Soča fußläufig aus der Nähe zu erkunden, sehr eingeschränkt – es sei denn, man liebt Fußmärsche entlang der stark befahrenen Hauptstraße. Ausnahmen sind lediglich ein Feldweg zwischen Gorenji Log und Avče oberhalb der Bahnlinie (s. Variante 25a), sowie ein Betriebsweg neben der Bahn nördlich von Solkan (s. Tipp unter Tour 27).

Auf italienischer Seite sind Wanderungen in unmittelbarer Flussnähe kaum möglich, außer man schlägt sich weglos durch Gebüsch und über Geröll. Lediglich im Mündungsbereich, im Naturreservat Foce dell'Isonzo sind Entdeckungen auf ausgewiesenen Fußwegen möglich.

Wandern im Einzugsgebiet von Soča/Isonzo

Das bekannteste und am besten für Wanderer erschlossene Gebiet im Einzugsbereich der Soča ist der **Nationalpark Triglav** in den Julischen Alpen. Die meisten Wege dort sind sehr gut markiert, steile Felspassagen sind oftmals durch Drahtseile und Haltegriffe gesichert. Auch auf die höchsten Gipfel führen markierte Pfade. Ein besonders dichtes Wegenetz fin-

den Wanderer um die Trenta sowie im Bereich des Krn vor. Hier befinden sich auch zahlreiche **Schutzhütten** des Slowenischen Alpenvereins (PZS/Planinska zveza Slovenije), die in der Regel von Juni bis September bewirtschaftet sind (Näheres siehe unter *www.pzs.si,* Planinske koče). Einige Hütten bieten frei zugängliche Winterräume, die allerdings weder über Heiz- noch Kochmöglichkeiten verfügen. Im Bereich des Koritnicatals und in der Bavšica ist das Wegenetz weniger dicht, Schutzhütten gibt es nur wenige, die Normalanstiege auf die hohen Gipfel sind – mit Ausnahme des Mangarts – lang und mühsam.
Die mittelgebirgsartigen Höhen beiderseits des Mittlellaufs der Soča weisen kein besonders dichtes Netz an markierten Wanderwegen auf. Schöne, abwechslungsreiche Wanderungen sind hier dennoch möglich, z. B. über den Kanalski Kolovrat zum Berg Sabotin. Einige meist kurze Abschnitte dieser Wanderrouten führen entlang wenig befahrener Straßen.

Durch das Einzugsgebiet von Soča/Isonzo führen unter anderem folgende **Weit- und Fernwanderwege:**

- **Friedensweg** (Pot miru) der Stiftung „Wege des Friedens im Sočatal" (s. S. 143)
- **Slowenischer Gebirgswanderweg** (Slovenska planinska pot bzw. Slovenian Mountain Trail, früher „Transversale Nr. 1"), von Maribor nach Ankaran
- **Via Alpina**, „Roter Weg" und „Gelber Weg" (siehe *www.via-alpina.org*)
- **Alpe-Adria-Trail** von Heiligenblut nach Muggia (siehe *www.alpe-adria-trail.com*).

Auf lokaler Ebene gibt es mehrfach sogenannte Themenwege. Hervorheben möchte ich den **Historischen Lehrpfad in Kobarid**, der neun historisch, kulturell und naturkundlich bedeutsame Punkte, z. B. die prähistorische Siedlung Tonovčov grad, das italienische Beinhaus mit der Kirche Sveti Anton und das große Weltkriegsmuseum, miteinander verbindet. In **Most na Soči** gibt es den **kulturgeschichtlichen Weg** sowie einige Wege unter dem Motto „Wasser und Energie" (für das geistige und körperliche Wohlbefinden).

Wanderkarten: Dieser Gebietsführer enthält zu jeder beschriebenen Tour einen Kartenausschnitt mit Routenverlauf zur Erstorientierung. Für die Durchführung einer Tour ist jedoch die Mitnahme einer Wanderkarte auf möglichst aktuellem Stand erforderlich (Empfehlungen siehe Anhang).

Allgemeine Tipps zum Wandern

Die in diesem Buch vorgestellten Wanderungen habe ich selbst durchgeführt, einige davon mehrfach. Sie sollen dazu anregen, die Landschaften **mit allen Sinnen** zu erleben. Keinesfalls sollen sie dazu animieren, die Grenzen der körperlichen Belastbarkeit zu testen. Die Etappen zwischen den einzelnen Stützpunkten sind in der Regel nicht lang, die Gehzeiten sind großzügig bemessen, großzügiger zumindest als auf den vor Ort aufgestellten Wegweisern. Mehrtagestouren können in relativ kurze Tagesetappen aufgeteilt werden. Eine gute Kondition ist dennoch unabdingbare Voraussetzung, für manche Touren im Hochgebirge ist auch Schwindelfreiheit erforderlich.

Fast alle beschriebenen Wanderrouten sollten mit festen **Bergschuhen** begangen werden. Je nach Länge und Anforderung der Tour bzw. Gehzeiten zwischen den Stützpunkten muss auf genügend **Trinkvorrat** geachtet werden. Außerhalb der Hüttensaison sind mindestens 2,5 Liter (Mineral-) Wasser pro Person und Tag einzuplanen, außerdem ist zu bedenken, dass man sich häufig in wasserarmem Gelände bewegt.

Ansonsten sollten im **Rucksack** vor allem auf längeren mehrtägigen Touren nicht fehlen:

- Wind-, Regen- und Kälteschutz (z. B. Poncho, Fleece-Jacke, Angoraunterwäsche)
- Ersatzkleidung und -wäsche (nicht zu viel; zu empfehlen ist u. a. Funktionsunterwäsche)
- Hüttenschlafsack bzw. Daunenschlafsack für die Übernachtung in unbeheizten Winterräumen
- Handschuhe (Fingerhandschuhe mit Überzug als Regenschutz)
- Proviant (vor allem außerhalb der Hüttensaison; ich persönlich schätze insbesondere Pfefferbeißer [Rohwurst], Parmesan am Stück, Dinkelzwieback, Obstriegel)

- Hygienebeutel, Handtuch, Sonnencreme, Lippenschutz
- Erste-Hilfe-Set, Reiseapotheke, Rettungsdecke (aluminiumbeschichtet)
- Taschenlampe oder Stirnlampe
- evtl. Schaumstoffmatte („Isomatte", empfiehlt sich in unbeheizten Winterräumen)
- besonders wichtig: **Wanderkarte(n)** im Maßstab 1:25.000 bis 1:50.000.

Viel mehr darf es nicht sein, viel weniger aber auch nicht. Plastiktüten sind als Nässeschutz für Ersatzkleidung, Proviant etc. ratsam. Für eine mehrtägige Wanderung außerhalb der Hüttensaison kommen nach meinen Erfahrungen circa 15 Kilo inklusive einfacher Fotoausrüstung zusammen, während der Hüttenöffnungszeiten sind es weniger.

Talschluss Zadnja Trenta

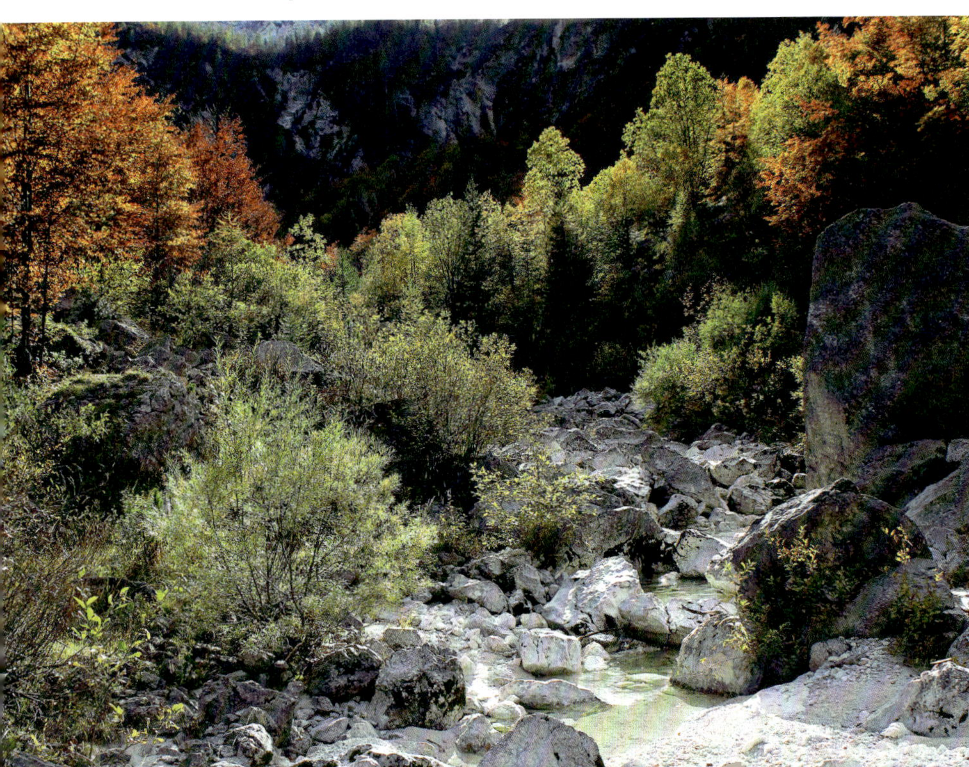

TOUREN

Oberlauf der Soča bis Bovec inkl. Koritnicatal

Tour 1

Planica–Sleme–Vršič–(Mala Mojstrovka, 2344 m)–Sočaquelle

Von Norden zum Ursprung der Soča

Die Sočaquelle ist Ziel zahlreicher Autotouristen – auch ich gehörte schon dazu. Selbstverständlich ist es am bequemsten, mit dem Auto zur Hütte zu fahren und in 20 Minuten zur Quelle aufzusteigen. Auch mit dem Linienbus, der im Juli und August mehrmals täglich zwischen Kranjska Gora und Bovec verkehrt und etwa 2 Kilometer unterhalb der Quelle hält, lässt sich die Reisezeit deutlich verkürzen. Ich empfehle jedoch, sich zwei Tage Zeit zu nehmen für eine Wanderung, die nahe dem Ursprung der Save, des zweitgrößten Donauzuflusses, beginnt und nach Süden über den Vršičpass, die Wasserscheide zwischen Schwarzem Meer und Mittelmeer, zum Ursprung der Soča führt. Dabei kommen wir nicht nur in den Genuss großartiger Landschaftsszenerien, sondern erleben, wenn wir unsere Sinne offenhalten, den allmählichen Übergang von Nord nach Süd – vom mitteleuropäisch geprägten Ausgangspunkt zu einem Ziel, das schon mediterran angehaucht ist.

Wegbeschreibung

Wir starten unsere Tour an der Endhaltestelle der Buslinie Ljubljana–Jesenice–Rateče (870 m). In Rateče stehen noch alte Bauernhäuser im typischen Oberkrainer Baustil. Von hier aus nach Südosten, über die Straße Jesenice–Tarvisio (die italienische Grenze ist nur noch 1 Kilometer entfernt) und auf der asphaltierten Zufahrt zu den Sportanlagen im Planicatal. Rechts von uns erstreckt sich die **Ledine**, eine sumpfige Senke, in der sich nach ergiebigen Niederschlägen eine Wasserfläche von mehreren Hektaren bilden kann. Nach zwei Kilometern erreichen wir das **Planica Nordic Center**, ein ambitioniertes Wintersportzentrum für Langlauf und Skisprung mit der weltberühmten „Letalnica", einer Skiflugschanze, auf der seit 1969 vielmals Weltrekorde aufgestellt wurden und seit 1994 regelmäßig die 200-Meter-Marke überflogen wurde. Der Weltrekordflug des Finnen B. E. Romøren vom März 2005 (239,5 m) wurde erst sechs Jahre später im norwegischen Vikersund überboten. Das weckte den Ehrgeiz der Veranstalter in Planica und so wurde die Letalnica umgebaut mit dem Ziel, Weiten von über 250 Metern zu ermöglichen. Der aktuelle Schanzenrekord liegt bei 252 Metern (R. Kobayashi, 24.03.2019). Seit 2011 wurden Weltrekorde aber stets in Vikersund „geflogen" (253,5 Meter am 18.03.2017).

Nach Verlassen dieser Anlagen empfängt uns der Nationalpark Triglav mit unberührter Wildnis: rechts urwüchsige Mischwälder, links bizarre, latschenbewachsene Felsabstürze, vor uns die schroffen Wandbildungen des Sleme, dessen sanfte Seite wir noch kennenlernen werden, darüber die Nordwände von Mojstrovka und Travnik. Nach 3 Kilometern gelangen wir zur Tamar-Hütte (**Dom v Tamarju**, 1108 m) vor einem der eindrucksvollsten Talschlüsse des Nationalparks mit der 800 Meter hohen Šite-Nordwand und dem Jalovec (2645 m).

Ein äußerst lohnenswerter Abstecher führt über einen steinigen steilen Pfad zur 1200 Meter hoch gelegenen Quelle der **Nadiža** (izvir Nadiže), einer Karstquelle, die aus einem waagrechten Felsspalt austritt. In malerischen Kaskaden stürzt das Wasser talwärts, um jedoch nach wenigen Hundert Metern im Kalkschutt zu versickern. Ein Großteil des versickerten Wassers tritt im **Zelenci** wieder zutage, einem Quellsumpf unweit östlich von Rateče und Ursprung der Sava Dolinka; möglicherweise fließt auch ein Teil davon

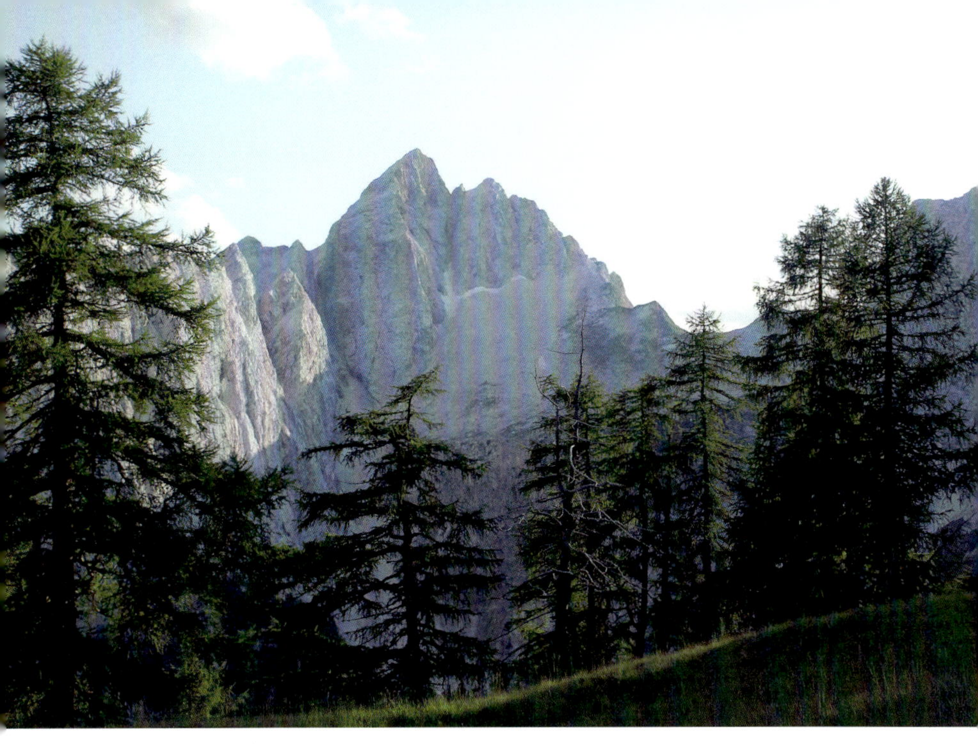

Jalovec (2645 m), gesehen vom Sleme.

nach Süden zur Sočaquelle – der verkarstete Untergrund lässt manche Fantasien blühen. Bevor die Nadiža versickert, wird ihr Trinkwasser für das Gemeindegebiet Kranjska Gora entnommen. Ein Schild an der Quelle weist auf die Gefährdung des Quellwassers durch Verschmutzung und Lagerung von Stoffen hin. Entsprechend rücksichtsvoll sollte man sich verhalten.
Unweit südlich der Tamar-Hütte, bei einer großen Buche, teilt sich der Weg. Wir folgen dem Wegweiser *Črna voda, Sleme, Vršič.* Durch Buchenwald geht es sanft ansteigend in südliche Richtung. Bald öffnet sich der Wald und wir haben freie Sicht auf die wilden Felswände von Mojstrovka und Travnik. Schließlich kommen wir in eine steile Rinne, deren Grund von den Brocken eines Felssturzes übersät ist. In manchen Jahren liegt hier Lawinenschnee bis zum Sommer. Wir überwinden Felsbrocken oder Altschnee und entdecken mit etwas Glück an der Felswand links die **Zois-Glockenblume** mit ihren eigenartig geformten Blüten. Schon nach wenigen Hundert Metern verlassen wir die Rinne in nordöstliche Richtung und ein schattiger Buchenwald nimmt uns auf, der oberhalb 1400 Meter in einen lichten Lärchenwald übergeht.

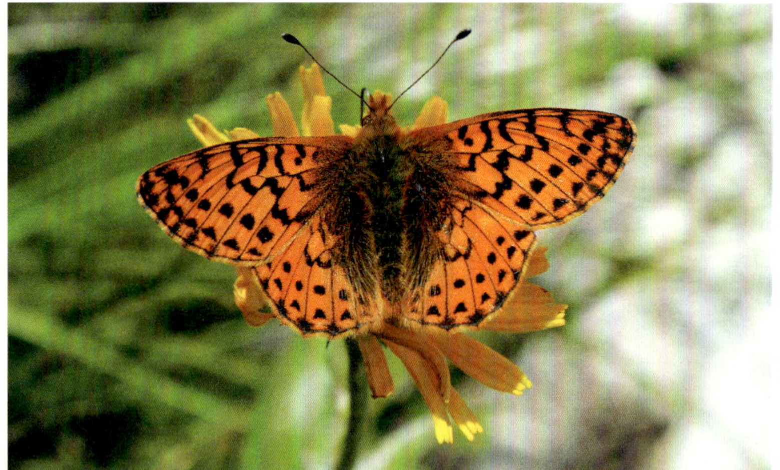

Hochalpen-Perlmuttfalter

Schließlich erreichen wir die Scharte **Slatnica** (1815 m). Wir halten uns links (Wegweiser *Slemenova špica*) und gehen durch teilweise wegloses Gelände bergauf, um Rast zu machen auf dem **Sleme**: ein sanft gewelltes Wiesenplateau mit kleinen dunklen Tümpeln, in denen Bergmolche leben; in unmittelbarer Umgebung alte knorrige Lärchen, die hier, auf 1900 Metern Höhe, ihre höchsten Standorte in den Julischen Alpen erreichen. Herrliche Ausblicke auf die nahen Wände der Mojstrovka und zu dem einem Riesenkristall gleichenden Jalovec im Südwesten.
Nach dieser Rast kehren wir auf den markierten Weg zurück und wandern durch Lärchen- und Legföhrenbestände nach Osten zur **Vratca** (Törl, 1807 m). Von dort durch zumeist groben Kalkschutt hinab zum **Vršičpass** (1611 m). Nun haben wir die Wasserscheide zwischen Schwarzem Meer und Mittelmeer erreicht. Im Sommer stehen hier drei Hütten für die Übernachtung zur Auswahl. Unweit westlich der Passhöhe erhebt sich die Mala Mojstrovka. Neben dem Triglav gehört sie zu den meistbestiegenen Hochgipfeln der Julischen Alpen, was nicht besonders verwundert, beträgt doch die Anstiegshöhe vom Vršičpass mit seinen zahlreichen Parkmöglichkeiten gerade einmal 700 Meter. Der markierte Anstieg stellt keine allzu hohen Anforderungen (ist aber auch nicht zu unterschätzen).

Doch unser Ziel ist jetzt die Sočaquelle, allerdings nicht auf direktem Weg, sondern auf einem höchst aussichtsreichen „Umweg". Ebenfalls nahe dem Kiosk führt der Slowenische Höhenweg (die „1" beachten) über blumenreiche Matten nach Südwesten. An schönen Sommertagen fliegen hier zahlreiche Schmetterlinge, darunter der goldbraun leuchtende **Hochalpen-Perlmuttfalter**. Bald geht es über Kalkschutt abwärts, dann müssen wir auf wenigen Hundert Metern einen felsigen Steilhang queren. Drahtseile und Stifte erleichtern zwar das Fortkommen, für Nichtschwindelfreie könnte es jedoch kritisch werden.

Nach dieser Passage wandern wir wenig anstrengend abwechselnd durch Wald und offenes Gelände; vorbei an Felsen, auf denen im Mai massenhaft **Aurikeln** blühen, sowie durch steile trockene Wiesenhänge, auf denen im Hochsommer eine Vielzahl **Rotflügeliger Schnarrschrecken** (eine seltene Heuschreckenart) ein merkwürdiges Konzert ertönen lässt. Gerade an solchen Stellen bieten sich herrliche Tiefblicke in die Trenta, in die Zadnja Trenta mit ihren Einödshöfen und zur Hütte an der Sočaquelle. Wunderbarer Ausblick auch auf die umliegenden Berge, insbesondere auf den Bavški Grintavec, der unser Blickfeld beherrscht. Und nicht überhörbar das Rauschen der noch 800 Meter unter uns fließenden Soča. Allerdings ist auf dem streckenweise sehr schmalen Weg Schwindelfreiheit erforderlich. Nach circa 4 Kilometern in mäßigem Auf und Ab und kurz nachdem wir eine Jagdhütte passiert haben, gelangen wir im Bereich

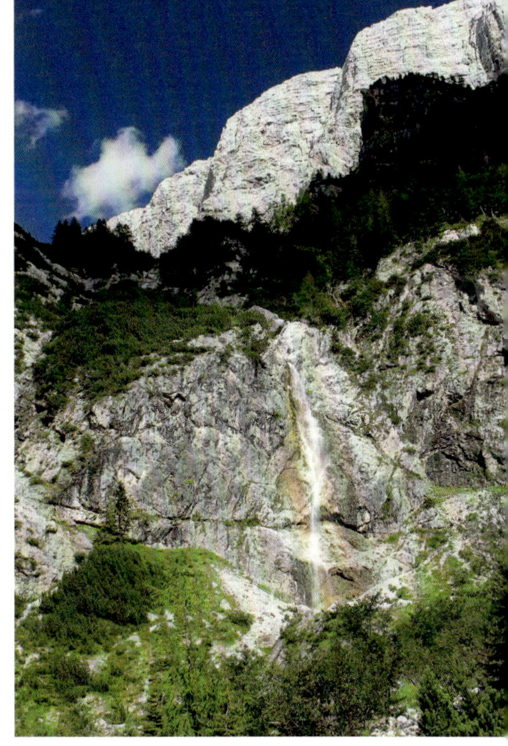

Aufstieg vom Planicatal unter den Wänden der Mojstrovka

Rutarska Trenta (ca. 1400 m) zu einer Wegkreuzung. Geradeaus zeigt ein Wegweiser zur *Špička*, rechts geht es zur *Jalovška škrbina*. Wir gehen links durch Wald steil hinab in die Zadnja Trenta, eines der schönsten Alpentäler (s. Tour 3).

Beim Gehöft **Flori** erreichen wir den Talboden und halten uns links. Über eine Wiese, auf der ich schon einmal zahlreiche Exemplare des **Schwarzen Apollo** beobachten konnte, gelangen wir zu einer Naturstraße, die uns nach 1,5 Kilometern zur Hütte an der Sočaquelle hinabführt. Wenige Hundert Meter vor unserem Ziel liegt rechts des Weges eines der schönsten Gehöfte im oberen Einzugsgebiet der Soča. Genauer gesagt, ein ehemaliges Gehöft, denn nun dient das Anwesen, wie so viele andere in der Trenta, als Feriendomizil. Es besteht aus einem Wohnhaus mit Heuboden und einem Wirtschaftsgebäude. Dazwischen ein frei stehender Kamin, durch ein Rohr mit der Küche verbunden. Dadurch soll die Feuergefahr für Wohnhaus und Stall vermindert werden. Es repräsentiert den typischen Bovec-Trenta-Baustil aus dem 19. Jahrhundert: das Erdgeschoss jeweils gemauert und weiß gestrichen, Dachgeschoss und Walmdach aus Lärchenholz. 1992 saß noch ein altes Ehepaar auf der Bank vor dem Wohnhaus. Zwei Jahre später war das Anwesen bereits verkauft und in seiner Funktion umgewidmet. Seither wurden immer wieder Renovierungen vorgenommen, wobei in durchaus vorbildlicher Weise der bauliche Charakter erhalten blieb.

Wenige Minuten noch und wir erreichen die Hütte an der Sočaquelle (**Koča pri izviru Soče**, 886 m). Im Sommer und an schönen Wochenenden im Mai und September herrscht hier tagsüber Hochbetrieb. Abends, nach Abreise der Tagestouristen, ist es ruhig, meistens jedenfalls … Für den Besuch der Sočaquelle – ein Muss für jeden schwindelfreien Wanderer – empfehle ich daher die frühen Abendstunden oder den Vormittag.

Der Weg zur Sočaquelle führt in 20 Minuten durch lichten Wald und durch felsiges Gelände steil aufwärts. Die Vegetation vereint subalpine und submediterrane Elemente – **Aurikeln** und **Hopfenbuchen** auf engstem Raum. Die letzten 50 Meter müssen kletternd an einer Felswand bewältigt werden. Zwar ist diese Passage durch Drahtseile und Stifte gesichert, dennoch sind hierfür Schwindelfreiheit und vor allem festes Schuhwerk erforderlich. Der Weg wurde und wird häufig unterschätzt, weshalb es sogar zu tödlichen Abstürzen gekommen ist.

Die **Sočaquelle** befindet sich auf circa 1000 Metern Höhe und gehört zu den eindrucksvollsten Karst- bzw. Sturzquellen der südlichen Kalkalpen. Aus einer senkrechten Felsspalte quillt nach starkem Regen oder während der Schneeschmelze ein mächtiger Wasserschwall und stürzt über mehrere Felsstufen tosend talwärts – dann kann man nicht bis zum Quellaustritt vordringen. Bei normaler Wasserführung ist ein Besuch des unmittelbaren Quellaustritts kein großes Problem, es sei denn, ein Lawinenrest versperrt noch bis zum Frühsommer den Zugang. Bei längerer Trockenheit fällt der Quelltopf trocken und man blickt in einen natürlichen Schacht. Im trocken-heißen Sommer des Jahres 1947 wollte ein Taucher den um 30 Meter gefallenen Wasserstand für eine Erkundung der Quelle ausnutzen. Er blieb für immer in den Karstklüften. Bis heute ist die Quelle nicht recht erforscht und birgt noch manches Geheimnis. Ob sich im „Bauch der Mojstrovka" vielleicht doch ein See befindet? Eine schöne, fast märchenhafte Vorstellung. Für manche Einheimische gilt die Sočaquelle gar als heilig.
Ob das Wasser der Sočaquelle tatsächlich heilig ist, mag dahingestellt sein, ich jedenfalls glaube seit meinem ersten Besuch – nach einem äußerst feuchtfröhlichen Abend in der Hütte – an die heilsame Wirkung. Diverse Male habe ich Einheimische beobachtet, die zur Hütte fahren, um ihre Flaschen mit Quellwasser zu füllen, und auch ich fülle dort bei jedem Besuch meine Trinkgefäße auf, bevor ich eine weitere Wanderung unternehme – diese soll jetzt entlang der Soča abwärts führen.

Variante 1a

Vom Vršičpass führt ein Weg direkt hinab zur Sočaquelle. Diese Variante ermöglicht zwar keine derart spektakulären Ausblicke wie im Bereich Rutarska Trenta, ist aber nicht uninteressant und eignet sich auch als Rückweg nach Norden.
Ab der Passhöhe zunächst circa 400 Meter entlang der Straße nach Süden. Rechts auf einen markierten Pfad, der durch Wald und entlang des Baches **Limarica** in die Trenta hinabführt. Auf halber Höhe entdeckt man links, d. h. östlich des Weges, hinter Fichtenjungwuchs terrassiertes Gelände mit einer verfallenen Hütte und einer Zisterne. Hier befand sich bis 1960

eine Baumschule, was angesichts des heutigen Waldkleides etwas erstaunt. Bis Mitte des 20. Jahrhunderts litt der Wald stark unter dem Verbiss von Ziegen. Die Hänge waren teilweise kahl; auf älteren Fotos ist das gut zu sehen. Anfang der 1950er-Jahre wurde in Jugoslawien die ungeregelte Ziegenweide in der freien Landschaft verboten – in vielen Gegenden war das Problem noch wesentlich gravierender als hier – und mit Aufforstungen begonnen. Bei genauerem Hinsehen bemerkt man, dass größere Waldbestände südlich des Vršičpasses erst wenige Jahrzehnte alt sind. Nach 1,5 bis 2 Stunden Abstieg vom Vršičpass erreichen wir eine kleine Asphaltstraße, halten uns rechts und erreichen nach 200 Metern die Hütte an der Sočaquelle.

Der Quelltopf der Soča

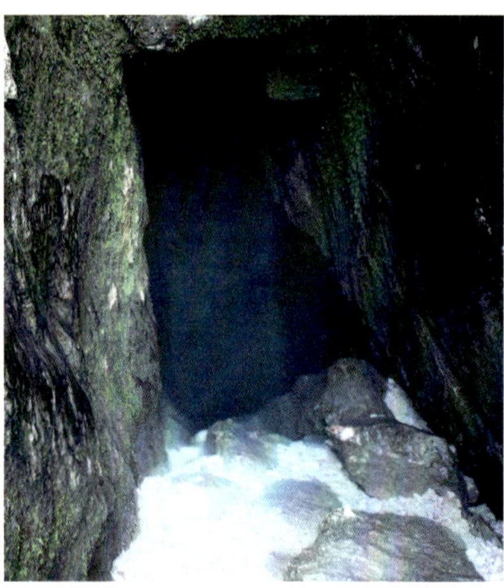

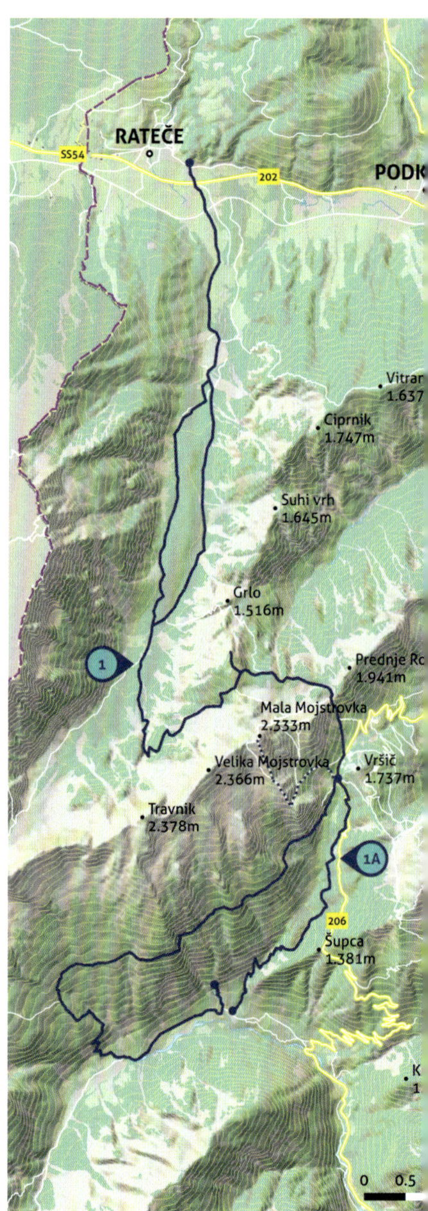

KURZ & BÜNDIG

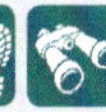
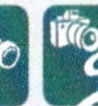

Nächste Bahnstation: Jesenice

Bushaltestellen: *Rateče* (Bus von Jesenice ganzjährig, tagsüber stündlich), *Vršičpass* (Passhöhe) und an der *südlichen Auffahrt zum Vršičpass* – Kurve, an der die kleine Straße zur Hütte an der Sočaquelle abzweigt (Busverkehr Juli/August täglich, Juni/September nur Samstag/Sonntag)

Charakterisierung: 2-tägige Bergtour, die gutes Ausdauervermögen und an einigen Stellen ein hohes Maß an Trittsicherheit und Schwindelfreiheit erfordert, insbesondere im Abschnitt Vršičpass–Rutarska Trenta (Querung steiler Hangbereiche sowie kurze, gesicherte Kletterpassagen)

Höhenunterschiede: Rateče–Sleme: 1050 m ↑; Vršičpass–Koča pri izviru Soče: 750 m ↓

Gehzeiten:
Rateče (830 m)–Planica–Dom v Tamarju (1108 m): 2 Std.;
Tamar-Hütte–Sleme (1911 m): 2 Std.;
Sleme–Vršičpass (1611 m): 1 ¼ Std.;
Vršičpass–Rutarska Trenta (ca. 1500 m): 2–2 ½ Std.;
Rutarska Trenta–Koča pri izviru Soče (886 m): 1 ½ Std.;
Vršičpass–Koča pri izviru Soče, direkter Abstieg (Variante 1a): 1 ½–2 Std.

Hütten des Slowenischen Alpenvereins (PZS):
Dom v Tamarju: 68., 60 L., ganzjährig bewirtschaftet, Tel. 04/5876055, 041/378077, bernikmartina@gmail.com

Erjavčeva koča na Vršiču (1525 m): 70 B., 29 L., Mai bis Oktober durchgehend bewirtschaftet, in den übrigen Monaten bei günstigen Verhältnissen (bei Schnee, bzw. Lawinengefahr geschlossen), Tel. 051/399226, plan.drustvo@siol.net

Tičarjev dom na Vršiču (1620 m): 36 B., 55 L., bewirtschaftet von Mai–Oktober, Tel. 051/634571, plan.drustvo@siol.net (PZS-Sektion Jesenice)

Poštarska koča na Vršiču (1688 m): 34 B., 28 L., bewirtschaftet Juni–September, Tel. 041/610029

Koča pri izviru Soče (886 m): 14 B., 20 L., bewirtschaftet Mai–Mitte Oktober, Tel. 041/603190, plan.drustvo@siol.net

Beste Jahreszeit: Je nach Schneelage im Bereich Sleme–Vršič Juni/Juli–Oktober

Der Nationalpark Triglav

Das gesamte Einzugsgebiet der Soča oberhalb von Bovec, ein Großteil des Krnmassivs und das Tolminkatal bei Tolmin befinden sich im Bereich des Nationalparks Triglav. Mit circa 84 000 Hektar Fläche ist er ungefähr viermal so groß wie die Nationalparks Berchtesgaden (Bayern) und Kalkalpen (Oberösterreich). Er zählt zu den größeren Nationalparks der Alpen. Knapp die Hälfte der Fläche gehört zum Einzugsgebiet der Soča.

Gegründet wurde der Nationalpark Triglav im Jahr 1961 auf einer Fläche von knapp 2000 Hektar, die hauptsächlich das Sieben-Seen-Tal umfasste. 1981 wurde der Nationalpark per Gesetz stark erweitert und in eine streng geschützte Kernzone und in eine Randzone unterteilt. Innerhalb der Kernzone lagen jedoch auch alte Siedlungsräume, zum Beispiel in der oberen Trenta, sowie Flächen mit traditionellen Nutzungsrechten (hauptsächlich Almwirtschaft). In den 1990er-Jahren, nachdem Slowenien sich von Jugoslawien gelöst und vom bisherigen System verabschiedet hatte, traten die Gegensätze zwischen Naturschutz und einigen Landnutzern offen zutage. Nun musste ein Kompromiss gesucht werden zwischen den Anforderungen des Naturschutzes an einen Nationalpark und den Interessen der örtlichen Bevölkerung. Nach mehr als 10 Jahren zähen Ringens um ein neues Konzept fand schließlich im Jahr 2010 ein novelliertes Gesetz für den Nationalpark Triglav die Zustimmung des slowenischen Parlaments. Seitdem besteht er aus drei Schutzzonen:

Schutzzone 1: Zone mit strengem Schutz. Sie umfasst knapp 40 % der Nationalparkfläche; im Einzugsgebiet der Soča jedoch weniger als 30 %, hauptsächlich in den Hoch- und Steillagen oberhalb der Trenta und östlich des Dorfes Soča.

Schutzzone 2: Bereiche mit geringer menschlicher Nutzungsintensität, aber auch weitgehend nutzungsfreie Hoch- und Steillagen im Westen und Süden des Nationalparks (Koritnica, Bavšica) sowie bewirtschaftete Almen an den Südhängen des Krnmassivs und oberhalb von Tolmin. Hier sollen traditionelle Nutzungsformen erhalten und gefördert und somit die landschaftliche Vielfalt, die Biodiversität und das kulturelle Erbe bewahrt werden. Diese Schutzzone nimmt mehr als die Hälfte der Nationalparkfläche ein.

Schutzzone 3: Sie umfasst die dünn besiedelten Tallagen der Soča und der Koritnica einschließlich ihrer Nebentäler, aber auch die kleinen Siedlungen oberhalb von Tolmin. Hier soll durch Förderung nachhaltiger Nutzungsformen, insbesondere in der Landwirtschaft, einem weiteren Bevölkerungsschwund entgegengewirkt und die Identifizierung der Bevölkerung mit „ihrem" Nationalpark gestärkt werden.

Eine Übersichtskarte des Nationalparks Triglav gibt es auf der Website der Nationalparkverwaltung (auch deutschsprachig, zum Download) unter *www.tnp.si* .

Zum Schutz von Flora, Fauna und Gewässern gelten für Besucher unter anderem folgende Bestimmungen:

Kayaking, Rafting: An der Soča herrscht von der Quelle bis zur Großen Klamm (Velika korita) ein ganzjähriges Fahrverbot. Dasselbe gilt für die Koritnica bis zur Klamm bei der Festung Kluže und für die gesamte Fließstrecke der Tolminka. Unterhalb der Großen Klamm und auf der Koritnica unterhalb der Festung Kluže ist eine Befahrung vom 15. März bis 31. Oktober zwischen 9 und 18 Uhr erlaubt (s. auch „Aktivitäten – Wassersport").

Canyoning bedarf innerhalb des Nationalparks der Erlaubnis durch die Nationalparkverwaltung und darf nur vom 15. Mai bis 15. Oktober zwischen 10 und 17 Uhr entlang folgender Wasserläufe ausgeübt werden:

Fratarica bei Log pod Mangartom vom Wasserfall „Parabola" bis zur Koritnica

Predelica zwischen der Straßenbrücke nahe Predilpass und Log pod Mangartom.

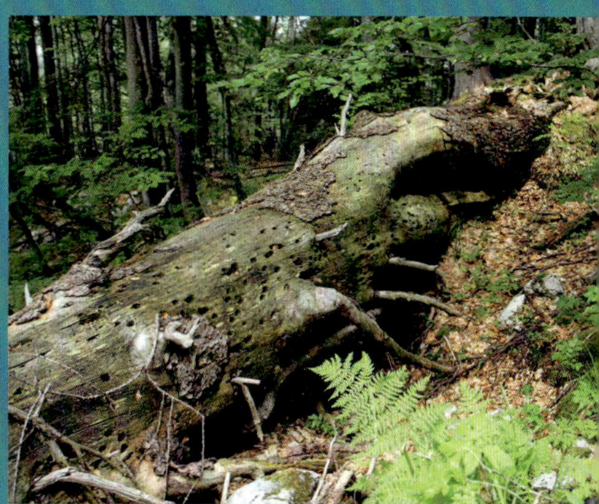

Baden in Seen ist innerhalb der Schutzzone 1 nicht erlaubt. Dies betrifft den Krnsko jezero (Krnsee), den Dupljsko jezero, und die ohnehin nicht badetauglichen Križ-Seen.

Camping ist nur auf ausgewiesenen Campingplätzen erlaubt, z. B. in der Trenta und am Eingang zum Lepenatal. Übernachten im Auto, im Wohnmobil oder Wohnwagen ist außerhalb der offiziellen Campingplätze nicht gestattet.

Zwar gibt es im Nationalpark Triglav kein striktes Wegegebot, aber angesichts des dichten Netzes an markierten und nicht markierten Wegen besteht auch kaum Veranlassung, diese zu verlassen. Radfahren bzw. Mountainbiking ist auf markierten Wanderwegen nicht erlaubt. Nähere Informationen zum Nationalpark Triglav allgemein und zu Verhaltensregeln s. *www.tnp.si* (slowenisch und englisch).

Tour 2

Soška pot/Soča-Weg von der Quelle bis Bovec

„Der schönste Fluss Europas" – im schönsten Tal der Alpen

Der schönste Abschnitt des „schönsten Flusses Europas" – welcher ist das? Eine überflüssige Frage, denn jeder Abschnitt des Soča-Oberlaufs zwischen der Quelle und Tolmin hat seine unvergleichlichen Reize. Bleiben wir zunächst im obersten Teil. Hier ist es nicht nur der türkisfarbene Fluss, der sich mal durch enge Schluchten zwängt, dann sich im hellen Schotterbett ausbreitet, sondern auch die grandiose Bergwelt der Trenta, die Julius Kugy zu zahllosen Lobeshymnen inspiriert hat. So manches hat sich zwar seit Kugys Zeiten verändert – so hat sich etwa der Wassersport zu einem Breitensport entwickelt –, doch noch immer gibt es diese abenteuerlich anmutenden Brücken, insbesondere die an den Himalaja erinnernden Hängebrücken. Manche sind nicht mehr begehbar, andere wurden in den vergangenen Jahren wieder instand gesetzt. Nicht verändert haben sich

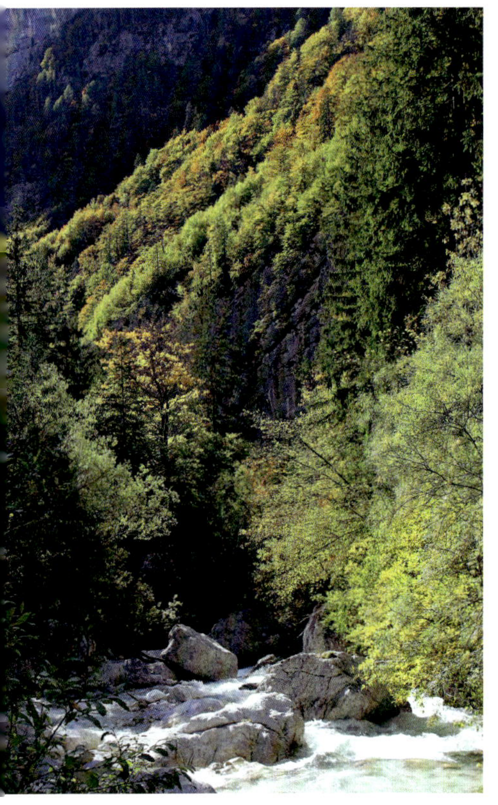

Die Soča bei Pri Cerkvi

die Berge und auch die Soča zeigt sich noch genau so naturbelassen und genau so smaragd- bis türkisfarben wie vor 100 Jahren.
Vor fast 20 Jahren wurde der relativ einfach zu begehende Soča-Weg (Soška pot) fertiggestellt, der eine lückenlose Wanderung durch eines der schönsten Alpentäler von der Sočaquelle bis nach Bovec ermöglicht. Im Verlauf des Weges sind mehrere Tafeln angebracht, die über die Natur und die Besiedlung der Trenta bzw. des Sočatals Auskunft geben (siehe auch den informativen Folder „Der Soča-Weg", herausgegeben vom Nationalpark Triglav). Speedhiker mögen die circa 25 Kilometer lange Strecke an einem halben Tag bewältigen, ich empfehle jedoch mindestens zwei Tage; schließlich gibt es unterwegs mehrere Übernachtungsmöglichkeiten.

Wegbeschreibung

Ausgangspunkt ist die Hütte an der Sočaquelle. Für jeden, der die Sočaquelle noch nicht kennt, ist der Besuch ein Muss. Voraussetzung für den Besuch (und für die anschließende Wanderung flussabwärts) sind gutes Schuhwerk und Schwindelfreiheit.
Danach geht es auf der asphaltierten Zufahrt zur Hütte nach Südosten abwärts. Nach circa 250 Metern kommt ein kleiner Parkplatz, von dem rechts der Soška pot abzweigt und steil durch Wald hinunterführt – das Rauschen der Soča wird immer lauter. Unten halten wir uns halblinks und gelangen zur Straßenbrücke über die Soča. Dort rechts und entlang der Straße abwärts, vorbei an einem größeren Parkplatz. Nach circa 500 Metern weist ein Pfeil links zur **Mlinarica-Klamm**, einer Sehenswürdigkeit, die wir uns nicht entgehen lassen wollen. Hierfür überqueren wir die Soča auf einer der berühmten Hängebrücken, gehen gleich danach rechts und gelangen nach knapp 200 Metern zu einer hölzernen Plattform am Eingang zur Klamm. Hier endet der Weg. Die ungefähr 1 Kilometer lange Klamm ist nicht begehbar und auch Canyoning ist darin nicht erlaubt. Stattdessen soll sie für die Allgemeinheit unzugänglich bleiben und ihre Geheimnisse für sich bewahren. Dennoch – oder gerade deshalb – ist der Einblick von der Holzplattform in die nur wenige Meter breite Klamm mit den über 100 Meter aufragenden Felswänden überwältigend. Auf demselben Weg kehren wir zur Straße zurück.

Dort angekommen halten wir uns links, überqueren nach einer Rechtskurve die Soča und gelangen nach circa 500 Metern zum **Alpinum Juliana**, dem vielleicht schönsten botanischen Garten in den Alpen. Ein Besuch lohnt sich nicht nur für Spezialisten. Liebevoll und unaufdringlich gestaltet, fügt sich das circa 2500 Quadratkilometer große Areal harmonisch in die natürliche Umgebung mit ihren steilen bewaldeten Bergflanken ein. Angelegt wurde der Garten in den Jahren 1926 und 1927 von dem Triester Kaufmann Albert Bois de Chesne – als „Ersatz" für den zerstörten Garten der gütigen Rojenice (s. „Zlatorog-Sage", S. 155). Beraten wurde Bois de Chesne von seinem Freund, dem berühmten Kaufmann, Juristen, Alpinisten, Musiker und Schriftsteller Julius Kugy, dessen Name untrennbar verbunden ist mit der Trenta und der vergeblichen Suche nach seiner „Herzblume" *Scabiosa trenta*, die leider auch im Garten nicht zu sehen ist ... Stattdessen beherbergt der Garten circa 600 Pflanzenarten, darunter endemische Arten aus den Julischen Alpen, den Steiner Alpen und den Karawanken, aber auch zahlreiche Arten aus anderen Alpengebieten und dem slowenischen Karst. Betreut wird der Garten vom Museum für Naturgeschichte in Ljubljana. Die Hauptblütezeit fällt in die Monate Mai und Juni, aber auch im Hochsommer sind noch viele Arten in voller Blüte.

Nach dem Besuch dieses Gartens haben wir die Wahl: entweder auf der Straße weiter nach Süden (kürzer, aber nicht unbedingt reizvoll) oder nach Norden zurück über die Straßenbrücke, wie nachfolgend beschrieben.

Wir überqueren diese Brücke und setzen unmittelbar danach unsere Wanderung links auf dem markierten Weg westlich der Soča fort. Nach circa 500 Metern kommen wir zu einer Brücke, von der sich ein wunderbarer Ausblick auf die junge Soča und auf die steilen Talflanken bietet. Jenseits der Brücke besuchen wir **Pri Cerkvi**, eine malerische Siedlung bestehend aus wenigen Häusern und einer kleinen Kirche. Bis Ende des 18. Jahrhunderts wurde in diesem Ort Eisenerz abgebaut und verhüttet. Die Bergarbeiter kamen großteils aus dem Trentino (daher auch die Bezeichnung „Trenta" für diesen Teil des Sočatals) und aus Südtirol. Einige deutsche Familiennamen (Hosner, Pretner) sind geblieben und erinnern an die längst vergangene Bergbauepoche. Die um 1690 erbaute „Kirche der Jungfrau Maria von Lauretanien" birgt in ihrem Innern Wandgemälde des bekannten slowenischen Malers Tone Kralj (1900–1975) – ihm werden wir im Dorf Soča nochmals begegnen.

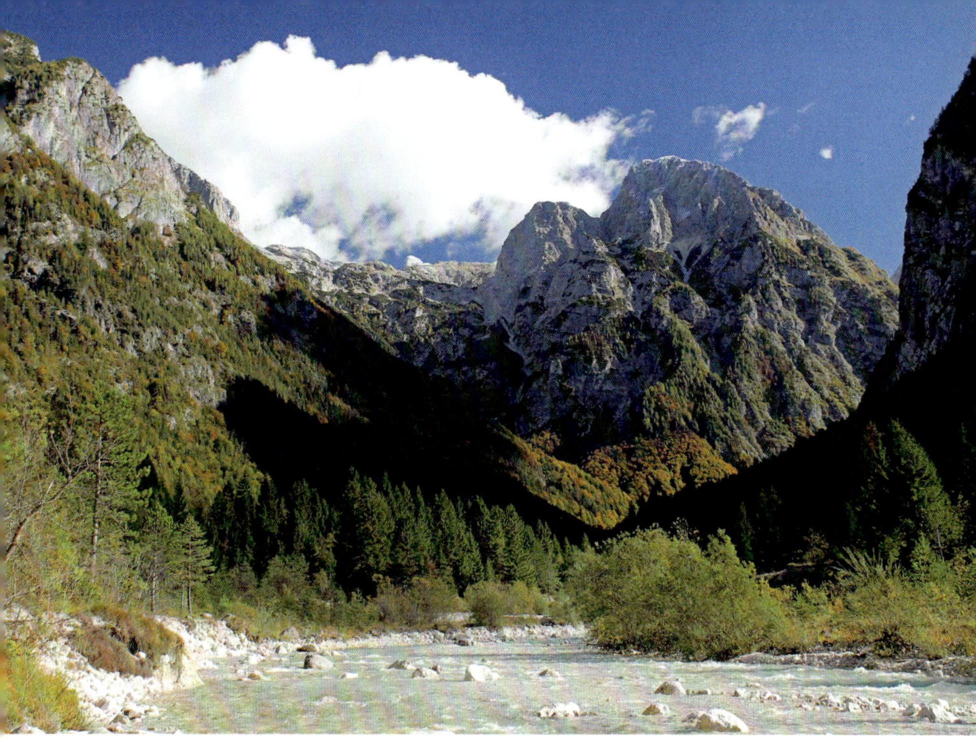

Die Soča unterhalb Na Logu

Wir kehren auf die Westseite der Soča zurück und wandern weiter nach Süden. Immer wieder gehen wir ans Ufer, genießen den Anblick des smaragdfarbenen Flusses mit der prächtigen Kulisse der Mojstrovka im Norden. Nach circa 1 Kilometer steigt der Weg an. Ein dunkler Fichtenwald auf einem Bergsturzgelände nimmt uns auf. Bald geht es aber in Serpentinen wieder abwärts und wir erreichen einen Aussichtspunkt hoch über einer malerischen Sočaschleife. Sehr imposant zeigt sich die Bergumrahmung über der Zadnjica mit dem Triglav als höchstem Punkt. Am Steilfels rechts oberhalb des weiteren Wegverlaufs befand sich ein lockerer Wald aus Schwarzkiefern, der im April 2005 großteils abbrannte.
Nun erreichen wir die hier etwas breitere Talsohle südlich der Siedlung Trenta-Na Logu. Hier können wir links abbiegen und die Soča auf einer Hängebrücke überqueren, um im Dorf einzukehren oder im „Market" lokale Spezialitäten einzukaufen. Ansonsten genießen wir auf der trockenen Schotterterrasse mit dem schütteren Kiefernbewuchs den Ausblick auf die steilen Talflanken mit dem namenlosen Wasserfall rechts. Das Ufer der

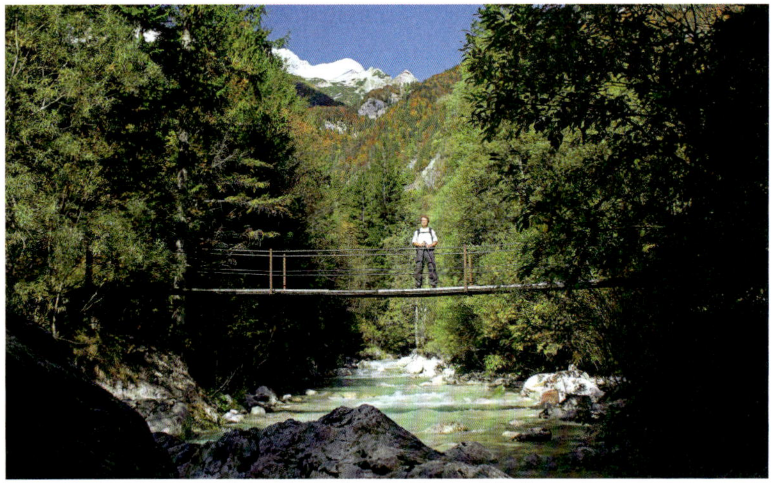

Sočabrücke bei Pri Cerkvi, im Hintergrund die Mojstrovka (2345 m)

Soča verführt zu einer ausgedehnten Rast. Mit etwas Glück können wir eine **Wasseramsel** beobachten. Schließlich gelangen wir zur Straßenbrücke über die Soča, überqueren diese links und begeben uns unmittelbar danach rechts auf den markierten Weg. Auf der linken bzw. südöstlichen Seite der Soča wandern wir auf einer eiszeitlichen Grundmoräne, in die sich die Soča eingeschnitten hat. Unterwegs kommen wir an einsamen Gehöften im Trenta-typischen Baustil vorbei, auch an jenem verlassenen namens **Plajer**. 1989 lösten sich vom darüberliegenden Steilhang große Gesteinsmengen. Einige fast hausgroße Felsbrocken kamen unweit des Wohngebäudes zum Liegen. Zu Schaden kam niemand, doch die Bewohner zogen es vor, auf sichereres Gelände nahe dem Dorf Na Logu umzusiedeln. Die Abbruchstellen des Felssturzes sind gut zu erkennen.

Danach geht es überwiegend durch Wald, doch die Soča ist meist in Sicht- und stets in Hörweite. Nach circa 4 Kilometern steigt der Weg an, und wir entfernen uns vom Fluss. Entschädigt werden wir durch einen meist von Quellwasser überrieselten Felsen, der von zahlreichen Grasbüscheln bewachsen ist und einen malerischen Anblick bietet. Wir steigen wieder ab, machen nach dem Gehöft Jelenčič einen kurzen Abstecher auf die Straßen-

brücke und schauen auf die Kleine Sočaschlucht (**Mala korita Soče**) hinab, die nur wenige Meter in den harten Kalkfels eingeschnitten ist, aber einen bizarr-schönen Anblick bietet. Von Na Logu bis hierher sind es circa 6 Kilometer. Wir bleiben auf der linken Seite der Soča und erblicken nach circa 1,5 Kilometern das Dorf Soča auf der anderen Seite. Über eine Brücke begeben wir uns dorthin, stärken uns im Gostišče unweit rechts der Brücke (Übernachtungsmöglichkeit) – und besuchen die Kirche, deren Inneres im Jahr 1944 von dem uns bereits bekannten Maler Tone Kralj gestaltet wurde. Apropos 1944: Die Deutschen hielten das Gebiet besetzt, nachdem es zuvor fast 25 Jahre lang von den Italienern beherrscht wurde. Für die Bewohner – und auch für Tone Kralj – war der Unterschied zwischen Nazis und Faschisten nicht allzu groß. Auf einem der Gemälde in der Kirche tritt eine Engelsfigur auf eine finstere Teufelsfratze, der eine Ähnlichkeit mit Mussolini nicht ganz abzusprechen ist ... Neben der Kirche steht eine mächtige Linde, sie gilt als größter Baum im Sočatal.
Wir kehren wieder auf die linke, in diesem Falle südliche Seite der Soča zurück, setzen unseren Weg flussabwärts fort und erreichen bald die Große Sočaschlucht (**Velika korita Soče**). Vom markierten Weg ist die Schlucht nicht überall einsehbar. Wer jedoch schwindelfrei und sehr trittsicher ist, darf sich auf den schmalen Pfad begeben, der am oberen Rand der bis zu 20 Meter tiefen und oft nur wenige Meter breiten Schlucht entlangführt. Das Rauschen des Flusses, das intensiv smaragdfarbene Wasser und die bizarren Felsbildungen – eines der schönsten Naturschauspiele an der Soča. Am Ende der Schlucht gelangen wir auf eine kleine Straße, die von rechts über eine Brücke herführt. Auf dieser geht es circa 1 Kilometer nach Süden bis zu einem Campingplatz am Eingang des Lepenatals, dort auch Einkehrmöglichkeit („Klinar"). Nach einer Stärkung überqueren wir die **Lepenjica**, bekommen aber bald wieder die Soča zu sehen, die hier in einem breiten Schotterbett dahinfließt. Nun wandern wir circa 2,5 Kilometer auf einer Wiese, auf der noch **Orchideen** blühen. Nach ergiebigen Regenfällen kann der Weg hier teilweise unter Wasser stehen und man ist unter Umständen zur Umkehr gezwungen. Links des Weges entdecken wir die zugängliche Kapelle **Dobri pastir** (Guter Hirte), deren Besuch sich unbedingt empfiehlt. Erbauer und Besitzer der künstlerisch gestalteten Kapelle ist ein slowenischer Geistlicher, der in Wien lebt, hier jedoch seine freien Wochen verbringt.

Nach dieser inneren Einkehr wandern wir gestärkt weiter und erblicken einen Hügel, auf dem sich die Ruine einer Festungsanlage befindet.
Mit der düsteren Geschichte, an welche die dicken Mauerreste erinnern, wollen wir uns nicht weiter befassen, vielmehr wollen wir von dort oben, circa 50 Meter über dem Talboden, den wunderbaren Blick auf die Soča mit den Kiesinseln und dem dichten Uferweidengebüsch genießen. Unweit dieses Aussichtspunkts überqueren wir die Soča und müssen die Wanderung am Rande der Straße fortsetzen. Nach knapp 2 Kilometern ermöglicht eine Brücke wieder einen Übergang auf die linke Seite (Südseite) des Flusses. Bald nähern wir uns einem weiteren Glanzpunkt dieser Tour: In der Schlucht bei **Kršovec** zeigt sich die Soča nochmals von ihrer schönsten Seite.
An einer Brücke am Ende der Schlucht erreichen wir die Grenze des Nationalparks Triglav und das offizielle Ende des Soška pot. Über die Brücke führt ein Weg unmittelbar zur Straße Bovec–Trenta, auf der wir nach Kal-Koritnica gelangen könnten. Es lohnt sich aber, die Tour auf dem Bovec-Wanderweg B1 (zunächst B1b) auf der südlichen, orografisch linken Seite der Soča fortzusetzen, denn am Charakter der Soča als ungezähmter Gebirgsfluss ändert sich nur wenig.
Nach etwa 500 Metern, kurz vor dem Gehöft Jablanica, haben wir die Wahl: Entweder rechts auf direktem Weg nach Bovec (s. Variante 2b) oder – im Folgenden beschrieben – geradeaus weiter. Zuvor lohnt sich jedoch ein Abstecher zur Hängebrücke über die Soča. Ab dem **Gehöft Jablanica** wandern wir circa 2 Kilometer auf einer kleinen Fahrstraße (nun als Wanderweg B1 markiert), machen aber auch hier einen Abstecher zur Soča und betrachten die Konglomeratwände auf der gegenüberliegenden Seite. Die Soča hat sich an dieser Stelle tief in die eiszeitliche Grundmoräne eingeschnitten. Bei der Mündung der **Slatnica** in die Soča zweigt ein Fußweg rechts ab, auf dem wir nach ungefähr 1 Kilometer die Straßenbrücke Bovec–Čezsoča erreichen, die wir benutzen. Wir stehen am Eingang zum **Naklo-Graben**, in dem sich am Morgen des 24. Oktober 1917 eine große Tragödie abgespielt hat (s. „Der Erste Weltkrieg am Isonzo", Seite 76 sowie Tour 14). Wir begeben uns aber unmittelbar nach der Brücke links auf einen schmalen Fußweg und steigen durch Wald den Moränenhang hinauf. Vielleicht begegnen wir einem **Feuersalamander**. Nach circa 500 Metern erreichen wir die ebene Talsohle von Bovec, halten uns rechts und umgehen den für kleine Flugzeuge

errichteten Flugplatz von Bovec. Wir überqueren die Umfahrungsstraße und sind nach 500 Metern in Bovec.
Bovec blickt auf eine äußerst wechselvolle Geschichte zurück. Während des Ersten Weltkriegs lag es mitten im Kampfgebiet und wurde weitgehend zerstört. Heute erinnern nur noch einige private Museen – und der Verein 1313 – an diese schreckliche Zeit. Gegen Ende des 20. Jahrhunderts hat sich Bovec zu einem Zentrum für Outdoor-Sportarten entwickelt. Wassersportler, Mountainbiker, Kletterer geben sich auf dem höchstgelegenen Skigebiet Sloweniens im Sommer ein Stelldichein, Pistenskiläufer im Winter.

Variante 2a:

Von der Hütte an der Sočaquelle circa 2 Kilometer abwärts bis zur Auffahrt zum Vršičpass. Dort circa 400 Meter aufwärts bis zur nächsten Kehre und rechts auf einen Fußweg. Nach circa 100 Metern stehen wir vor dem Denkmal für Julius Kugy, der zahlreiche Alpenregionen erkundet, jedoch fast jedes Jahr mehrere Wochen bis Monate in den Julischen Alpen verbracht hat. Schon allein der Aussicht wegen lohnt sich hier eine längere Pause. Unmittelbar danach führt der Weg abwärts, vorbei an einem der schönsten Gehöfte der Trenta, das mittlerweile nur noch zeitweise bewohnt wird. Ständige Bewohnerin ist jedenfalls eine Katze.

Variante 2b:

Circa 500 Meter nach der Brücke am Ende der Kršovec-Schlucht (Grenze des Nationalparks Triglav) rechts hinab und über eine der Soča-typischen Hängebrücken ans nördliche Ufer der Soča, dort links und wenige Hundert Meter bis zu einer Brücke über die Koritnica (die wenig unterhalb in die Soča mündet), anschließend durch den großen Campingplatz „Kamp Vodenca" und auf dessen Zufahrt nach Bovec. Nach dem Gehöft Vodenca besteht die Möglichkeit, rechts abzuzweigen, um zum Freilichtmuseum Ravelnik zu gelangen (Unterstände und Laufgräben aus dem Ersten Weltkrieg).

KURZ & BÜNDIG

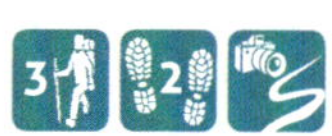

Nächste Bahnstationen: Jesenice, Most na Soči

Busverbindungen: *Jesenice–Kranjska Gora–Rateče* (ganzjährig, tagsüber stündlich)

Kranjska Gora–Vršič–Sočaquelle und weiter bis *Bovec* mit mehreren Zwischenhalten u. a. in Trenta und im Dorf Soča (Juli und August mehrmals täglich, Juni und September nur Samstag/Sonntag und an Feiertagen)

Most na Soči–Tolmin (evtl. umsteigen)–*Bovec* (nur wenige Verbindungen)

Charakterisierung: Einfache Wanderung, die auf 2 bis 3 Tage aufgeteilt werden sollte.

Gesamtlänge des Weges wie beschrieben: circa 25 Kilometer. Für den Besuch der Sočaquelle und für die Begehung der Großen Sočaschlucht entlang der Oberkante sind Trittsicherheit und Schwindelfreiheit erforderlich.

Stützpunkte: *Koča pri izviru Soče* (886 m), bewirtschaftet Mai–Mitte Oktober, 14 B., 20 L., Tel. 041/603190

Dom Trenta (Informationszentrum des Nationalparks Triglav in *Na Logu*), Nächtigungsmöglichkeiten Ende April–Ende Oktober in 8 Apartments für 4–5 Personen, im separaten Ferienhaus 7 Zweibettzimmer und 1 Apartment für 5 Personen; Tel. 05/3889330, dom-tnp.trenta@tnp.gov.si

Pension Klin am Eingang zu Lepena.

Weitere Nächtigungsmöglichkeiten in *Trenta* und im Dorf Soča in Gasthäusern und auf Bauernhöfen sowie bei entsprechender Ausrüstung auf Campingplätzen, z. B. in *Trenta* und am Eingang zu *Lepena.*

In Bovec mehrere Hotels und zahlreiche Privatunterkünfte.

Einkaufstipp: Lokale Produkte, z. B.

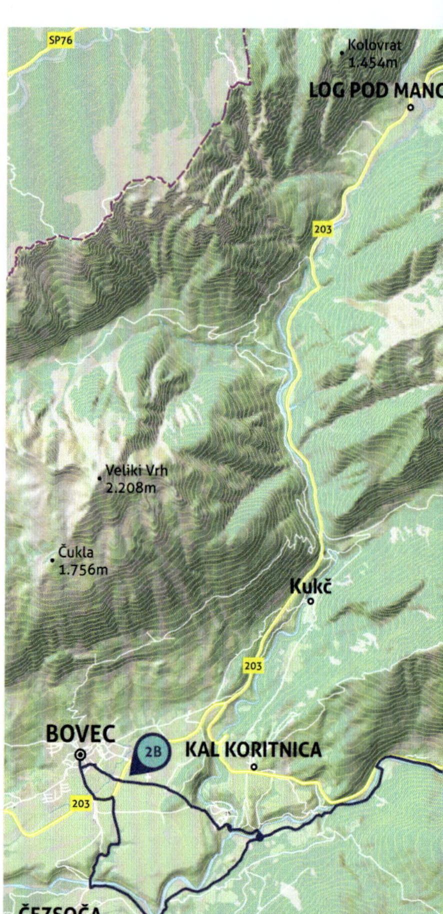

Schafskäse, gibt es im „Market“ der örtlichen Kooperative in Trenta-Na Logu.

Beste Jahreszeit: Mai–Oktober

Tipp: Da es sich um eine Streckenwanderung handelt, sollte man sich vor der Wanderung die Busfahrpläne genau anschauen. Im Mai und im Oktober verkehren keine Linienbusse über den Vršičpass. Doch gerade in diesen Monaten ist die Tour besonders schön. Dann lässt sich der Soška pot mit Tour 1 verbinden, d. h. man wandert von Norden zur Sočaquelle (auch von Kranjska Gora durch das Pišnicatal über den Vršičpass) und von dort nach Bovec. Oder man startet von Bovec und macht die Tour in umgekehrter Richtung. Generell empfiehlt sich für die diese Tour, vor allem in Kombination mit Tour 1, die Benutzung öffentlicher Verkehrsmittel.

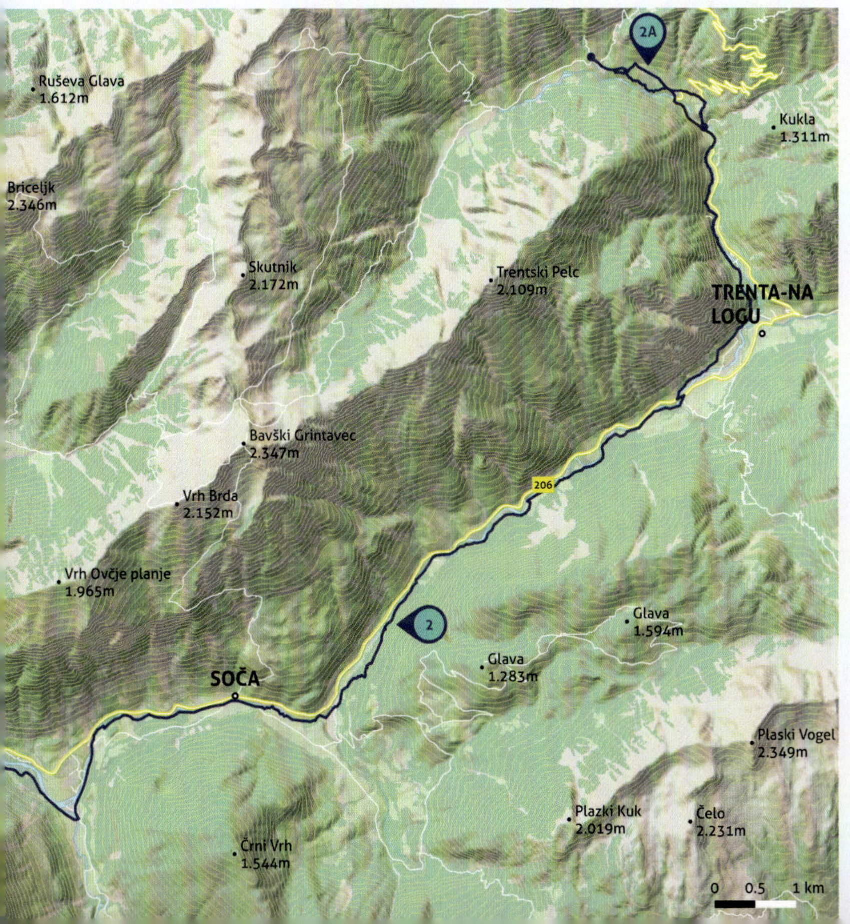

Der Erste Weltkrieg am Isonzo 1915–1917

Bis heute ist der Name „Isonzo" mit einem der schrecklichsten und folgenreichsten Ereignisse des 20. Jahrhunderts eng verbunden. Für das gesamte Soča-/Isonzogebiet waren die Jahre 1915 bis 1917 die schlimmsten Jahre seit Menschengedenken. „Isonzo" und „Verdun" wurden zum Synonym für eine industrielle Kriegsführung mit einem nie für möglich gehaltenen Materialeinsatz – „Hölle" war für die Schlachtfelder noch eine harmlose Umschreibung. Viele Spuren dieses Grauens sind im Soča-/Isonzogebiet noch heute zu sehen, vor allem in den Julischen Alpen und auf den Erhebungen rings um Gorizia/Nova Gorica: Schützengräben, Granattrichter, Stacheldraht, Kavernen, hier und da sogar Kanonenlafetten. Zwar ist vielerorts längst Gras und Gebüsch über die blutgetränkten Kampfstätten gewachsen, doch ganz verschwinden werden die Narben dieser Tragödie noch lange nicht.

Frühjahr 1915

Der Weltkrieg ist bereits in vollem Gange. Österreich-Ungarn ist durch den Verlust von 40 Prozent seiner Soldaten an der Ostfront deutlich geschwächt. Ermutigt durch das Londoner Abkommen mit der Entente sieht Italien die Chance gekommen, seine Gebietsansprüche an Österreich mit Gewalt einzufordern. Nach Kündigung des Dreibunds erklärt Italien am 23. Mai seinem nordöstlichen Nachbarn den Krieg. Schon tags darauf überschreiten italienische Truppen die österreichische Grenze nördlich von Cividale, besetzen die Dörfer zwischen Karfreit/Kobarid (das zu „Caporetto" wird) und Flitsch/Bovec (fortan „Plezzo"). Die Einwohner von Dreznica und weiterer Dörfer oberhalb von Kobarid werden teils in die Beneška Slovenija, teils sogar nach Neapel deportiert. Zuvor schon mussten die Einwohner von Bovec und Tolmin auf österreichischen Befehl ihre Heimat verlassen, meist zu Fuß. Viele kommen in Kranjska Gora und anderen, nicht allzu weit entfernten Orten unter. Für die weniger Glücklichen werden Sammellager in Österreich, weitab ihrer Heimatorte errichtet.

Krieg im Hochgebirge

Die zahlenmäßig weit unterlegenen österreichisch-ungarischen Truppen ziehen sich nach Norden zurück, um im Gebirge eine besser zu sichernde Verteidigungslinie aufzubauen. Diese erstreckt sich vom Rombon im Kaninmassiv hinab durch das Talbecken von Bovec und über das Krnmassiv bis zur Soča unweit westlich von Tolmin. Bis Oktober 1917, vor allem aber zu Beginn des Krieges kämpfen in diesem Gebirgsabschnitt italienische und österreichisch-ungarische Einheiten erbittert um die strategisch günstigsten

Punkte, insbesondere am Rombon bei Bovec und am Mrzli vrh bei Tolmin.

Am Verlauf dieses Frontabschnitts ändert sich bis zum 24. Oktober 1917 fast nichts – mit einer spektakulären, letztlich aber folgenlosen Ausnahme: Am 15. Juni 1915, wenige Wochen nach Beginn der Auseinandersetzungen, stürmen italienische Alpini (Gebirgsjäger) im Morgengrauen den Gipfel des Krn (2244 m), überraschen die völlig unerfahrene ungarische Gipfelbesatzung und nehmen sie widerstandslos gefangen. Fortan gehört dieser strategisch wichtige Gipfel den Italienern, die zum Zeitpunkt der Eroberung allerdings nicht ahnen, wie schwach die dahinterliegenden österreichischen Verteidigungslinien besetzt sind. So unterbleibt ein weitergehender Angriff, der zu einem massiven Durchbruch durch die österreichisch-ungarische Front hätte führen können und den Kriegsverlauf möglicherweise entscheidend beeinflusst hätte.

Juni 1915–September 1917: Elf Isonzoschlachten

Die schlimmsten und verlustreichsten Kämpfe der gesamten Südfront finden jedoch entlang des Isonzo zwischen Tolmin und der Adria statt – Schauplatz der elf Isonzoschlachten, die erste beginnt am 23. Juni 1915. Hier sucht die italienische Militärführung die Entscheidung. Deren wichtigstes Nahziel ist die Eroberung von Triest, aber auch ein Vorstoß nach Laibach steht auf dem Plan. Trotz stets doppelter bis dreifacher Überlegenheit an Mensch und Kriegsmaterial erreicht Italien selbst

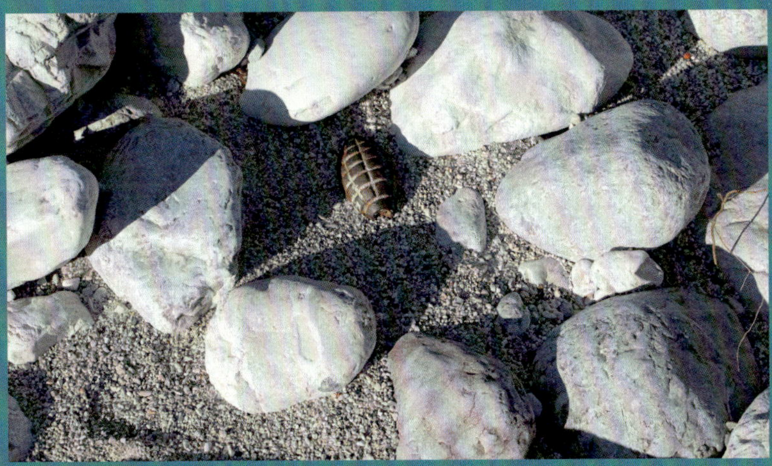

Italienische Handgranate aus dem Ersten Weltkrieg, entdeckt am Ufer der Soča.

nach elf massiven Angriffen keines der Nahziele, geschweige denn einen Durchbruch bis Wien. Von Mal zu Mal steigt beiderseits die Zahl der eingesetzten Waffen, vor allem der Artilleriegeschütze. Besonders grausam ist die Wirkung der Artillerie in Karstgebieten: Unzählige, durch Granatexplosionen aus dem Felsboden gesprengte messerscharfe Kalksteinsplitter potenzieren die Geschosswirkung.

Österreich-Ungarn setzt 1916 auf dem Karst Phosgen ein, ein Giftgas, dem die italienischen Soldaten völlig schutzlos ausgeliefert sind. Mehrere Tausend sterben während eines einzigen Gasangriffs. Die auf österreichisch-ungarischer Seite kämpfenden Bosniaken schlagen noch mit steinzeitlich anmutenden, Stahldornen-bewehrten Keulen auf ihre wehrlosen Gegner ein, die sich in den Stacheldrahthindernissen verfangen haben. Am Monte Sabotino halten sich während der sechsten Isonzoschlacht noch österreichisch-ungarische Soldaten in den Kavernen auf, die sich den heranstürmenden Italienern nicht ergeben wollen. Daraufhin lassen diese Benzin und Petroleum durch die Felsspalten in die Kavernen einsickern und zünden es an. Erstmalig werden in diesem Krieg militärische, aber auch zivile Ziele aus der Luft bombardiert. Besonders gefürchtet sind die italienischen „Caproni"-Bomber.

Die Zahl der Getöteten, Verwundeten und Vermissten beträgt nach fast jeder Schlacht mehrere Zehntausend. Angesichts der unverhältnismäßig hohen Verluste und der nur marginalen Erfolge sinkt auf italienischer Seite die Kampfmoral. Die italienische Militärführung unter ihrem General Cadorna versucht dem durch drakonische Maßnahmen entgegenzuwirken. Eine besonders brutale Maßnahme sind „Dezimierungen": Soldaten, die nach Meinung der Militäroberen im Kampf versagt haben, werden vor ein Kriegsgericht gestellt und meist schuldig gesprochen. Ungefähr 750 italienische Soldaten werden standrechtlich erschossen – oftmals zur Abschreckung vor den Augen von Rekruten. Der einzige nennenswerte Erfolg der italienischen Armee ist die Eroberung der Stadt Görz und des Bergs Monte Sabotino während der sechsten Isonzoschlacht im August 1916.

Die für beide Seiten verlustreichsten Schlachten sind die zehnte und elfte Isonzoschlacht im Jahr 1917. Brennpunkt der Kämpfe während der elften Isonzoschlacht ist der Monte San Gabriele (heute Škabrijel) östlich von Görz. Dieser für die k. u. k. Armee strategisch wichtige Punkt versperrt den Zugang zum Wippach-(Vipava-)Tal, durch das die italienische Armeeführung den Durchbruch nach Triest plant. Wieder und wieder stürmen italienische Infanteristen, unterstützt von Artilleriefeuer, den Gipfelbereich, der letztendlich aber von den k. u. k. Truppen gehalten wird. Die Bilanz nach vier Wochen sinnlosen Gemetzels: Auf 2 Quadratkilometern sind 40 000 Soldaten gefallen – 25 000 Italiener und 15 000 Soldaten der österreichisch-ungarischen Armee. „Monte della Morte", „Todesberg" oder auch „Teufelsberg" wird der eigentlich nach einem Erzengel benannte Berg von den Soldaten bezeichnet. Zu den Widerwärtigkeiten dieses Kriegsschauplatzes gehören auch der unerträgliche Leichengeruch und Ratten, die sich explosionsartig vermehren.

Die Bilanz nach elf Isonzoschlachten: mehr als 1 Million Tote, Verletzte, Vermisste. Auf italienischer Seite sind deutlich mehr Opfer zu beklagen als auf österreichisch-ungarischer Seite. Die österreichisch-ungarische Armee konnte bis zuletzt einen entscheidenden Durchbruch italienischer Streitkräfte abwenden, doch einer weiteren Offensive Italiens hätte die ausgezehrte Front nicht mehr standhalten können – nicht zuletzt aufgrund der desolaten Ernährung der Truppen.

September/Oktober 1917

An der Ostfront zeichnet sich aufgrund der Umwälzungen in Russland ein Ende der Kämpfe und somit eine Entlastung der Mittelmächte ab. In dieser Situation wendet sich der österreichische Kaiser Karl I. an seinen deutschen Kollegen Wilhelm II. mit der Bitte um Unterstützung Österreich-Ungarns an der Südfront. Die Oberbefehlshaber des deutschen Heeres, von Hindenburg und Ludendorf – sie sind die eigentlichen Machthaber im Reich –, sagen Österreich-Ungarn eine zeitlich begrenzte Hilfe zu. Nun werden deutsche Truppen, von den Italienern weitgehend unbemerkt, an die Gebirgsfront zwischen Flitsch/Bovec und Tolmein/Tolmin entsandt. In ihrem Gepäck ist auch eine ungeheure Menge an Gasgranaten: „Blaukreuz", gefüllt mit einem Reizgas, sowie „Grünkreuz", gefüllt mit Phosgen, einem die Lungenbläschen zerstörenden Gas.

Ende Oktober/Anfang November 1917: Die zwölfte Isonzoschlacht („Schlacht von Karfreit")

Die Nacht von 23. auf 24. Oktober 1917: An der Gebirgsfront hat sich das Wetter verschlechtert, die Berge sind bis weit hinab in Wolken gehüllt, oben schneit es. Punkt 2 Uhr beginnt der österreichisch-ungarisch-deutsche Angriff. Zeitgleich werden vom Talkessel bei Flitsch/Bovec und vom 40 Kilometer entfernten Tolminer Becken gegnerische Stellungen massiv unter Artilleriebeschuss genommen, zunächst mit Gasgranaten, später mit Sprengkörpern. Unter deutschem Kommando kommen „Blaukreuz" und „Grünkreuz" zum Einsatz – gegen das todbringende Phosgen sind die Schutzmasken des Gegners wirkungslos. Im Naklo-Graben bei Bovec, durch den heute die Straße nach Čezsoča verläuft, sterben innerhalb weniger Minuten über 600 italienische Soldaten.

Bis 9 Uhr dauert der Artilleriebeschuss. Daraufhin erfolgen von beiden Flanken Angriffe der Infanterie. Beteiligt am Angriff aus dem Tolminer Becken ist ein 26 Jahre alter deutscher Oberleutnant namens Erwin Rommel, der gut 20 Jahre später seine Erinnerungen daran in Buchform („Infanterie greift an") hunderttausendfach verkaufen wird. Im Sočatal hat er noch heute viele Bewunderer.

Die Italiener sind geschockt. Eine Offensive an diesem Frontabschnitt hatten sie nicht vermutet – und schon gar nicht Angriffe aus dem Talbereich. Den Angreifern kommt allerdings die Witterung mit tiefhängenden Wolken zugute. Italienischen Einheiten auf den Bergen ist die Sicht verwehrt, sie können nicht in das Kampfgeschehen im Sočatal eingreifen. Im Tal ist die italienische Artillerie praktisch ausgeschaltet, Telefon- und Telegrafenverbindungen sind zerstört, Kommunikation ist nur noch leidlich über Funk und Kuriere möglich. Die italienischen Militärführer verlieren jeglichen Überblick. Unter den Soldaten verbreiten sich Nachrichten über die mörderischen Gasangriffe. Chaos bricht aus. Die meisten italienischen Einheiten ziehen sich an diesem und an den folgenden Tagen überstürzt zurück. Auf den Straßen stauen sich die Fahrzeuge, die Straßenränder sind übersät mit zurückgelassenen Waffen. Die Truppen der Mittelmächte folgen den Italienern rasch nach. Ganze Einheiten ergeben sich kampflos. Schon nach drei Tagen befinden sich 200 000 italienische Soldaten in österreichischer Gefangenschaft.

Auch südlich des Gebirgsabschnitts gerät die Front in Bewegung. Am 27. Oktober wird Görz zurückerobert. Die Soldaten der k. u. k. Armee plündern nach Wochen und Monaten der Entbehrung die reichlich zurückgelassenen Lebensmittelvorräte und leeren die Weinkeller, bevor es weiter nach Westen geht. Am 28. Oktober wird Udine besetzt. Erst am 10. November kommt die Front am Piave, gut 100 Kilometer südwestlich der Ausgangsposition vom 24. Oktober, zum Stehen. In dieser Zeitspanne sind ungefähr 300 000 italienische Soldaten in österreichische Gefangenschaft geraten. Doch der Krieg an der Südfront geht weiter.

Dem Kriegsende entgegen

Munitionsmangel und erstarkender Widerstand der Italiener, die nun von britischer und französischer Seite unterstützt werden, halten die Mittelmächte von einem weiteren Vordringen nach Westen ab. Der Krieg wird wieder zum Stellungskrieg. Entsprechend der ursprünglichen Vereinbarung ziehen die Deutschen ihre Truppen ab, um sie an der für sie wichtigeren Westfront einzusetzen. Die ohnehin prekäre Versorgung der k. u. k. Truppen mit Nahrung, Kleidung und Kriegsmaterial verschärft sich dramatisch. Das Durchschnittsgewicht der Soldaten beträgt im letzten Kriegsjahr nur mehr 50 Kilo. Textilien werden vielfach aus Brennnesselfasern hergestellt. Schuhe sind Mangelware, viele Soldaten gehen nur noch barfuß.

Der ungemein ressourcenverschlingende Angriff der Mittelmächte im Zuge der zwölften Isonzoschlacht, von manchen Militärnostalgikern noch heute als „Wunder von Karfreit" sowie als erster erfolgreicher „Blitzkrieg" verherrlicht, rächt sich nun. Bis Juli 1918 versuchen die österreichisch-ungarischen Truppen weitere drei Mal, die italienische Front zu durchbrechen – vergebens. Verzweiflung und Kampfmüdigkeit machen sich unter den völlig ausgezehrten Soldaten der k. u. k. Armee breit. Auch erweist sich die Vielfalt der Nationalitäten und Sprachen darin gegen Kriegsende immer mehr als Nachteil – gesprochen wird neben Deutsch unter anderem Ungarisch, Tschechisch, Kroatisch/Serbisch, Rumänisch, Slowenisch oder Italienisch.

Ganze Truppenteile verlassen die Front. Der Vielvölkerstaat Österreich-Ungarn befindet sich ohnehin in Auflösung. Am 24. Oktober 1918, genau ein Jahr nach „Karfreit", starten die Italiener eine Offensive im Bereich des Monte Grappa. Das österreichische Armeeoberkommando (AOK) ersucht um einen Waffenstillstand, der von den Italienern für den 4. November zugesagt wird. Infolge eines fatalen Befehls des AOK legen die österreichischen Soldaten in der Nacht vom 3. auf den 4. November die Waffen nieder. Die italienische Armeeführung sieht jedoch zu diesem Zeitpunkt den Waffenstillstand noch nicht gekommen und lässt einen Großteil der österreichischen Armee – mehr als 350 000 Soldaten – von ihren Truppen einkreisen und gefangen nehmen. Dieses Ereignis wird fortan als „Sieg von Vittorio Veneto" gefeiert. Der Krieg ist an diesem Frontabschnitt zu Ende. Wenige Tage später ist die k. u. k. Monarchie Geschichte und es entstehen neue Nationalstaaten auf dem Gebiet des einstmals zweitgrößten Staates Europas.

Und am Isonzo?

Zwar bleibt das gesamte Soča-/Isonzogebiet von November 1917 bis November 1918 von weiteren Kampfhandlungen verschont und die vertriebenen Menschen kehren in ihre Siedlungen zurück, doch an eine Rückkehr in den Alltag ist nicht zu denken. Die im Frontgebiet gelegenen Dörfer und Städte sind zerstört, die Landschaft verwüstet und voller Minen. Wo einstmals Wald war, ragen allenfalls ein paar Baumgerippe empor. Der Monte San Gabriele ist auch 20 Jahre nach Kriegsende noch völlig kahl und der Isonzo ist jahrelang durch Kampfstoffe, vor allem Ekrasit aus nicht explodierten Granaten, verseucht. Viele Menschen kehren ihrer Heimat den Rücken, ein Prozess, der sich an der oberen Soča nach der Machtübernahme durch Italien noch beschleunigt.

Die Schauplätze heute

Bis heute feiern nicht wenige Italiener alljährlich am 15. Juni auf dem Gipfel des Krn eine Messe zum Gedenken an die militärstrategisch letztlich bedeutungslose Eroberung durch die Alpini.

Nahe Gorizia befindet sich auf dem Monte San Michele, einer während der ersten Isonzoschlachten besonders heiß umkämpften Erhebung im Karst, ein Museum. Dessen Dokumentation endet zunächst mit der Eroberung von Görz/Gorizia durch italienische Einheiten während der sechsten Isonzoschlacht. Die zwölfte Isonzoschlacht findet hier nicht statt. Erst der „Sieg von Vittorio Veneto" wird wieder ausführlich und besonders glorifizierend dargestellt.

Zur Zeit des italienischen Faschismus in den 1930er-Jahren wurden im Bereich Gorizia einige Gedenkstätten errichtet zur Erinnerung an die „Grande Guerra", wie der Erste Weltkrieg in Italien heute noch bezeichnet wird. Besonders ins Auge fällt die riesige Gedenkstätte in Redipuglia zwischen Monfalcone und Gradisca d'Isonzo, die als größte ihrer Art in Italien gilt. 40 000 im Kampf gefallene italienische Soldaten haben hier, alphabetisch aufgereiht, ihre letzte Ruhe gefunden. Davor das überdimensionierte Grabmal des Oberbefehlshabers der 3. Armee, General Duca d'Aosta. Über den Gräbern der Gefallenen steht tausendfach „Presente" („Hier") – eine letzte Ehrerbietung an den Oberbefehlshaber. Der General jedenfalls starb nicht wie die Abertausenden vor ihm Bestatteten im Granat- und Kugelhagel, sondern er entschlief sanft im Bett, 13 Jahre nach Kriegsende.

Alljährlich wird am 4. November in Redipuglia der „Sieg von Vittorio Veneto" groß gefeiert. Die berühmte Kunstflugstaffel „Frecce Tricolori" dekoriert dazu den Himmel. Etwas bescheidener wird in Bovec bis heute der 24. Oktober gefeiert – der Beginn der zwölften Isonzoschlacht, als die Italiener dieses Gebiet vorübergehend verlassen mussten.

Einen Ruhmesplatz in der Geschichte verdienen jedoch weder der „Sieg von Vittorio Veneto" noch das von manchen Zeitgenossen nach wie vor verklärte „Wunder von Karfreit" (völkerrechtswidriger Einsatz von Giftgas!).

Übrigens: Der inzwischen über 100 Jahre zurückliegende Krieg fordert bis heute seine Opfer. Seit 1918 wurden im Soča-/Isonzogebiet circa 5000 Menschen durch Blindgänger und verborgene Minen getötet. Noch heute werden offiziellen Angaben zufolge jährlich circa 10 Tonnen Munition geborgen. Die Dunkelziffer dürfte um einiges höher sein, denn das Sammeln von Militaria hat sich hier zu einer beliebten (und nicht ganz ungefährlichen) Freizeitbeschäftigung entwickelt. Neben staatlichen Museen wie beispielsweise in Kobarid oder in Gorizia gibt es circa 200 private Museen mit Exponaten aus dem Ersten Weltkrieg – und eine unbekannte Zahl von Hobbysammlern.

Tour 3

Zadnja Trenta–Planina Zapotok (–Velika Vrata, 1794 m)

Kleines Tal, große Vielfalt – und eine kleine Überraschung

Mein erster Besuch, ein heißer Sommertag Ende der 1970er-Jahre: Nach der feuchtfröhlichen Nacht (s. Tour 1) wanderten wir von der Hütte an der Sočaquelle in die Zadnja Trenta (= Hintere Trenta), ein kleines Tal, das von der oberen Trenta nach Südwesten abbiegt. Wir gingen entlang des trockenen Flussbetts, bestaunten die schroffen Felswände links von uns – und waren völlig überrascht, als wir plötzlich auf Wasser stießen, denn auf der Wanderkarte fehlte jeglicher Hinweis darauf. Auf damals noch unmarkierten Wegen betraten wir eine Landschaft von fast märchenhafter Schönheit. Es blieb nicht bei diesem einen Besuch. Für mich zählt es bis heute zu den schönsten und interessantesten Alpentälern: bizarre Felsformationen über sanften Wiesen, alpine Vegetation in der Talsohle, submediterrane Vegetation an steilen Südhängen, von Latschengebüschen umgebene Buchenwälder, wunderbare Wasserfälle; sich selbst überlassene Natur neben bäuerlich geprägter Kulturlandschaft – und das alles vor einem prächtigen Talschluss. Dafür sollte man sich wenigstens einen Tag Zeit nehmen. Wer sowohl die Wasserfälle als auch die Alm Planina Zapotok besuchen will – und vielleicht noch zur Velika Vrata aufsteigen möchte –, sollte zwei Tage dafür einplanen.

Wegbeschreibung

Ausgangspunkt ist die Hütte an der Sočaquelle. Auf der wenig befahrenen Naturstraße wandern wir taleinwärts. Nach wenigen Hundert Metern stehen wir vor dem unter Tour 1 beschriebenen malerischen Gehöft, das nicht

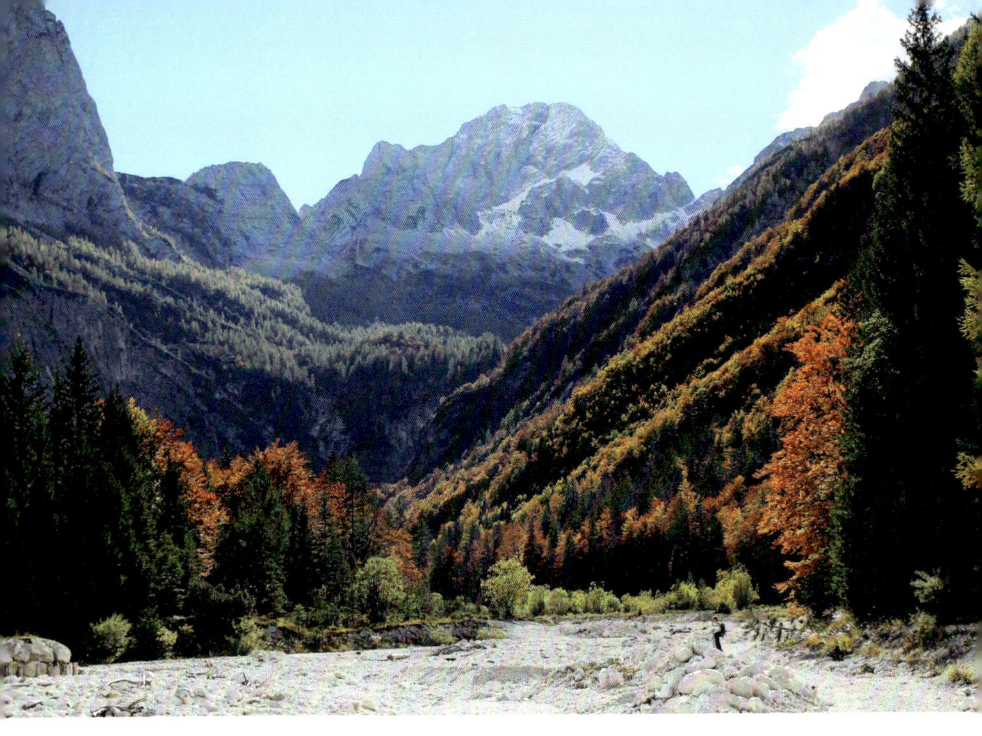

Bavški Grintavec (2344 m) über dem „Bachbett" des Suhi potok

mehr seiner ursprünglichen Funktion dient. Hier zeigt sich exemplarisch eine seit Jahrzehnten anhaltende Entwicklung im oberen Sočatal: Die Landwirtschaft zieht sich wegen ungünstiger Erzeugungs- und Vermarktungsbedingungen zurück, die Zahl der ständig dort lebenden Menschen nimmt ab. Aufgelassene Gehöfte mit Zufahrtsmöglichkeit für (allradgetriebene) Kraftfahrzeuge werden verkauft und zu Ferienhäusern umgestaltet. In der gesamten Trenta übersteigt die Zahl der Gebäude, die nur als Feriendomizil genutzt werden, die Zahl der ständig bewohnten Gebäude inzwischen um ein Mehrfaches. Bleibt zu hoffen, dass in der Zadnja Trenta einige der landschaftstypischen Bauwerke und die herrliche Kulturlandschaft des Talbodens erhalten bleiben.

Wir setzen unseren Weg auf der Naturstraße fort, die nach 1 Kilometer endet. Prachtblick auf den **Bavški Grintavec** (2344 m), der als krönender Abschluss über dem Talende im Südwesten thront. Am Ende der Fahrstraße halten wir uns links und durchqueren ein fast 100 Meter breites, trockenes Bachbett aus blendend hellem Kalkschotter. Wie häufig hier Wasser fließt, vermag ich nicht zu sagen; ich jedenfalls habe bei meinen zahlreichen Besuchen an dieser Stelle noch nie Wasser gesehen. Man kann sich allerdings gut vorstellen, wie ungemütlich es hier nach extremen Niederschlagsereignissen werden kann. Einige Baumstämme und große Felsbrocken zeugen von der Kraft des Wassers. Ansonsten wird das steinige Bachbett seinem Namen voll gerecht: Suhi potok – Trockener Bach.

Auf der anderen Seite des Suhi potok setzen wir unseren Weg auf einer Schotterterrasse fort, auf der sich Ende Mai ein farbenfroher Blütenteppich etwa aus **Stengellosem Enzian, Silberwurz, Herzblättriger Kugelblume, Brillenschötchen** ausbreitet – Arten, die in höheren Lagen verbreitet sind, jedoch herabgeschwemmt wurden und sich auf diesem sporadisch überfluteten konkurrenzarmen Standort behaupten können. Links des Weges, auf den Wiesen der Grundmoräne, blühen im späten Frühjahr zahllose **Trollblumen** vor einer großartigen Kulisse aus Fels und Mischwald.

Interessant ist auch die Tierwelt dieses durch naturschonende – und naturbereichernde – Landwirtschaft geprägten Talbereichs. Der **Neuntöter** ist nicht unbedingt ein charakteristischer Brutvogel der Alpen. Er bevorzugt abwechslungsreiche Landschaften mit hohem Grünlandanteil und vielen Hecken, kleinen Gehölzgruppen und dergleichen. Geschlossene Waldungen und strukturarme Agrarlandschaften meidet er. In den vergangenen 40 Jahren ist er stark zurückgegangen, vielerorts ganz verschwunden. In der Zadnja Trenta ist die Welt für ihn (und für viele andere empfindliche Arten) noch in Ordnung. Nirgends habe ich so viele der prächtig gezeichneten Männchen gesehen wie hier. 1999 haben deutsche und österreichische Biologen die **Schmetterlingsfauna** in fünfzehn Gebieten untersucht – neun in Kärnten, sechs in Slowenien. Absoluter Spitzenreiter war die Zadnja Trenta mit mehr als 190 Arten! Da die Untersuchung dort nur an zwei Tagen Anfang Juli stattfand, wurden sicherlich nicht alle tatsächlich vorkommenden Arten erfasst. Doch man muss sich gar nicht intensiv mit Flora und Fauna befassen, um dieses Tal zu genießen. Am schönsten ist es hier vielleicht im späten Frühjahr, wenn das frische Grün der **Buchen** mit den dunklen **Latschenkiefern** und **Fichten** kontrastiert und oben noch Schnee liegt – und im Oktober. „Indian Summer" in den Julischen Alpen: In der Zadnja Trenta zeigt er sich von seiner schönsten Seite.

Einige Wiesen, auf denen zunehmend Fichten und **Bergahorn** wachsen, verlassene Gebäude, ein von links herabführendes steiniges Bachbett (meist trocken), das wir durchqueren müssen – die Landschaft wird einsamer und wilder. Wir setzen unseren Weg links oberhalb des sich verengenden Bachbetts, am Rande eines Buchenwaldes fort. Auf der gegenüberliegenden Talseite liegen die meterhohen Brocken eines Felssturzes. Hier zweigt ein markierter Weg rechts zum Bavški Grintavec ab. Geradeaus weist ein liebevoll gestalteter Pfeil zu den Slapovi (Wasserfällen). Diesen Weg wählen wir – und sind bald darauf angenehm überrascht, dass im bislang trockenen Bachbett auf einmal Wasser fließt, welches je nach Witterung mal weiter oben, mal einige Hundert Meter weiter unten im Geröll und in den Klüften versickert. Wir wandern jetzt entlang des jetzt nicht mehr trockenen **Suhi potok** (die Bezeichnung findet sich nicht auf jeder Wanderkarte). An einer Linksbiegung die perfekte Idylle: ein breites Schotterbett, klares grünliches Wasser, am Ufer dichter schattenspendender Buchenwald.

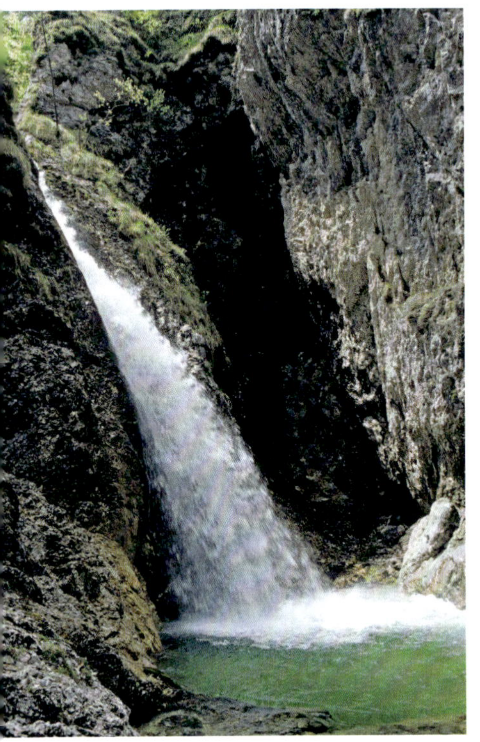

Wasserfall des Suhi potok

Wenig weiter weicht der Wald zurück und das Gelände wird felsig. Wir folgen einer Rechtsbiegung des Baches und stehen vor einer latschenbewachsenen Felsrippe. Bei niedrigem Wasserstand wird diese umgangen, ansonsten darf man klettern oder waten. Danach erwartet uns eine märchenhaft schöne Szenerie: ein **Wasserfall**, vielleicht 10 Meter hoch, der sich in eine kleine Schlucht ergießt und dort einen fast 2 Meter tiefen Kolk geschaffen hat. Es ist der unterste einer Reihe von Wasserfällen, die auf manchen Karten als *Slapovi Suhega potoki* (Wasserfälle des Trockenen Bachs) bezeichnet werden.

Dort verweilen wir eine Stunde, vielleicht auch zwei, nützen die Zeit zur Stärkung, beobachten die **Köcherfliegenlarven**, die hohen Sauerstoffgehalt

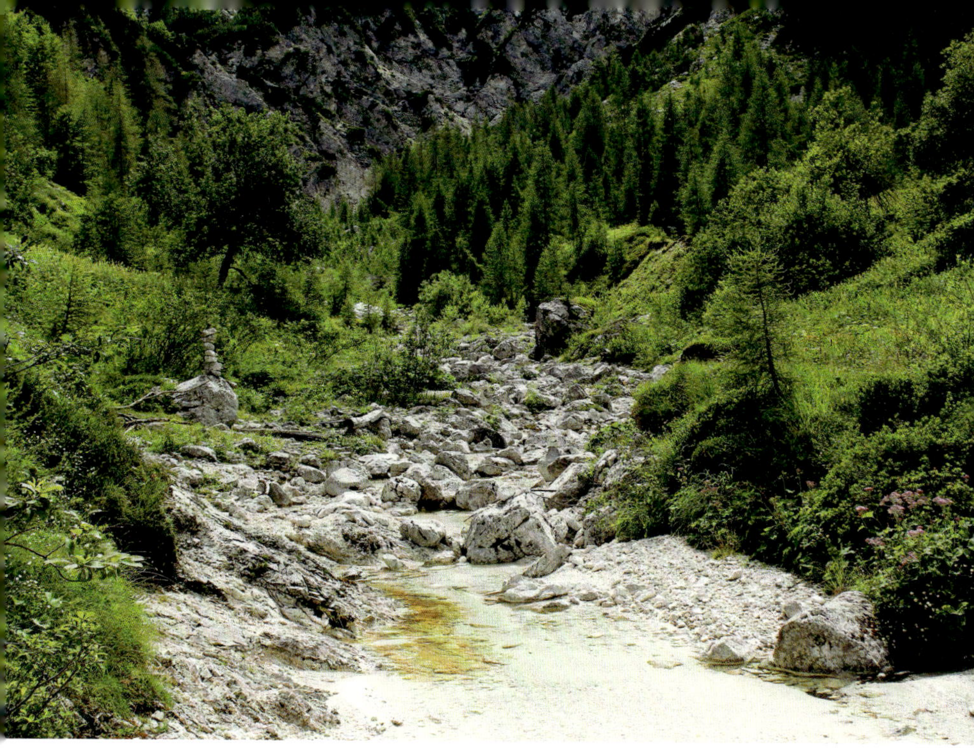

Der Bach Beli potok nahe der Alm Planina Zapotok

und höchste Reinheit des Wassers anzeigen ... Wir schauen in die weitere Umgebung, vor allem nach Süden und Südosten, wo sich die himmelhohe Felsbarriere des **Trentski Pelc** (2109 m) erhebt – Kalkfels, von Regen- und Schmelzwasser zernagt, zerfurcht, mit dunkel gähnenden, unzugänglichen Höhlenöffnungen; Legföhrenbestände, darin einzelne Buchen.

Wir kehren um, zunächst auf demselben Weg, der uns hierher geführt hat. Falls wir bei der Abzweigung zum Bavški Grintavec noch genügend Zeit haben sollten, steigen wir zur verlassenen Alm Planina Zapotok hinauf. Besser ist es jedoch, sich einen ganzen Tag Zeit für diese Tour zu nehmen und von der Hütte an der Sočaquelle direkt aufzusteigen. Der steile Weg dorthin führt überwiegend durch Wald, einige Felspassagen sind durch Stifte und Drahtseile gesichert. Stellenweise bieten sich fantastische Ausblicke auf die bizarre Felsenwelt des Trentski Pelc und auf die hohen Wasserfälle des Suhi potok, die sich über die senkrechte Felsstufe ergießen.

Nach gut einer Stunde erreichen wir die Alm **Planina Zapotok** (1385 m), die seit 1970 nicht mehr bewirtschaftet wird – ein weiteres Beispiel für den Rückgang der Landwirtschaft in diesem Berggebiet. Von den zwölf Almen im Gebiet der oberen Soča wurden bis Ende der 1970er-Jahre fast alle aufgegeben. Von den drei ehemaligen Wirtschaftsgebäuden auf der Zapotok-Alm wird eines als Jagdhütte genutzt, die anderen sind bereits verfallen. Der Wiederbewaldungsprozess indes schreitet nur langsam voran und es gibt noch genug Platz, um einige sonnige Stunden auf den blumenreichen Wiesen und am idyllisch plätschernden Bach im Banne des mächtigen Bavški Grintavec zu verbringen. Die Rückkehr zur Hütte an der Sočaquelle erfolgt auf demselben Weg.

Variante 3a

Wer noch höher hinauf, jedoch nicht den Bavški Grintavec besteigen möchte (da sehr anstrengend und oben sehr ausgesetzt), dem sei ein Aufstieg von der Alm Zapotok zur Velika vrata empfohlen. Hierfür begeben wir uns auf den markierten Weg in Richtung Bavški Grintavec. Durch einen urwüchsigen Wald, in dem bald die **Lärche** dominiert, geht es zum Teil steil aufwärts. Mit etwas Glück entdecken wir ein **Birkhuhn**. Auf circa 1650 Metern Höhe, im Latschengürtel wenig oberhalb der Waldgrenze, zweigt links ein unmarkierter Pfad ab, der sich dann allerdings zwischen übermannshohen Felsblöcken verliert. Wir halten uns mehr links, treffen wieder auf eine spärliche Spur und weiter oben auf Steinmänner. Schließlich erreichen wir die „Große Scharte", **Velika vrata** (1794 m), und genießen den Tiefblick auf die 1200 Meter unter uns mäandrierende Soča. Darüber der Gipfelkranz vom Triglav über den Kanjavec und die Lepo Špičje bis zum Krn. Im Sommer blühen hier unter vielen anderen **Edelweiß, Prachtnelken** – und das **Dolomitenfingerkraut**, hier bekannt als „**Triglavrose**".

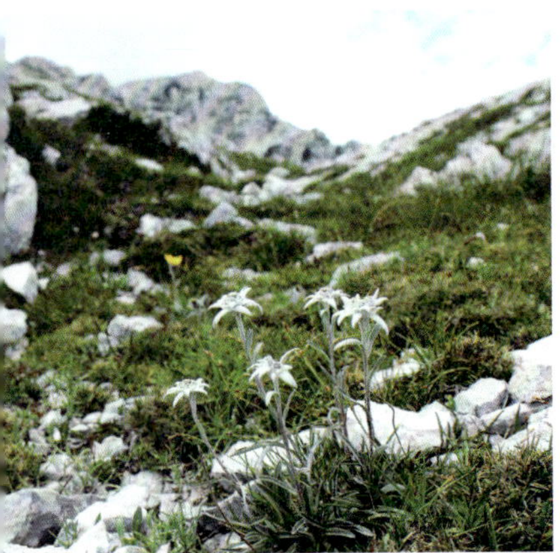

Edelweiß an der „Großen Scharte" (Velika Vrata)

KURZ & BÜNDIG

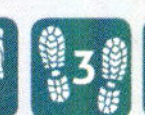

Nächste Bahnstationen und Busverbindungen: s. Tour 2

Charakterisierung: Zum unteren Wasserfall des Suhi potok einfache Wanderung; Aufstieg zur Alm Planina Zapotok mit gesicherten Kletterstellen (Drahtseile), Trittsicherheit und Schwindelfreiheit erforderlich; Aufstieg von der Planina Zapotok zur Velika vrata (Variante 3a) anstrengend, aber ohne Schwierigkeiten, oben etwas Orientierungssinn erforderlich.

Höhenunterschiede: Koča pri izviru Soče–Planina Zapotok ca. 500 m, Koča pri izviru Soče–Velika vrata ca. 900 m

Gehzeiten: Koča pri izviru Soče–Suhi potok (Wasserfall am Talende) 1 Std.

Koča pri izviru Soče–Pl. Zapotok 2 Std.; Pl. Zapotok–Velika vrata 1 ½ Std.

Stützpunkte: Koča pri izviru Soče (886 m, s. Tour 2)

Beste Jahreszeit: Mai–Oktober, Velika vrata je nach Schneelage ab Juni/Juli

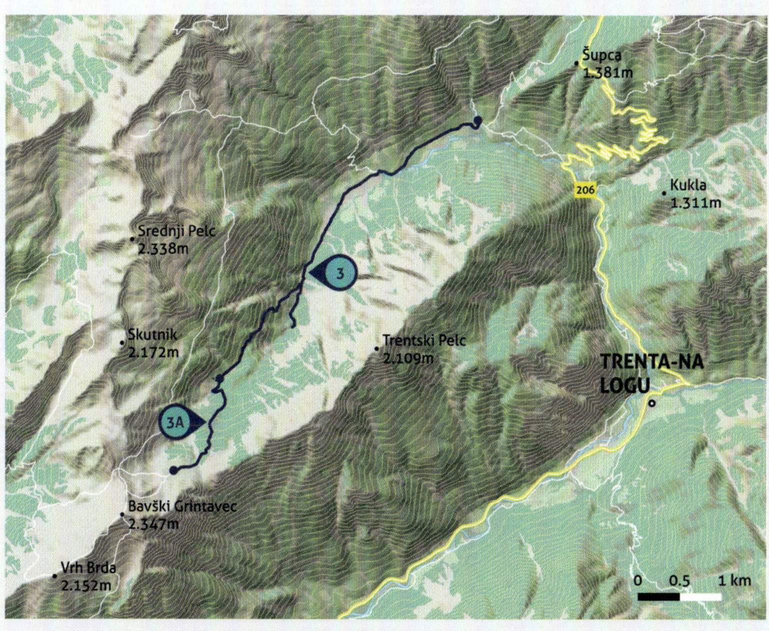

Tour 4

Zadnjica–Stenar (2500 m)

Von der Soča auf einen großartigen Aussichtsberg

Die Zadnjica gilt als das am tiefsten eingeschnittene Tal der slowenischen Alpen. Vom Parkplatz an der Abzweigung des Fußwegs zur Hütte Pogačnikov dom bis zum gerade noch sichtbaren Gipfel des Triglav (2864 m) sind es fast 2200 Höhenmeter. Doch es ist die Umrahmung mit riesigen Felsfluchten, die dieses Tal so eindrucksvoll macht. Noch eindrucksvoller ist die Aussicht vom Gipfel des Stenar, der vom nahe gelegenen Triglav zwar um mehr als 350 Höhenmeter „überboten" wird, in puncto Aussicht diesem aber kaum nachsteht. Um diesen Gipfel ausgehend von Trenta-Na Logu zu erklimmen, müssen fast 1900 Höhenmeter überwunden werden. Doch es gibt auf gut 2000 Metern Höhe eine Übernachtungsmöglichkeit. Eine Bergtour, die noch lange in Erinnerung bleiben wird.

Wegbeschreibung

Ausgangspunkt ist die Bushaltestelle in Trenta-Na Logu nahe dem Informationszentrum des Nationalparks Triglav. Von dort auf der Straße in Richtung Vršičpass, nach circa 500 Metern an der 1. bzw. 50. Kehre rechts ab in die **Zadnjica**. Zadnjica bedeutet ungefähr „das hinterste Tal", doch genau das macht es so reizvoll. Auf einer schmalen Naturstraße circa 1,5 Kilometer taleinwärts, vorbei an kleinen Gehöften, die auch hier oft nur noch als Freizeitdomizil dienen. Rechts rauscht der Bach Zadnjica, dessen Ufer stellenweise von moosbehangenen Weiden gesäumt wird (auf manchen Karten findet sich für diesen Bach die Bezeichnung „Krajcarica"). Auf halber Strecke wird ein Teil des Wassers zum Zwecke der Stromgewinnung in eine Röhre geführt. (Der Stromgenerator befindet sich in einem kleinen Gebäude unterhalb von Na Logu nahe der Soča). Auf der rechten Talseite

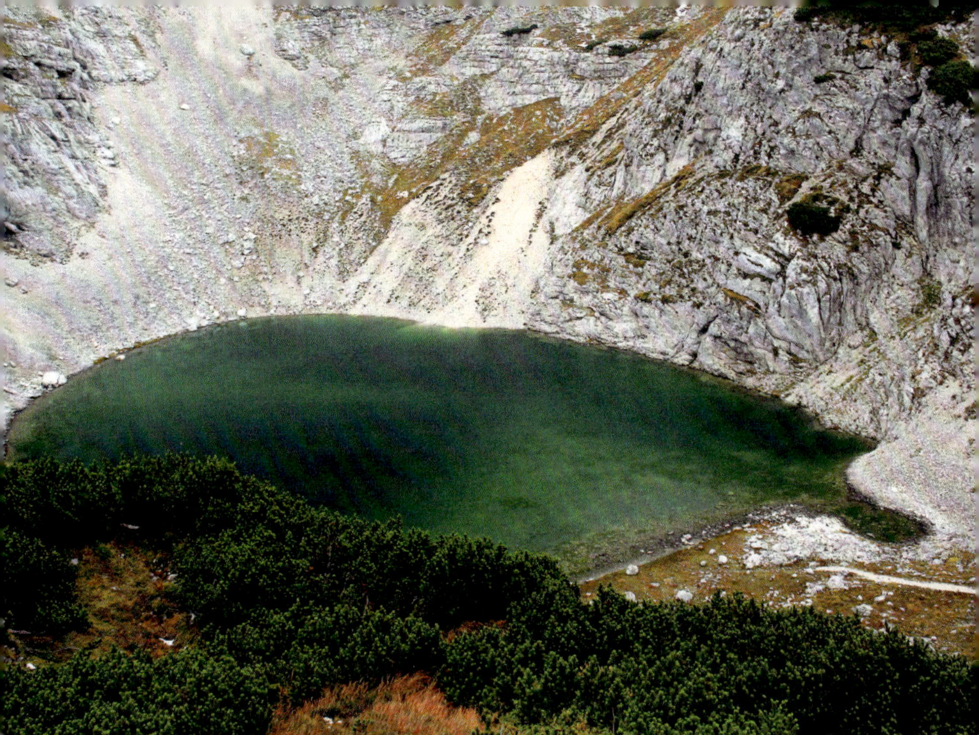

Der untere Križ-See

erhebt sich die finstere Wandflucht des **Zadnjiški Ozebnik**. Von November bis Februar lässt diese Wand keinen Sonnenstrahl auf den Talboden. Eine Inschrift an einer kleinen Betonbrücke verrät Alter und Zweck der Wege, die hier weniger für die einheimische Bevölkerung angelegt wurden: *Batt. Gemona 1929 (Batt. = Battaglione*, Bataillon).

Wir kommen zu einem **Parkplatz** und begeben uns links auf einen einstigen Militärweg, erbaut in der Zeit, als dieses Gebiet zu Italien gehörte. Die Gipfel von **Razor, Stenar, Bovški Gamsovec** und **Pihavec** oberhalb der Kriški podi (Križ-Böden) bildeten die Grenze zu Jugoslawien. Das faschistische Italien war sehr darauf bedacht, seine Grenzen durch Stacheldraht und durch starke militärische Präsenz zu sichern. Dafür wurden Wege bis in die höchsten Regionen errichtet. Auch auf anderen Wanderungen begegnen wir Spuren aus dieser Zeit.

Bis zur Talstation der Materialseilbahn, circa 300 Meter oberhalb des Parkplatzes, ist der Weg noch befahrbar, doch dann beginnt der eigentliche Aufstieg – auf einem der schönsten Bergpfade in den Julischen Alpen. Da er

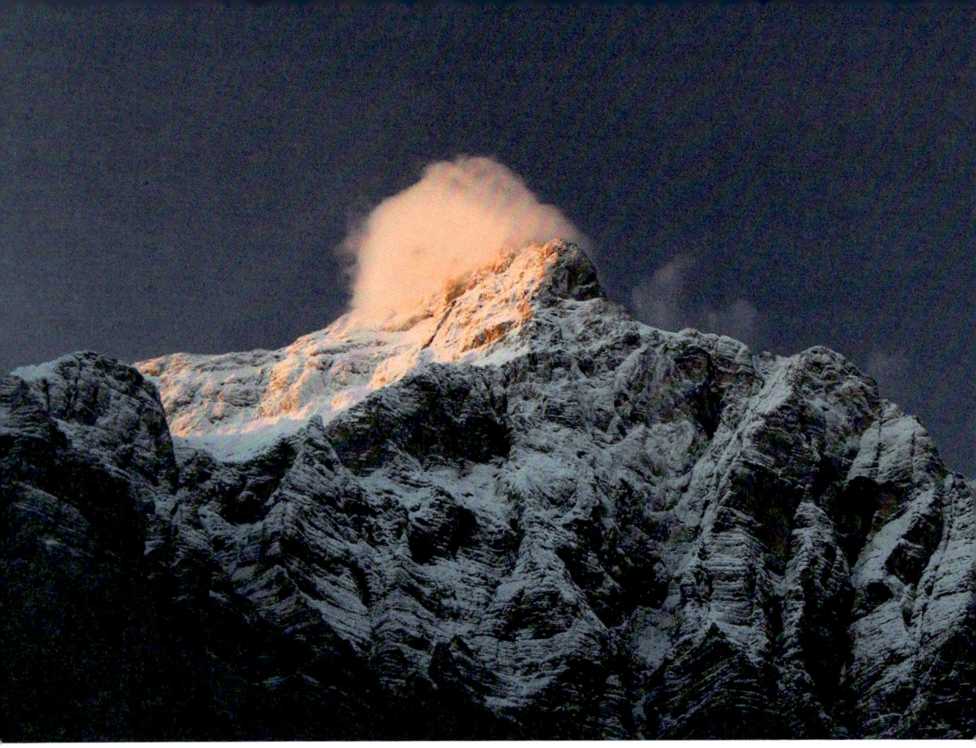

Morgen im Vratatal. Blick zur Triglav-Nordwand.

für Soldaten mit Marschgepäck und für den Transport von allerlei Material angelegt wurde, wird er nie zu steil (das macht sich vor allem im Abstieg angenehm bemerkbar). Dafür windet er sich in zahlreichen Biegungen und Kehren durch prächtigen Mischwald nach oben, meist in Sicht- und Hörweite des wilden **Beli potok** („Weißer Bach"). Unten dominiert die **Buche**, oben die **Lärche**, daneben auffallend viel **Eberesche** inmitten von **Latschen**teppichen. Eine Wanderung im Oktober: Auch hier zeigt sich das herbstliche Farbenspiel der Julier von seiner malerischsten Seite.

Oberhalb 1800 Meter bestimmen nur noch Fels und vereinzelte Latschengebüsche das Bild. Rechts von uns baut sich der Pihavec mit seinen unzugänglich erscheinenden Nebengipfeln aus geschichtetem Dachsteinkalk auf, links die **Planja** über senkrechten Felswänden. Auf circa 1850 Metern Höhe eine Quelle, die allerdings nach wenigen Metern wieder versickert. Gespeist wird sie vom Unteren Križ-See (Spodnje Kriško jezero, 1880 m), der etwas verborgen in einer tiefen Doline rechts des Weges liegt.

Schon während des Aufstiegs haben wir den wahrscheinlich wichtigsten Stützpunkt für Unternehmungen in der engeren Bergregion zu Gesicht bekommen, die Hütte **Pogačnikov dom** (2050 m). Hier übernachten wir. Abends vor der Hütte hören wir das Rauschen der 1500 Meter unter uns fließenden Soča. Die Hütte liegt am Rand der **Kriški podi**, einer stark verkarsteten Hochfläche auf über 2000 Metern Höhe, umgeben von mächtigen Felsgipfeln, unter denen der Razor mit 2601 Metern der höchste ist. Etwas Abwechslung in diese karge Felslandschaft bringen der **Mittlere** und der **Obere Križ-See** (Srednje und Zgornje Kriško jezero). Mit seiner Lage auf 2154 Metern ist der Obere Križ-See der höchstgelegene See Sloweniens. Bis spät in den Sommer hinein schwimmen Eisschollen auf seiner Oberfläche. Der dunkle Mittlere Križ-See befindet sich in einer über 100 Meter tiefen Doline gleich hinter der Hütte. Die Kriški podi sind das Reich der **Steinböcke** und **Gämsen**, die sich manchmal von der Hütte aus beobachten lassen.
Unser Ziel ist nun der Stenar (2501 m). Von der Hütte geht es auf schmalem, aber wenig anspruchsvollem Weg durch das Felsgelände der Kriški podi nach Osten Richtung *Sovatna, Vrata* (Wegweiser). Nach gut 1 Kilometer stehen wir auf der Scharte **Dovška vrata** (2180 m). Reste von Stacheldraht erinnern uns an die „Rapallo-Grenze" von 1920 bis 1941 – und daran, dass hier die Wasserscheide zwischen Save und Soča, zwischen Schwarzem Meer und Mittelmeer verläuft. Entlang der ehemaligen Grenze Italien/Jugoslawien steigen wir nach Norden zur Scharte **Stenarska vrata** (2295 m) hinauf. Etwas unterhalb der Scharte teilt sich der Weg. Wir halten uns rechts, queren fast waagerecht ein Schuttfeld und müssen nach 200 Metern eine Steilstufe mit Geröll überwinden (die dann bergab etwas unangenehm zu begehen ist). Danach links auf gut sichtbaren Pfadspuren über nicht allzu steile Geröllfelder zum Gipfel des **Stenar**, der bei klarem Wetter eine grandiose Schau bietet: nach Westen zu den nahe gelegenen Felsriesen **Razor** und **Prisank**, weit nach Nordwesten zu den **Hohen Tauern mit Großglockner** und dem vergletscherten **Großvenediger**, nach Norden zur nahe gelegenen Schutt- und Felswildnis der **Škrlatica** und ihrer Trabanten, nach Südwesten auf die **Kriški podi** und in die fast 2000 Meter tiefer gelegene Trenta. Blickfang ist jedoch der nur 3 Kilometer entfernte **Triglav** mit seiner kolossalen Nordwand – mit 1200 Metern Höhe und 3 Kilometern Breite eine der größten Wandbildungen der Ostalpen.

Der Abstieg in die Trenta erfolgt auf demselben Weg. Vorsicht ist auf der geröllbedeckten Steilstufe geboten. Nachmittags, während des Abstiegs vom Pogačnikov dom packender Tiefblick in die Trenta – und auf die Soča, den „Sonnenfluss".

Variante 4a

Wer den Stenar im goldenen Oktober besteigen und dafür mit öffentlichen Verkehrsmitteln anreisen will, dem sei folgende Route zu empfehlen:
Von der Bushaltestelle Dovje-Mojstrana an der Hauptstraße Jesenice–Rateče nach **Mojstrana**, dort auf der Triglavska cesta nach Süden. Am Ortsende von Mojstrana links ein liebevoll gestalteter zugänglicher Hausgarten, genannt „minimundus", und nur 50 Meter danach das etwas futuristisch anmutende, aber durchaus in die Landschaft passende Museum des Slowenischen Alpenvereins PZS *(Slovenski planinski muzej)* mit fast 2000 Exponaten.
Am Ortsende das Hinweisschild „Vrata" beachten, d. h. halbrechts ins **Vratatal**, ein überaus großartiges Alpental. Wenige Hundert Meter nach dem Ortsende links auf einer Holzbrücke über die **Bistrica**, Fortsetzung des Wegs durch zum Teil dichten Wald auf der südöstlichen Seite des Flusses taleinwärts. Auf Höhe des Bauernhofs „Pri Rosu" (hier ist die Bistrica etwas angestaut) beginnt der von der Nationalparkverwaltung eingerichtete **Triglavska Bistrica Trail** (Markierungen mit den Zusatznummern 1 und 16 beachten). Nach circa 3 Kilometern weist ein Schild wieder auf die Straße. Ein Rauschen verrät den nahen **Slap Peričnik**, einen über 50 Meter hohen Wasserfall – ein einzigartiges Naturschauspiel, auf einem Rundweg zu besichtigen.
Danach wandern wir auf der Straße nach Südwesten, können diese aber schon bald links verlassen, um auf schmalem Weg durch buchenreichen Mischwald weiterzugehen. Nach 2 Kilometern eine weitere Besonderheit des Vratatals, die **Galerije**. Diese bestehen aus Konglomeratschichten unterschiedlicher Härte. Wir wandern – „überdacht" – unter einer harten Schicht. Dann geht es wieder auf die Straße. Nach gut 1 Kilometer links, zunächst durch Wald, dann über eine schöne Buckelwiese, die einen höchst

KURZ & BÜNDIG

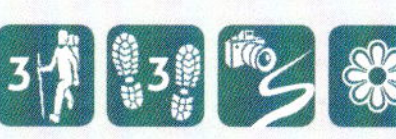

Nächste Bahnstationen: Jesenice, Most na Soči

Bushaltestelle: Bovec, Trenta (außer im Oktober), Dovje-Mojstrana (Variante 4a)

Charakterisierung: 2-Tagestour; mit Übernachtung im Pogačnikov dom. Im Gipfelanstieg zum Stenar hohe Trittsicherheit erforderlich.

Höhenunterschiede: Trenta–Zadnjica–Stenar 1900 m. Variante 4a: Mojstrana–Aljažev dom ca. 400 m; Aljažev dom–Stenar ca. 1500 m

Gehzeiten: Trenta–Parkplatz Zadnjica 1 Std., P. Zadnjica–Pogačnikov dom 4 Std., Pogačnikov dom–Stenar 2 ½–3 Std.

Variante 4a: Mojstrana–Vrata–Aljažev dom mit Begehung des Triglavska Bistrica Trails und Besuch des Slap Peričnik 4 Std.; Aljažev dom–Stenar 5 Std.

Stützpunkte: *Pogačnikov dom* (2050 m), 37 B., 22 L., bew. von Juli–Sep., offener Winterraum im Nebengebäude (Treppe zum 1. Stock, 16 L.), Tel. 051/221319, 04/5336451. Talstützpunkte in *Trenta-Na Logu* auf Bauernhöfen, im *Dom Trenta* sowie auf dem Campingplatz in Trenta (s. Tour 2).

Variante 4a: *Aljažev dom* (1015 m): 23 B., 124 L., bew. Mitte Mai–Mitte Okt., offener Winterraum (ca. 100 m südlich, 4 L.); Tel. 04/5891030, 031 384 011, 031 221 012

Beste Jahreszeit: je nach Schneelage auf den Kriški podi und am Stenar Juni/Juli–September/Oktober.

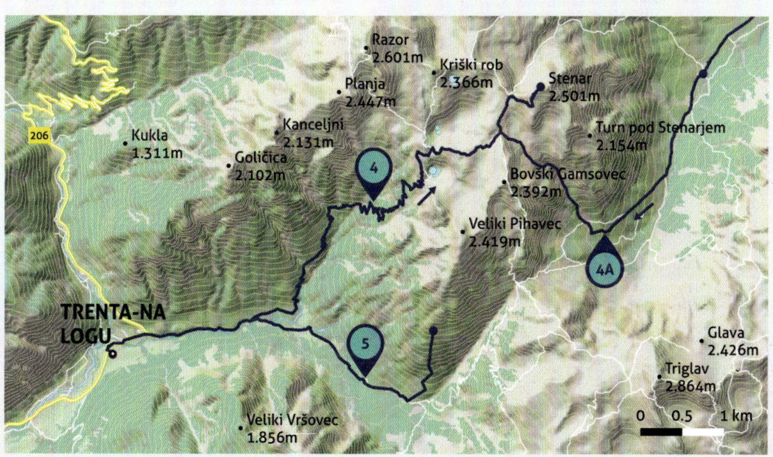

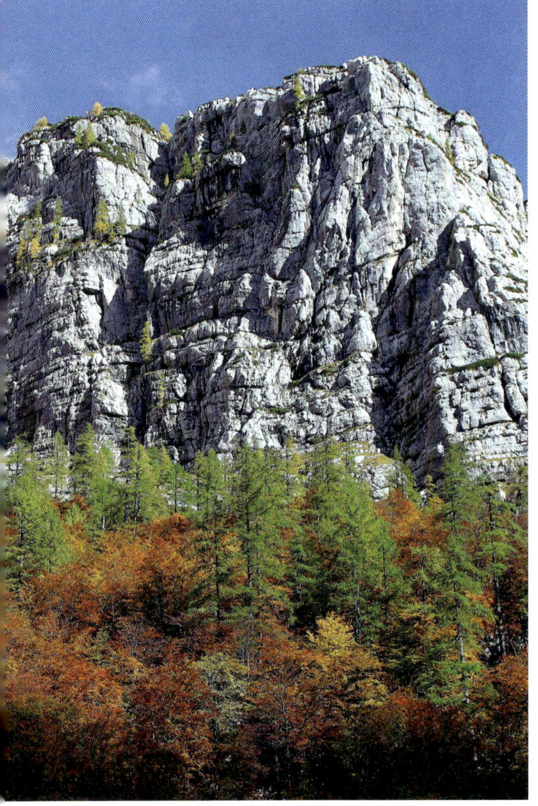

Am Aufstieg zur Sovatna

eindrucksvollen Blick auf die Triglavnordwand und auf den Stenar erlaubt. Von dieser Seite zeigt er sich sehr schroff. Wenige Hundert Meter noch und wir erreichen die Hütte **Aljažev dom** (1015 m). Hier empfiehlt es sich zu nächtigen.

Für den nächsten Morgen ist frühes Aufstehen angesagt, schließlich steht eine 5-stündige Gipfeltour bevor. Von der Hütte nach Süden in den Wald und am Partisanendenkmal mit dem großen Karabinerhaken geradeaus weiter. Knapp 1 Kilometer nach dem Denkmal zweigt rechts der Weg in Richtung Sovatna und Stenar ab (in der Morgendämmerung leicht zu übersehen). Durch den Buchenwald Bukovlje geht es ziemlich steil aufwärts. Die Bäume zeigen einen ausgeprägten Säbelwuchs; sie sind alle zur selben Zeit aufgewachsen, nachdem eine Lawine den vormaligen Baumbestand umgeworfen hatte. Ab circa 1400 Metern Höhe öffnet sich der Wald zum „steinreichen" Kar **Sovatna**. **Steinböcke** fühlen sich hier besonders wohl. Auf circa 1900 Metern Höhe Fels mit leichten Kletterstellen, doch ab 2000 Metern wird das Gelände wieder gemäßigt. Schließlich erreichen wir die Scharte **Dovška vrata** (2180 m), von der sich ein überraschender Blick nach Südwesten in das Sočatal bietet. Hier beginnt der beschriebene Anstieg auf den **Stenar** *(2501 m)*.

Tour 5

Zadnjica–Planina Zajavor

Verlassene Alm vor monumentaler Kulisse

Wir wandern durch die Zadnjica, ein Tal „von fabelhafter Größe und Wildheit, das aber auch poesievoller Details nicht entbehrt", wie Julius Kugy vor über 80 Jahren schwärmte. Glücklicherweise hat sich dort fast nichts, zumindest nichts zum Negativen verändert. Nahe dem Talschluss begeben wir uns auf einen nicht markierten, steil aufwärts führenden Weg. Um unser Ziel, eine verlassene Alm, zu erreichen, bedarf es eines guten Orientierungssinnes. Wer es aber erreicht, wird mit einer Aussicht belohnt, die ihresgleichen sucht.

Wegbeschreibung

Ausgangspunkt ist wiederum die Bushaltestelle in Trenta-Na Logu nahe dem Informationszentrum des Nationalparks Triglav. Von hier aus (wie unter Tour 4 beschrieben) in die Zadnjica bis zum Parkplatz, dort jedoch auf dem Fahrweg geradeaus weiter. Bald weicht der Wald zurück. Beiderseits des Wegs erstrecken sich Wiesen mit eingezäunten Gemüsegärten, Schafweiden, ein paar Häuser, die nur noch im Sommer bewohnt sind, alte Steinmauern und Lesesteinwälle, teilweise von Gebüsch bewachsen – ein Idyll, wie man es nur noch selten findet. Ergebnis einer Landwirtschaft, die keine hohen Erträge abwirft, dafür Produkte höchster Qualität hervorbringt. Es bleibt zu hoffen, dass diese naturschonende Landwirtschaft auch weiterhin ausgeübt wird und der halb offene Charakter des Talbodens mit seiner Vielfalt an Strukturen erhalten bleibt. Am schönsten ist es hier an einem späten Vormittag im Oktober, wenn die zwischen Vršac und Ozebnik stehende Sonne den Talboden erleuchtet – ein unvergleichlicher Herbstzauber, der jedoch weniger als eine Stunde währt, danach liegt das Tal für den Rest des Tages im Schatten des Ozebnik.

Nach circa 500 Metern geht es in einen Buchenwald, der Weg wird steiler. Zwei Kehren und wenige Hundert Meter danach öffnet sich der Wald. Nach einer S-Kurve befindet sich an der linken Seite des Wegs ein Fels mit rot-weißer Markierung. Dort begeben wir uns in den Wald und entdecken nach wenigen Metern eine Pfadspur. Auf dieser rechts und immer steiler werdend bergauf, zunächst durch Buchenjungwuchs, später durch einen urwaldartigen **Buchenaltbestand** zu einer Lichtung auf circa 1300 Metern Höhe. Dort verliert sich erst einmal die Pfadspur. Umgestürzte Bäume, verursacht durch einen Windwurf Mitte der 1990er-Jahre, erschweren das Weiterkommen. Nichtsdestotrotz ist es eine faszinierende Fläche. Baumleichen, die manchmal an Fabelwesen erinnern, und wiederaufkommender Jungwuchs – Werden und Vergehen in einer wirklich noch unberührten Natur. Etwas Vorsicht ist beim Begehen dieser Wildnis geboten. Möglichst nicht auf die halbvermoderten Baumstämme treten, sie könnten sonst in Bewegung geraten.

Werden und Vergehen

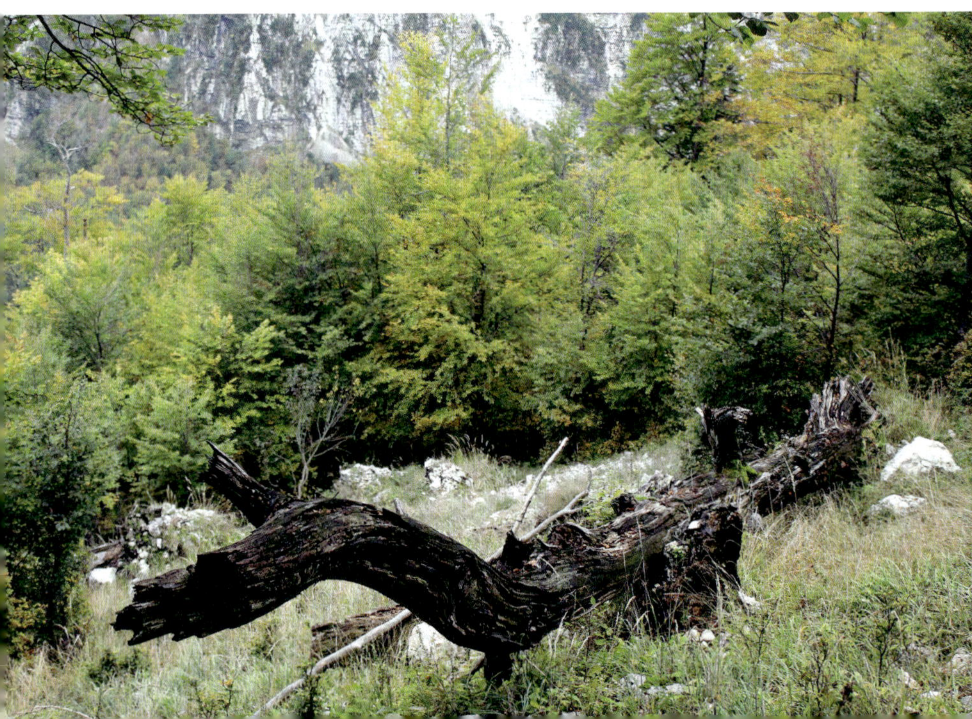

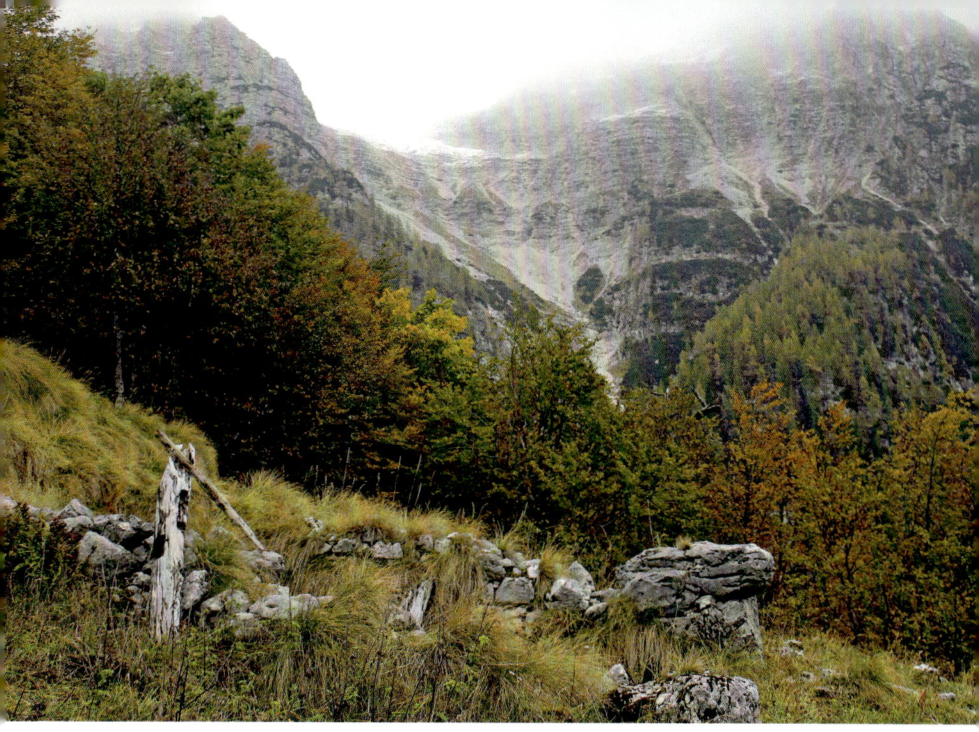

Die letzten Überbleibsel der Alm Planina Zajavor

Der Weiterweg ist nicht leicht zu finden. Am besten, man begibt sich ab Ende der Pfadspur halbrechts zum oberen Rand der Lichtung, hält sich dort links – und die Augen weit offen, bis man auf eine bergan führende Pfadspur trifft. Wir steigen dann auf noch steilerem Weg in circa 20 Minuten hinauf zur verlassenen Alm **Planina Zajavor** (1479 m). Der Zugang zu dieser ehemaligen Schafsalm galt übrigens als der steilste Almweg im gesamten Sočagebiet.

An die einstmalige Bewirtschaftung erinnern nur noch Reste der Grundmauern und ein bearbeiteter Balken. Der Weidebetrieb wurde bereits 1953 eingestellt. Bis Anfang der 1970er-Jahre wurde hier allerdings noch Heu gewonnen – und auf dem Rücken zu Tal getragen. Die Almfläche ist inzwischen stark vergrast, aber noch offen. Dadurch bieten sich fantastische Ausblicke auf die monumentalen Wandbildungen des Kanjavec und des Vršac, aber auch auf den himmelhohen Steilfels des Ozebnik. Hier lohnt sich eine längere Rast.

Der Abstieg erfolgt auf demselben Weg wie der Aufstieg.

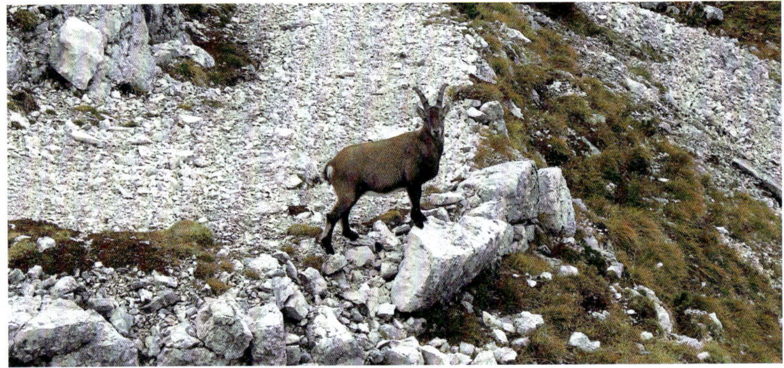

Begegnung nahe dem Pogačnikov dom

KURZ & BÜNDIG

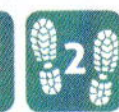
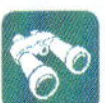

Nächste Bahnstationen: Jesenice, Most na Soči

Bushaltestellen: *Trenta* (nicht im Mai und im Oktober).

Im Mai und Oktober Zugang von Bovec auf dem Soška pot oder von *Kranjska Gora* bzw. *Rateče* über den Vršič in die Trenta

Charakterisierung: *Tagestour, die für den unmarkierten Anstieg von der Zadnjica zur Pl. Zajavor gutes Orientierungsvermögen und Trittsicherheit erfordert.*

Höhenunterschiede: Trenta–Zadnjica–Pl. Zajavor: 850 m

Gehzeiten: Trenta–Zadnjica: 1 ½–2 Std.; Zadnjica–Pl. Zajavor: 1 ½ Std.

Stützpunkte: Talstützpunkte in *Trenta-Na Logu* auf Bauernhöfen, im *Dom Trenta* sowie bei entsprechender Ausrüstung auf dem Campingplatz in *Trenta* (s. Tour 2).

Beste Jahreszeit: Mai–Oktober

Tipps: Wer in der Trenta länger weilt, sollte sich unbedingt Zeit nehmen für einen Besuch im Informationszentrum des Nationalparks Triglav (Dom Trenta), nicht nur wegen der ausführlichen Darstellung von Natur und Landschaft im Nationalparkgebiet, sondern auch wegen seiner ethnologischen Sammlung – und wegen des preisgekrönten Videos über die Soča mit fantastischen Unterwasseraufnahmen. Nahebei befindet sich am steilen Nordwesthang des Ozebnik die malerische Schlucht **Kloma**, erreichbar auf markiertem Weg in einer halben Stunde.

Tour 6

Soča (Dorf)–Planina nad Sočo (1400 m)

Aussichtslogen über der Soča

Wieder besuchen wir eine aufgelassene Alm in aussichtsreicher Lage. Planina nad Sočo heißt „Alm über der Soča". Tatsächlich befindet sich die Alm fast 1000 Höhenmeter über der Soča, und fast 1000 Höhenmeter wären es noch zum Gipfel des Bavški Grintavec. Es gibt Menschen, die bewältigen an einem Tag diese knapp 2000 Höhenmeter im Auf- und Abstieg. Stützpunkte gibt es hier nicht, es mangelt an Wasser – und im Sommer brennt die Sonne gnadenlos auf diesen am Südhang emporführenden Weg. Diese Tortur wollen wir nicht auf uns nehmen. Als Ziel für eine Tagestour lohnt sich die auf halber Höhe liegende Alm jedoch allemal.

Wegbeschreibung

Ausgangspunkt ist die Kirche **Sveti Jožef** im Dorf **Soča** (ca. 500 m). Auf der Straße gehen wir talaufwärts Richtung Trenta. Rechts von uns rauscht die Soča, über die eine kleine Brücke führt. Wir bleiben auf der Straße und begeben uns 50 Meter nach der Brücke links auf einen markierten Weg, der gleich steil aufwärts führt. Submediterraner **Hopfenbuchenbuschwald** umgibt uns – die Adria lässt grüßen. Nach einer Stunde lichtet sich der Buschwald, der Hang wird weniger steil und wir betreten den verlassenen Weiler **Lemovje** (856 m). In dieser einstigen Dauersiedlung wird nur noch ein Haus zeitweilig als Freizeitdomizil genutzt. Die übrigen stehen leer und sind dem Verfall preisgegeben – ein drastisches Beispiel für den demografischen Wandel an der Soča oberhalb von Bovec. Auch die Kulturlandschaft verfällt. Obst- und Walnussbäume sowie Steinmauern zeugen von der einstigen Landwirtschaft.

Wir bleiben auf dem markierten Weg, der bald wieder steil, aber auch besonders abwechslungsreich wird: urwaldartige **Buchenaltbestände** mit dickem Totholz (Lebensraum für zahlreiche Tierarten) neben Verjüngungsstadien, spärlich bewachsene Felspartien mit hervorragender Aussicht, beispielsweise auf die Soča und auf den Triglav, dann nochmals Hopfenbuchengebüsch. Schließlich erreichen wir die Alm **Planina nad Sočo** (1400 m) in einmalig schöner Lage. Obwohl der Weidebetrieb bereits 1930 eingestellt wurde, hält sich der Gehölzaufwuchs in Grenzen und man genießt den Blick auf die Berge der gegenüberliegenden Seite des Sočatals, aber auch auf den fast senkrecht geschichteten Kalkstein an den Hängen des Bavški Grintavec. Eine der Hütten wird als Jagdhütte gut instand gehalten, Nichtjäger haben jedoch keinen Zugang.
Nach einer ausgiebigen Pause kehren wir auf demselben Weg wieder ins Tal zurück.

KURZ & BÜNDIG

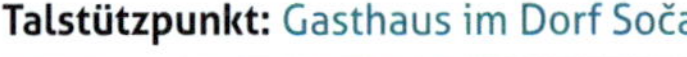

Nächste Bahnstationen: Jesenice, Most na Soči

Bushaltestellen: *Dorf Soča* (nicht im Mai und im Oktober). Im Mai und Oktober Zugang von *Bovec* auf dem Soška pot.

Charakterisierung: Tagestour; für den gesamten Weg Trittsicherheit erforderlich.

Höhenunterschiede: Dorf Soča–Pl. nad Sočo : 900 m

Gehzeiten: Dorf Soča–Lemovje–Alm Pl. nad Sočo: 3–3 ½ Std. ↑, 2 ½–3 ↓

Talstützpunkt: Gasthaus im Dorf Soča

Beste Jahreszeit: Mai–Oktober

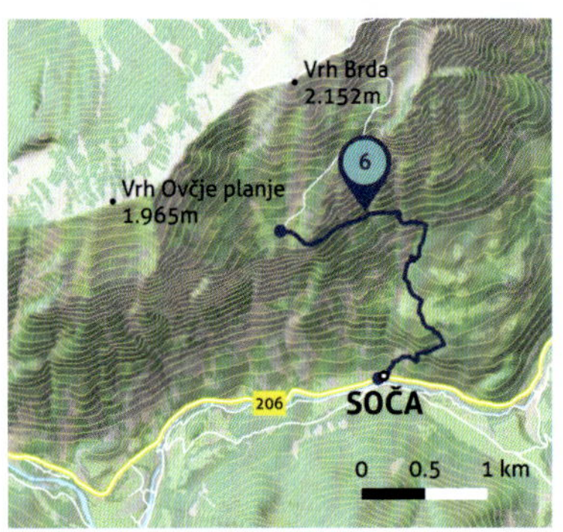

Tour 7

Lepena–Krnsee–Krn (2244 m)

Zu einem beliebten Ausflugsziel und auf einen berühmten Gipfel

Wir steigen hinauf zum größten – und wahrscheinlich meistbesuchten – Bergsee Sloweniens. Das würde für einen Tagesausflug reichen. Es lohnt sich aber ungemein, weiter hinaufzusteigen auf einen der berühmtesten Gipfel der Julischen Alpen, der durch seine exponierte Lage am Südrand dieser Berggruppe eine kaum zu übertreffende Aussicht bietet. Bei passendem Sommerwetter ist man sowohl am See als auch auf dem Gipfel selten alleine. Gipfelaspiranten empfehle ich aber eine Übernachtung auf der einfach ausgestatteten, nur im Sommer bewirtschafteten Hütte unter dem Gipfel des Krn. Wer von dort abends (und frühmorgens) nochmals ganz hinaufsteigt, erlebt unvergleichliche Stimmungen – und ist dann meist alleine. Am ehesten für sich hat man See und Gipfel jedenfalls im Herbst. Auf Tour Nummer 7 begegnen wir Spuren aus der Zeit 1915–1917, der grausamsten Epoche in dieser einmalig schönen Landschaft. Das stimmt einen Moment lang traurig, doch hier gilt das Sprichwort: „Die Zeit heilt die Wunden." Die Natur siegt über menschlichen Unverstand.

Wegbeschreibung

Ausgangspunkt dieser Tour ist die Bushaltestelle **Lepena** an der Abzweigung der Straße ins Lepenatal. Diese führt zur Soča hinab, die wir nach 100 Metern überqueren. Entlang der Straße zum Campingplatz und zur Pension Klin (Einkehr- und Übernachtungsmöglichkeit), von dort ins **Lepenatal.** Nach gut 5 Kilometern Straßenwanderung mit kleinen Pausen an den Brücken über die Lepenjica erreichen wir die Hütte **Dom dr. Klementa Juga** (700 m).
Unmittelbar hinter der Hütte beginnt der eigentliche Aufstieg zum Krnsee (Krnsko jezero) – auf einem Nachschubweg für die österreichisch-ungarische

Front im Ersten Weltkrieg. Da auch schweres Kriegsgerät heraufgeschafft werden musste, wurde der Weg nicht allzu steil, dafür mit zahlreichen Serpentinen angelegt. Solche Wege gehören zu den wenigen nützlichen Hinterlassenschaften des grausamen Gebirgskrieges, auch wenn humanitäre Aspekte nicht unbedingt eine entscheidende Rolle beim Wegebau gespielt haben. Wer will, kann die Serpentinen über einen steilen markierten Pfad durch **Buchenwald** abkürzen. Auf über 1400 Metern Höhe erreichen wir einen Sattel. Nahebei die Bergstation für die Materialseilbahn zur Versorgung der Krnseehütte und eine fest verankerte Artillerielafette aus unseliger Zeit.

Von hier aus auf solide gebautem Weg sanft nach Süden abwärts (oftmals wurden für den Wegebau Kriegsgefangene eingesetzt). Schlanke, locker stehende **Bergfichten** und die steilen Felshänge der Umgebung ergeben ein sehr schönes Landschaftsbild. Nach mehr als 500 Metern zweigt links ein Weg zur Krnseehütte ab (**Planinski dom pri Krnskih jezerih**, 1385 m), die erst Anfang der 1980er-Jahre erbaut wurde. Doch wir gehen zunächst weiter zur Alm **Planina Duplje** (1370 m), die eine wechselhafte Geschichte hat. Von 1915 bis 1917 befand sich in der Nähe ein Offiziersclub und gleich daneben ein Friedhof mit Kapelle. Die nach dem Krieg wieder aufgenommene Almwirtschaft kam aber in den 1960er-Jahren zum Erliegen. Mitte der 1970er-Jahre gründeten mehrere Bauern aus dem oberen Sočatal eine Almgenossenschaft. Circa 300 Schafe weideten dann hier in den Sommermonaten – bis 2001, als der Almbetrieb abermals aufgegeben wurde. Einige Jahre später hat ein Privatmann aus Bovec die Alm reaktiviert. Seither weiden dort Kühe, Schafe, Schweine und Hühner, und man kann dort Käse kaufen.

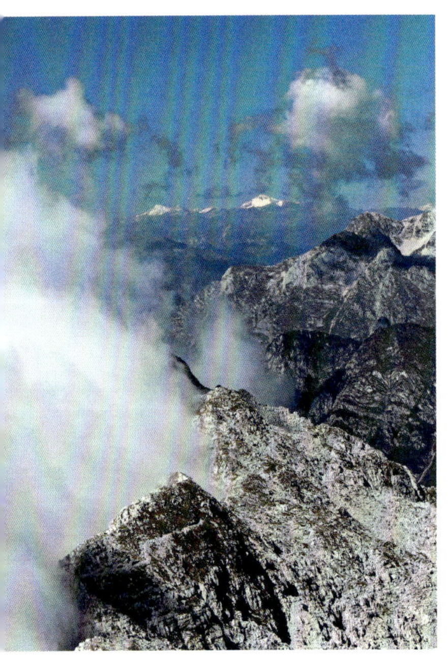

Wolkenspiele am Krn. In der Ferne die Hochalmspitze in den Hohen Tauern.

Ungefähr 500 Meter noch und wir erreichen den Krn-See (**Krnsko jezero**, 1391 m), mit 380 Metern Länge, 120 bis 150 Metern Breite und 17 Metern Tiefe der größte slowenische Hochgebirgssee – und einer der freundlichsten, obwohl verfallende Schützengräben nahe des Ostufers von düsteren Zeiten künden. Hier lässt es sich gut eine oder auch zwei Stunden aushalten, zum Krn hinaufschauen, die vielen Fischlein beobachten ... Wenn einem dabei auffällt, dass das Wasser nicht so klar ist wie etwa im Veliko jezero im Sieben-Seen-Tal – schuld daran ist eine nicht autochthone Elritzenart, die in den 1930er-Jahren eingebracht wurde, was zu einer Störung des Ökosystems geführt hat.

Nun beginnt der „klassische" Aufstieg auf den Krn. Dafür sollte man 3 bis 4 Stunden einkalkulieren. Zunächst führt der Weg bequem entlang des linken Krnsee-Ufers nach Südwesten, doch er wird bald steil und steinig. Auf circa 1550 Metern überschreiten wir eine Schwelle aus hartem Fels, das Gelände wird fast eben, ein trockenes Bachmäander – wir befinden uns im Bereich der längst aufgelassenen Alm **Planina Polju**. Heute steht dort eine schmucke Jagdhütte. Ansonsten ist die Fläche stark vergrast. Bald wird es wieder steiler und wir bewegen uns über Grobschutt und zwischen Felsblöcken bergauf. Ein Pfeil weist links zu einer Quelle („*izvir*"). Ob sie gerade Wasser spendet, hängt von der vorangegangenen Witterung ab.

Nach etwas anstrengendem Aufstieg erreichen wir die Scharte **Krnska škrbina** (2058 m). Hier wurde von der Stiftung „Pot miru" ein kleines Freilichtmuseum mit Relikten aus unseliger Zeit eingerichtet: ein Unterstand, der heute noch Schutz vor einem plötzlichen Unwetter bietet, Artilleriegranaten des Kalibers 20 Zentimeter – und eine Kanonenlafette, gebaut im Jahr 1912 von Krupp, Träger einer 149-mm-Feldhaubitze. 1912 waren Italien und Deutschland zwar formell im Dreibund vereint, aber nicht mehr ganz Freund. Doch Geschäfte dieser Art waren noch möglich. Wenige Jahre später wurde diese Tötungsmaschine gegen ehemalige Verbündete eingesetzt.

Wenige Meter nach der Scharte steigen wir rechts über die Südostflanke des Krn zum Gipfel hinauf. Im Sommer erfreuen die zahllosen rosaroten Polster des **Stängellosen Leimkrauts**, aber auch **Enziane** und andere Alpenblumen das Auge. Weniger erfreulich ist wiederum der Anblick von Stacheldraht, der uns an die Kämpfe erinnert, die an dieser Stelle vor gut 100 Jahren stattfanden. Mehrfach zweigen Pfadspuren links ab, die zur Hütte unter dem Gipfel

des Krn führen. Wir gehen aber direkt zum **Gipfel des Krn** (2244 m), der zwischen 1915 und 1917 einige Meter an Höhe verloren hat. Die Aussicht ist aber noch genauso überwältigend wie vor dieser Zeit. Eine Panoramatafel aus Edelstahl, durch Blitzeinschläge etwas beschädigt, weist auf die zahllosen Berge und Orte hin, die sich von dieser Warte aus erkennen lassen, vorausgesetzt, das Wetter erlaubt uns einen schier unbegrenzten Fernblick. Ganz weit aus Nordwesten grüßt der Großglockner, von Süden hingegen schimmert uns die Adria entgegen. Mit bloßem Auge erkennt man die mächtigen Tanker und Frachtschiffe, die den Hafen von Triest ansteuern. Beeindruckend aber auch der Blick auf die näher liegenden Gipfel der Julischen Alpen.
Es lohnt sich, vom Gipfel zur Hütte **Gomiščkovo zavetišče na Krnu** (2182 m) hinunterzusteigen, egal ob während oder außerhalb der Hüttensaison. Von der Hüttenterrasse genießt man einen einzigartigen Blick hinab zur Soča und auf Drežnica mit seinen umliegenden Dörfern. Wer für eine Nacht einen sehr eingeschränkten Komfort in Kauf nehmen kann, sollte, sofern er im Sommer unterwegs ist, auf dieser Hütte übernachten und abends oder frühmorgens nochmals zum Gipfel aufsteigen, auch wenn keine allzu weite Fernsicht möglich ist – Stimmungen, die man nicht so schnell vergisst.
Der Rückweg vom Gipfel zum Krnsee erfolgt auf derselben Route wie der Aufstieg. Die Tour lässt sich aber auch nach Drežnica oder in Richtung Komna fortsetzen (s. Tour 19).

Variante 7a

Wer für den Rückweg von der Lepena an die *Soča* nicht noch einmal die 5 Kilometer lange Straße zur Hütte „Dom dr. Klementa Juga" benutzen möchte, dem sei folgende Variante empfohlen:
Hierfür gehen wir circa 500 Meter auf der Straße talabwärts, biegen links ab auf einen Fahrweg, der nach weiteren 500 Metern in einen markierten Forst- und Wanderweg („T1", nicht auf allen Wanderkarten ersichtlich) übergeht. Wir folgen der Markierung durch zum Teil recht urwüchsigen Buchenwald und fichtenreichen Blockwald und gelangen schließlich zum Bach **Šumik**: ein verstecktes Kleinod der Natur, mit tiefen Gumpen und kleinen Wasserfällen. Nicht weit davon treten wir aus dem Wald heraus und wandern über Wiesen, vorbei an einigen Bauernhöfen zum Talausgang der Lepena an die Soča.

KURZ & BÜNDIG

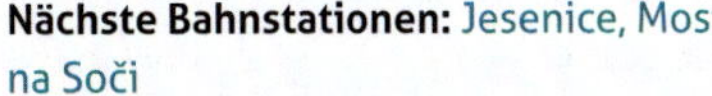

Nächste Bahnstationen: Jesenice, Most na Soči

Bushaltestellen: *Lepena* (nicht im Mai und im Oktober), ca. 2 km westlich des Dorfs Soča. Im Mai und Oktober Zugang von Bovec auf dem Soška pot.

Charakterisierung: Lange Tour, die auf 2 oder 3 Tage aufgeteilt werden sollte; vor allem *für den Aufstieg zum Krn* Trittsicherheit erforderlich.

Höhenunterschiede: Sočabrücke (498 m) –Dom dr. Klementa Juga (700 m)–Krnsee (1391 m): ca. 950 m (Zwischenabstieg vor dem Krnsee); Krnsee–Krn: 900 m

Gehzeiten: Sočabrücke–Dom dr. Klementa Juga: *1 ½ Std.;* Dom dr. Klementa Juga–Krnsee: *3 Std.;* Krnsee–Krn: *3–4 Std.* ↑, *2 ½–3 ½ Std.* ↓

Stützpunkte: *Dom dr. Klementa Juga* (700 m): 38 B., bewirtschaftet Juni–September; Tel. 05/9969504, lepena17@gmail.com

Planinski dom pri Krnskih jezerih **(Krnseehütte: 1385 m),** bewirtschaftet Juni–September, 77 B., 93 L., offener WR (20 L.); Tel. 05/8280300; krnskoj@gmail.com

Gomiščkovo zavetišče na Krnu (2182 m): 50 L., einfache Bewirtschaftung im Juli und August; Tel. 05/9974524, zkrn25@gmail.com

Talstützpunkt: *Pension Klin* am Eingang zur Lepena

Beste Jahreszeit: Krnsee: Mai–Oktober; Krngipfel: je nach Schneelage Juni–Oktober, Übernachtung in der Hütte unterhalb des Gipfels (sehr zu empfehlen wegen fantastischer Morgen- und Abendstimmungen) nur im Juli und August.

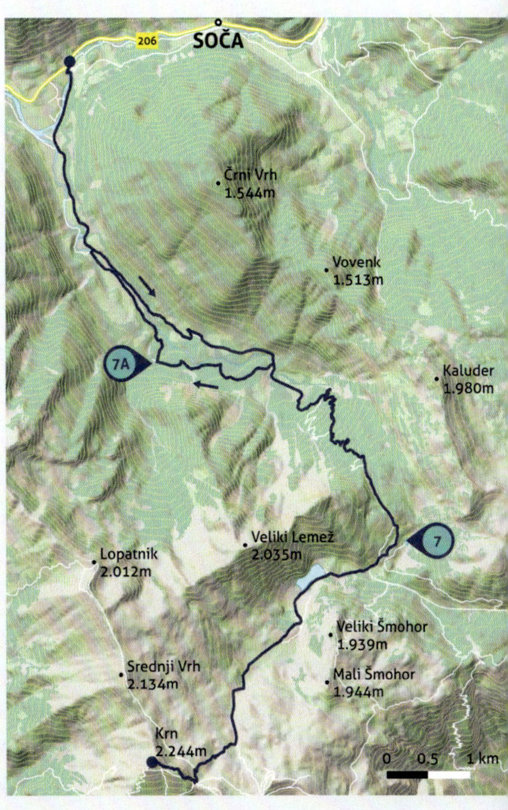

Tour 8

Tarvisio–Cave del Predil–Predilpass–Koritnicatal (Autofahrt)

Über einen geschichtsträchtigen Pass ins Einzugsgebiet der Soča

Diese Tour beginnt im äußersten Nordosten Italiens, in einem Gebiet, das im Einzugsgebiet von Drau und Donau liegt und einstmals zu Kärnten bzw. Österreich-Ungarn gehörte. Warum dieses Gebiet im Jahr 1919 Italien zugesprochen wurde, wird im Abschnitt „Das Bergwerk von Raibl" (s. S. 114) ausführlicher behandelt. Über den einstmals bedeutenden Predilpass gelangen wir in das tief eingeschnittene Tal der Koritnica, die am Fuße des Mangart entspringt und nach ungefähr 10 Kilometern nahe Bovec in die Soča mündet. Lange Zeit war das Koritnicatal wirtschaftlich stark an die andere Seite des Passes gebunden. Heute liegt das gesamte Gebiet, das wir durchfahren, „im Abseits", sichtbar vor allem auf italienischer Seite. Cave del Predil hat seine wirtschaftliche Blüte längst hinter sich, das ganze Tal des Rio del Lago leidet unter Bevölkerungsschwund. Demgegenüber wirkt das Koritnicatal – eines der schönsten Täler im Einzugsgebiet der Soča – nicht so verlassen. Wegen seiner abseitigen Lage und der Grenznähe hat es jedoch keine Anbindung an den öffentlichen Verkehr. Wer hier aber ein paar Tage verbringt, wird nicht nur die unverfälschte Natur und die grandiose Bergkulisse, sondern auch die Ruhe zu schätzen wissen.

Wegbeschreibung

Vorausgesetzt, wir kommen aus Richtung Villach über die Autobahn, dann verlassen wir diese 5 Kilometer nach der italienischen Grenze an der **Ausfahrt Tarvisio**, unmittelbar nach einem Tunnel. Nach 500 Metern links auf

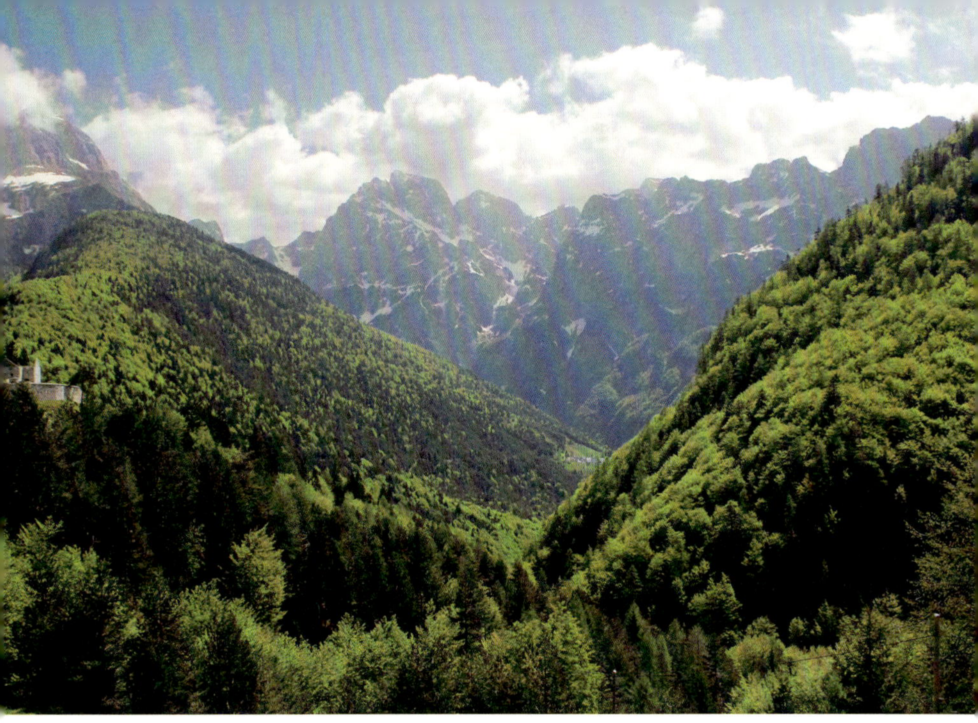

Blick vom Predilpass auf den Mangart (links), den Jalovec (Mitte) und die Loška stena (Brether Wand)

die SS 54 (Wegweiser *Slovenia*), auf dieser nach 200 Metern rechts (Wegweiser *Bovec 29 km)*. Nach einigen Hundert Metern nicht der Vorfahrtstraße folgen, sondern geradeaus (abermals Wegweiser *Bovec 29 km*). Nach einer S-Kurve links abbiegen. Auf kurvenreicher Strecke durch das immer einsamer werdende **Val del Rio del Lago** (Seebachtal) nach Süden aufwärts. Nach circa 10 Kilometern erreichen wir den nicht unbedingt einladenden ehemaligen Bergwerksort **Cave del Predil** (900 m, bis 1919 Raibl). *Vendesi*-Schilder („Zu verkaufen") an mehreren Häusern sind ein deutliches Indiz für die anhaltende Landflucht. Wer sich aber für die Geschichte des Erzabbaus interessiert, sollte das Bergbaumuseum in der Mitte des Ortes besuchen. 2 Kilometer nach Cave del Predil teilt sich die Straße: Rechts geht es zum Pass **Sella Nevea** (Skigebiet), wir fahren links Richtung Predilpass, halten aber erst einmal am herrlich gelegenen **Lago del Predil** (977 m, Raibler See). Sodann fahren wir durch einen unbeleuchteten Tunnel und über vier Kehren hinauf zum **Passo Predil** (1156 m, Predilpass, slowenisch Predel) – Wasserscheide zwischen Schwarzem Meer und Mittelmeer, Grenze

zwischen Italien und Slowenien. Die Kontrollanlagen sind heute verwaist, auf slowenischer Seite gibt es eine Einkehrmöglichkeit („Hermanov hram", Montag Ruhetag).
Bereits im 14. Jahrhundert war der Predilpass ein bedeutender Handelsweg von Cividale über Karfreit (Kobarid) nach Norden zu den wohlhabenden Städten Kärntens. Reiche Bürger aus Cividale ließen ihn auf eigene Kosten ausbauen, so wichtig war ihnen diese Verbindung. Nach Norden wurde unter anderem Wein transportiert, in die umgekehrte Richtung Eisen, Holz und Getreide. Um 1400 wurde auf der Passhöhe ein Hospiz errichtet. Während der Napoleonischen Kriege war dieser Pass mehrfach Schauplatz großer Truppenbewegungen. Im Mai 1809 belagerte eine französische Übermacht das österreichische Fort Predil circa 700 Meter östlich der Passhöhe. Die Verteidiger unter ihrem Hauptmann Hermann von Hermannsdorf leisteten drei Tage erfolgreich Widerstand, bis das Fort in Brand geriet. Daraufhin versuchten die Verteidiger auszubrechen, was misslang – fast alle wurden getötet, unter ihnen auch der Hauptmann. Während des Ersten Weltkriegs wurden Truppen und Kriegsmaterial über diesen Pass an die österreichisch-ungarische Gebirgsfront transportiert, bis der italienische Artilleriebeschuss zu stark wurde und der Nachschub fast nur noch durch den Verbindungsstollen vom Bergwerk Raibl nach Mittelbreth (Log pod Mangartom) möglich war.
Die ins Koritnicatal hinabführende Straße ist nicht übermäßig steil, jedoch kurvenreich und teilweise recht schmal und holprig. Circa 300 Meter nach Passieren der Grenze halten wir an einer geräumigen Ausweichstelle und genießen einen überwältigenden Blick auf die Bergriesen **Mangart** und **Jalovec**, auf die mächtige **Loška stena** (Brether Wand) und in das tief eingeschnittene Koritnicatal. Auf der Weiterfahrt passieren wir die Ruine des österreichischen Forts (siehe oben) mit dem 1851 errichteten Löwendenkmal zur Erinnerung an die im Jahr 1809 gefallenen Verteidiger. Circa 1,5 Kilometer ab Passhöhe zweigt links die Straße zum Mangartsattel ab (s. Tour 9), während die Hauptstraße rechts abknickt und unmittelbar danach auf einer im Jahr 2008 erbauten Betonbogenbrücke die Schlucht des **Mangartski potok** (Mangartbach) überquert. Diese Brücke wurde gebaut, nachdem im November 2000 eine gewaltige Mure die Straße in diesem Bereich zerstört und weiter unten im Tal schlimme Verwüstungen angerichtet hatte.

Das Soldatendenkmal auf dem Friedhof von Log pod Mangartom

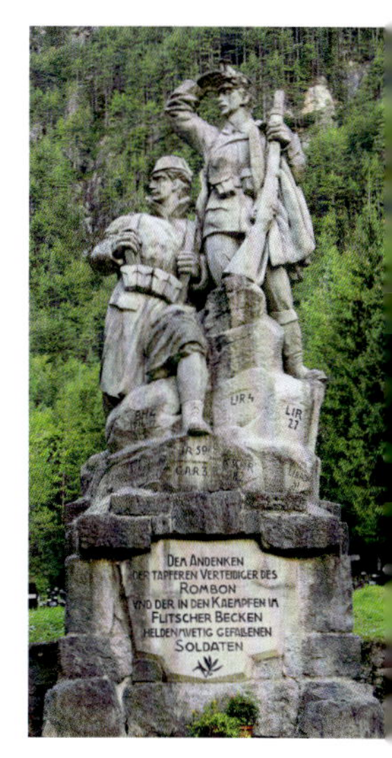

Nach weiteren 1,5 Kilometern erreichen wir das Straßendorf **Strmec na Predelu**, das 1943 im Zuge eines Racheakts der SS zerstört worden ist und dessen männliche Bewohner ermordet wurden. Zwar wurde das Dorf 1945/46 auf Veranlassung der angloamerikanischen Militäradministration wiederaufgebaut, doch nur wenige Menschen kehrten dauerhaft zurück. Heute dienen die meisten Häuser lediglich als Ferien- und Wochenendhäuser. Ein Denkmal und eine kleine Kapelle am Straßenrand erinnern an das tragische Ereignis.
4 Kilometer noch und wir erreichen **Log pod Mangartom**, zunächst den oberen Ortsteil (Gornji Log) auf circa 650 Metern Höhe. Am Ortseingang überqueren wir den Bach Predelica, durch dessen Hangschlucht sich am 17. November 2000 ein gewaltiger Murstrom mit einer Masse von 700 000 Kubikmetern bis zum Grund des Koritnicatals wälzte, wo er mehrere Häuser zerstörte und sieben Menschen das Leben kostete. Spuren dieser Naturkatastrophe sind noch heute unterhalb der Brücke zu sehen.
Gut 100 Meter nach den letzten Häusern von Gornji Log liegt rechts der Straße der Friedhof von Log pod Mangartom. Nur wenige Meter entfernt erinnert am Straßenrand ein Bildstock der heiligen Barbara an die Bergbautradition dieser Gegend. Hier biegen wir rechts ab auf einen asphaltierten Weg, parken nach circa 300 Metern beim Feuerwehrhaus und besuchen in unmittelbarer Nähe den Eingang zum **Štoln**. Auf überdachten Infotafeln wird ausführlich die Geschichte des Raibler Bergbaus, des Štoln und des Koritnicatals dargestellt. Daneben rostet eine alte Stollenbahn vor sich hin. Hier beginnt übrigens der Friedensweg „Pot miru". Unbedingt besuchen sollte man unweit rechts des Štoln den mittleren und oberen Teil des Friedhofs mit den Gräbern österreichisch-ungarischer Soldaten, die zwischen 1915 und 1917 bei den Kämpfen in diesem Frontabschnitt gefallen sind. Auffallend sind die mit einem „nišan" – einer kleinen Stele – versehenen Gräber bosnischer Muslime. In der Mitte des Friedhofs erinnert ein Denkmal des tschechischen Bildhauers Ladislav Kofránek an die Kämpfe am nahe gelegenen Berg Rombon. Es wurde bereits Anfang 1918 errichtet

und zeigt einen bosnischen Soldaten (mit Fez) und einen österreichischen Gebirgsschützen. Sie blicken hinauf zum Rombon, der aufgrund seiner strategisch bedeutsamen Lage besonders hart umkämpft war.
Wir kehren zur Hauptstraße zurück, biegen rechts ab in Richtung Bovec, fahren durch den Ortsteil Spodnji Log, sodann entlang der Koritnica und erreichen nach circa 5 Kilometern an der engsten Stelle des Tals die Festung **Kluže** (532 m). Sie befindet sich unmittelbar neben der Koritnicaklamm – mit 70 Metern Tiefe die tiefste Schlucht Sloweniens. Schon allein wegen dieser Klamm lohnt sich hier ein Halt.
Der Ort, an dem die Festung steht, kann aufgrund seiner strategisch günstigen Lage auf eine lange und wechselvolle Geschichte zurückblicken. Um 1400 befand sich hier eine Mautstelle – die Bürger von Cividale bauten die Straße über den Predilpass schließlich nicht uneigennützig. 1472 bauten die Venezianer erstmals eine Festung, die aber ihren Zweck sechs Jahre später, als die Türken hier gen Norden zogen, nicht erfüllte. Im 17. Jahrhundert – unter der Herrschaft der Habsburger – wurde die Festung stark ausgebaut. 1797 jedoch gelang es einer drückenden französischen Übermacht, die Festung einzunehmen und die Besatzung, etwa 500 Kroaten, in Gefangenschaft zu führen. 1805 fand hier nochmals eine Schlacht zwischen Österreichern und Franzosen statt. 1882 wurde die Festung zu ihrer heutigen Form ausgebaut. Während des Ersten Weltkriegs lag sie im toten Winkel der italienischen Artillerie und überstand den Krieg im Gegensatz zum nahe gelegenen **Fort Hermann** unbeschadet. Heute befindet sich in der Festung eine interessante Dauerausstellung über deren Geschichte und über die Ereignisse in diesem Gebiet zwischen 1945 und 1947. Im Innenhof findet alljährlich das „Kluže-Festival" mit Theateraufführungen und musikalischen Darbietungen statt. Der in Bovec ansässige Verein „Drajcen Drajcen 1313", benannt nach einem österreichisch-ungarischen Beobachtungsposten am Rombon in 1313 Metern Höhe, spielt hier auf eher humorvolle Weise Szenen aus dem Soldatenalltag an der Isonzofront nach.
Wir fahren weiter in Richtung Bovec. Nach 4 Kilometern zweigt links die Straße zum Vršičpass bzw. in die Trenta ab. In unmittelbarer Nähe befindet sich ein österreichisch-ungarischer Soldatenfriedhof mit Denkmal. Wenige Hundert Meter danach weist links ein Schild auf das Freilichtmuseum am **Ravelnik** hin. Über den Ravelnik, eine kleine Anhöhe im Bovecbecken, verlief

die vorderste österreichisch-ungarische Verteidigungslinie. Lauf- und Schützengräben, Kavernen und eine rekonstruierte Baracke geben einen Eindruck von diesem Frontabschnitt. Wie trostlos es in Wirklichkeit aussah, lassen alte Fotos erahnen. Bäume und Sträucher zerschossen – das Sočatal glich hier eher einer Wüste. 1 Kilometer noch und wir erreichen den Kreisverkehr am Ortseingang von **Bovec.** Die erste Ausfahrt führt ins Ortszentrum.

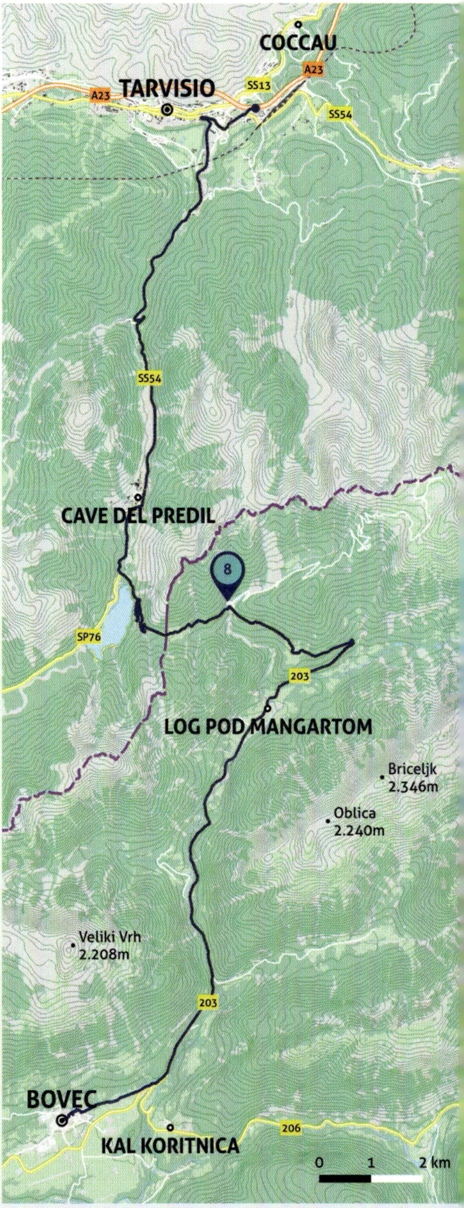

KURZ & BÜNDIG

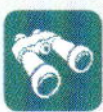

Charakterisierung: Autofahrt auf zum Teil enger, kurvenreicher Straße mit meist nur geringem Verkehrsaufkommen. Die Abfahrt vom Predilpass ins Koritnicatal hat ein durchschnittliches Gefälle von 8 %, kurzer Abschnitt mit 14 % Gefälle.

Unterkünfte: In *Log pod Mangartom* zwei Hotels, mehrere private Apartments, Touristischer Biobauernhof „Černuta", Übernachtung auch im Feuerwehrhaus nahe des Štoln möglich.

In Bovec mehrere Hotels und zahlreiche Privatunterkünfte sowie Campingplätze nahe dem Zusammenfluss von Koritnica und Soča.

Beste Jahreszeit: Prinzipiell ganzjährig. Im Winter ist die Passstraße zum Predil auf italienischer Seite nicht immer geräumt.

Das Bergwerk von Raibl/Cave del Predil und der „Štoln"

Wer mit dem Auto von Tarvisio die Strada Statale 54 zum Predilpass wählt, um in das obere Sočagebiet zu gelangen, kommt in dem engen Tal des Rio del Lago unweigerlich durch den Ort Cave del Predil. Zum Verweilen lädt der Ort auch heute nicht ein, obwohl er nicht mehr so trostlos wirkt wie noch vor wenigen Jahrzehnten. Graue Häuser im Italostil der 1930er-Jahre und eine kilometerlange Abraumhalde am Fuße des Monte Re an der westlichen Talseite veranlassten die Reisenden früher zur zügigen Weiterfahrt. Fast niemand interessierte sich für die Geschichte dieses Ortes, der im Einzugsgebiet von Drau bzw. Donau und somit des Schwarzen Meeres liegt, wirtschaftlich jedoch eng mit dem Koritnicatal und Bovec verbunden war. Inzwischen gibt es Ansätze, den Ort etwas zu verschönern, doch die Abraumhalde existiert noch, sie lässt sich nicht so schnell aus der Welt schaffen.

Cave del Predil – bis 1919 hieß der Ort Raibl – ist bis heute geprägt durch den Jahrhunderte währenden Bergbau. Raibl ist Namensgeber für eine geologische Formation, die Raibler Schichten, entstanden während der Trias vor circa 230 Millionen Jahren. Raibler Schichten kommen sowohl in den Südlichen als auch in den Nördlichen Kalkalpen vor und sind gekennzeichnet durch eine relativ enge Abfolge harter und weicher Gesteinsschichten. Mancherorts führten schwefelhaltige Lösungsprodukte aus den weichen Schichten zu Erzbildungen in den Klüften der darunterliegenden Gesteinspakete. Eines der ergiebigsten Blei- und Zinkvorkommen der Alpen befand sich in Raibl/Cave del Predil.

Bereits zur Römerzeit wurde aus oberflächennahen Schichten am Fuße des Monte Re Erz abgebaut und verarbeitet. Im 14. Jahrhundert wurde der Ort Raibl gegründet und der Bergbau erfuhr einen ersten Aufschwung. Ende des 18. Jahrhunderts, unter Maria Theresia, ging der Bergbau in habsburgischen Besitz über, und es wurden erstmals Schächte für den Untertagebau errichtet. Im Jahr 1880 – Raibl gehörte von 1867 bis 1919 zusammen mit Tarvis zum österreichischen Kronland Kärnten – arbeiteten 400 Menschen im Bergwerk. Während des Ersten Weltkriegs blieb das Bergwerk in Betrieb, doch aufgrund seiner Nähe zur Gebirgs- und Isonzofront diente es noch anderen Zwecken …

1919 wurden im Rahmen des Friedensvertrags von Saint-Germain Raibl, Tarvis und einige andere Orte im äußersten Süden Kärntens Italien zugesprochen.

Italien, dessen Begehrlichkeiten sich sonst auf das Einzugsgebiet zur Adria konzentrierten, erhielt somit auch ein Gebiet im Einzugsbereich der Donau. Ein wesentlicher Grund hierfür war das Bergwerk von Raibl, das nun zu Cave del Predil umbenannt wurde, denn Italien verfügte bis dato über keine nennenswerten Bleierzvorkommen. Blei war höchst begehrt für die Herstellung von (militärischer) Munition. So nahm vor allem während der faschistischen Ära die Erzförderung einen enormen Aufschwung, und es wurde eigens eine Siedlung für die Bergarbeiter errichtet. Die deutschsprachigen Arbeiter – sie stellten bis 1919 die Mehrheit – wurden durch Italiener ersetzt. Auch im Zweiten Weltkrieg ging die Produktion weiter.

Nach dem Zweiten Weltkrieg nahm die jährliche Menge des geförderten Erzes trotz einiger Bergarbeiterstreiks und trotz des Preisverfalls von Blei und Zink auf den Märkten weiter zu. 1961 erreichte die Förderung von Galenit (Bleisulfid) mit mehr als 6000 Tonnen einen Höhepunkt. Der Abbau erreichte eine Tiefe von mehr als 500 Metern unter dem Ort Cave del Predil und eine Höhe von über 400 Metern über dem Ort am Hang des Monte Re. Doch dann ging es mit der Fördermenge und mit den Beschäftigtenzahlen abwärts. Arbeiteten 1970 noch 1100 Menschen im Bergwerk, so waren es 1991, im Jahr der Minenschließung, nur noch 400.

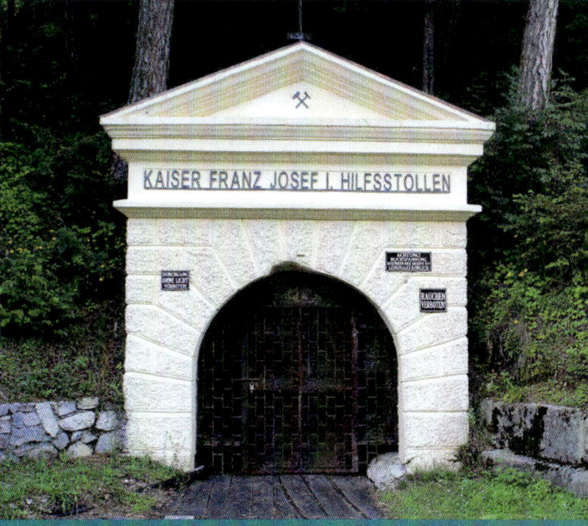

Der Blei- und Zinkgehalt der Erze nahm ab Mitte der 1970er-Jahre spürbar ab und ab Mitte der 1980er-Jahre war an einen rentablen Abbau nicht mehr zu denken. Im Juni 1991 kam dann das endgültige Aus für das Bergwerk. Mit dem Niedergang des Bergbaus sank auch die Einwohnerzahl des Ortes Cave del Predil von 2100 (1968) auf 450 (1998). Heute sind es weniger als 400.

Der Štoln

Schon mit Beginn des Untertagebaus im Raibler Bergwerk Ende des 18. Jahrhunderts erwies sich die Ableitung des Grubenwassers als problematisch. Hierfür wurde jedoch erst Ende des 19. Jahrhunderts ein konkreter Plan ausgearbeitet: Ableitung des Grubenwassers durch einen Tunnel unter dem Predilpass in das Koritnicatal. Der Tunnelbau, an dem fast ausschließlich Männer aus Strmec und Log pod Mangartom beteiligt waren, wurde ab dem Jahr 1899 von Süden, vom Koritnicatal her, vorangetrieben und nach drei Jahren beendet. Der Tunneleingang befindet sich am Fuß der Ruševa Glava zwischen dem oberen und unteren Teil von Log pod Mangartom (Gorenji Log, Spodnji Log). Er hat eine Länge von 4844 Metern, ein Gefälle von 1 Promille und endet im Bergwerk circa 240 Meter unter der Siedlung Raibl/Cave del Predil.

Zunächst diente der Tunnel nur dem ursprünglich zugedachten Zweck, der Ableitung von Grubenwasser. Doch er wurde sehr bald vergrößert – für eine Schmalspurbahn zur Beförderung der Bergarbeiter aus dem Raum Log pod Mangartom. Um 1900 arbeiteten zahlreiche Männer aus Log pod Mangartom im Bergwerk von Raibl. Um zu ihrer Arbeit zu gelangen, mussten sie den langen Fußweg über den Predilpass in Kauf nehmen und während der Woche in Raibl übernachten. 1909 schließlich wurde der „Bahnverkehr" zwischen Log pod Mangartom und dem Bergwerk Raibl feierlich eröffnet. Gezogen wurden die zwei Waggons, in denen bis zu 16 Personen Platz fanden, von einer Siemens-Elektrolok. Den Strom lieferte ein eigens dafür errichtetes Kraftwerk an der Koritnica. Die Fahrt dauerte 45 Minuten.

In den Kriegsjahren 1915 und 1916 bekam der Tunnel eine wichtige Funktion: Der Predilpass lag im Wirkungsbereich der italienischen Artillerie, eine Versorgung der österreichischen Front war auf diesem Weg allenfalls bei Nacht noch möglich. Nun war der Tunnel die wichtigste Verbindung zu diesem Frontabschnitt. Der Zug beförderte täglich bis zu 170 Tonnen Kriegsmaterial und 600 Soldaten vom Bergwerk Raibl nach Log. In 2 Jahren fanden mehr als 30 000 Zugfahrten statt, in denen fast 450 000 Soldaten und 240 000 Tonnen Material befördert wurden. In Gegenrichtung wurden die Verwundeten transportiert. Etwas entlastet wurde der Tunnelbetrieb mit der Fertigstellung der Straße über den Vršičpass im Jahr 1917.

Auch in der Zwischenkriegszeit – das gesamte Gebiet gehörte nun zu Italien – sowie während des Zweiten Weltkriegs wurden Bergleute aus Log beschäftigt, wobei sie weiterhin mit der Grubenbahn in die Mine fahren konnten. 1943 und 1944 wurde der Bergwerksbetrieb mehrfach gestört: Partisanen machten im Oktober 1943 die beiden E-Loks unbrauchbar, was nicht zuletzt zu dem grausamen Racheakt der SS im Dorf Strmec führte. Im Juni 1944 zerstörten sie die Wasserpumpen des Bergwerks, sodass die unteren Minengänge voll Wasser liefen.

Ab 1947 – über dem Tunnel verlief die italienisch-jugoslawische Staatsgrenze – durften nur noch Bergleute aus Log im Bergwerk arbeiten, die bereits länger als 10 Jahre dort beschäftigt waren.

23 Bergleute aus Log pod Mangartom verloren ihre Arbeit. Die verbliebenen Minenarbeiter fuhren noch bis 1970 mit der Grubenbahn regelmäßig zum Schacht auf italienischer Seite. Der Betrieb der Grubenbahn wurde jedoch immer kostspieliger, weshalb ab April 1970 ein Buspendelverkehr über den Predilpass eingerichtet wurde. 1991 verloren mit der Stilllegung des Raibler Bergwerks alle slowenischen Bergarbeiter ihre Arbeit und die Grubenbahn verlor endgültig ihre Funktion.

Der Tunnel dient jedoch bis heute als „Abwasserkanal". Der Bleigehalt der Grubenabwässer, die zu Zeiten des aktiven Bergbaus zu einer starken Belastung der Koritnica geführt hatten, ist aber seit Aufgabe des Minenbetriebs stark zurückgegangen und stellt keine Gesundheitsgefährdung mehr dar.

Vor einigen Jahren wurde der Eingang zum Tunnel – ursprünglich „Kaiser Franz Josef I. Hilfsstollen", von den Einheimischen jetzt „Štoln" genannt – liebevoll restauriert. Davor wird auf überdachten Infotafeln die Geschichte des Bergbaus und des Tunnels ausführlich dargestellt. An der Straße zwischen den beiden Ortsteilen Gorenji Log und Spodnji Log erinnert nahe der Friedhofskapelle ein Bildstock für die heilige Barbara an die Bergbautradition. Dort zweigt die Zufahrt zum Štoln ab.

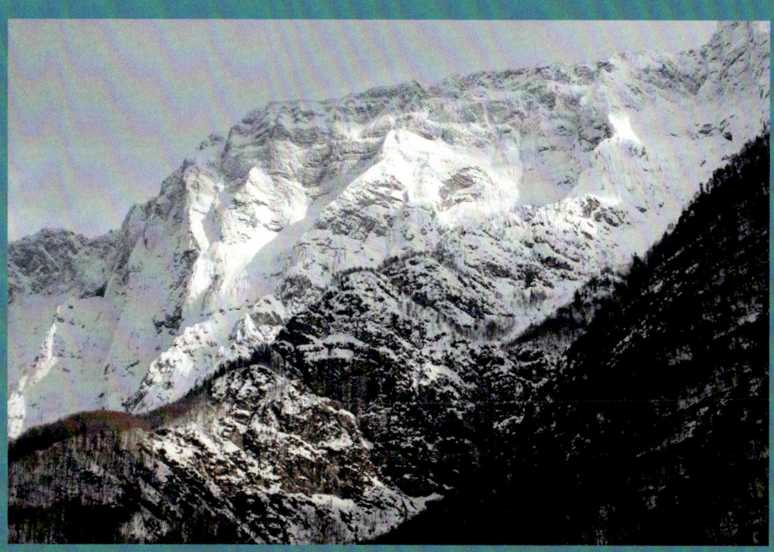

Die Loška stena (Brether Wand) über dem Koritnicatal

Tour 9

Mangart (2678 m)

Auf den vierthöchsten Berg der Julischen Alpen

Der Mangart: Grenzberg zwischen Italien und Slowenien. Ein Berg, der nicht nur durch seine Höhe, sondern auch durch seine imposante Gesamterscheinung beeindruckt, egal von welcher Seite oder von welchem Nachbargipfel aus man ihn betrachtet. Und – ein Berg mit grenzenloser Aussicht, erstaunlich leicht zu besteigen, vorausgesetzt man reist mit dem Auto an. Eine auf slowenischer Seite bis auf 2050 Meter Höhe führende Straße – es handelt sich um die höchste Straße Sloweniens – verkürzt den Anstieg enorm. An schönen Sommer- und Herbsttagen ist man deswegen selten alleine zum Gipfel unterwegs. Doch Bergsteiger sind ja fast immer freundliche Menschen ...

Wegbeschreibung

Circa 1,5 Kilometer östlich der Passhöhe des Predil zweigt links auf knapp 1100 Metern Höhe die mautpflichtige **Mangartstraße** ab (Mautgebühr 2019: 5 €). Die Auffahrt zum Mangartsattel (Mangartsko sedlo) wurde 1940 von den Italienern zwecks Sicherung der nahe gelegenen Grenze zu Jugoslawien erbaut. Auf 12 Kilometern Länge überwindet sie einen Höhenunterschied von knapp 1000 Metern. Sie ist seit dem Jahr 2000 durchgehend asphaltiert, meist aber nur einspurig befahrbar. Ausweichstellen sind rar. Recht abenteuerlich ist der obere Teil der Streckenführung mit zehn Spitzkehren und fünf unbeleuchteten Tunnels von 150 bis 300 Metern Länge. Die Straße „überwindet" dort zweimal sich selbst.
Auf circa 1250 Metern Höhe erblicken wir links einen riesigen vegetationsarmen Abhang, genannt „Stože". Dieser besteht aus Raibler Schichten (!) mit einem Wechsel aus Kalkstein, Mergel und Schieferton – ein instabiler

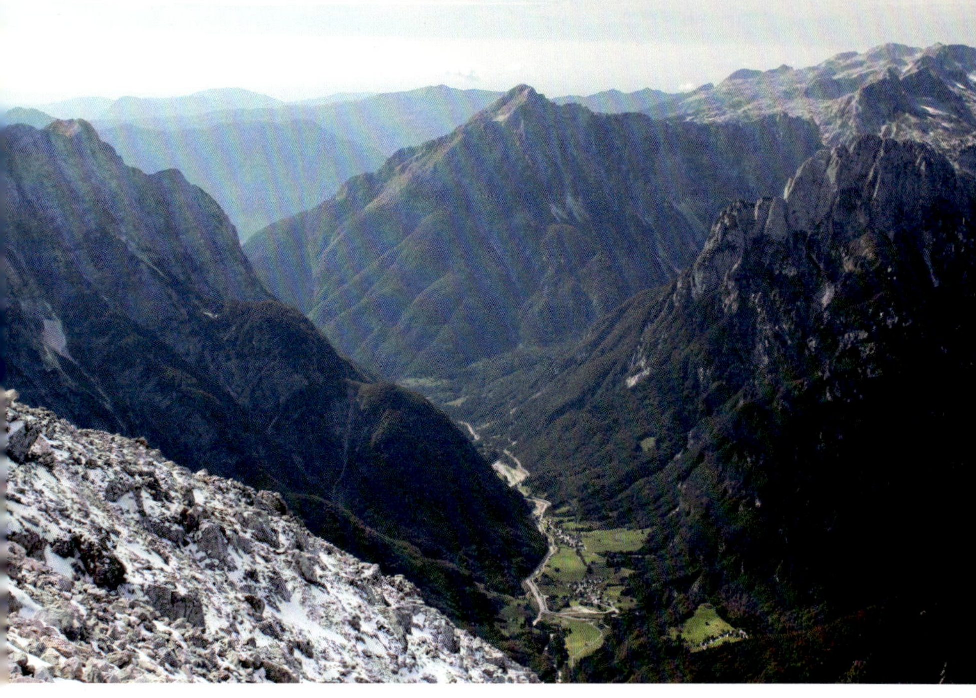

Blick vom Mangart ins Koritnicatal

Untergrund. Hier nahm der katastrophale Murstrom vom November 2000 seinen Anfang. Lang anhaltender Starkregen weichte den instabilen Untergrund auf und die Schwerkraft setzte mehrere Hunderttausend Kubikmeter in Bewegung. Die Folgen werden unter Tour 8 beschrieben. Heute lagert noch reichlich Lockermaterial auf dem Hang, das sich bei entsprechender Witterung in Bewegung setzen könnte. Etwas unterhalb wurde jedoch am Mangartbach ein Warnsystem aus quer gespannten Drähten errichtet. Weiter bergaufwärts befindet sich links auf 1300 Metern Höhe die im Sommer bewirtschaftete Alm **Mangartska planina**, wo man Käse in Bioqualität probieren und kaufen kann. Auf knapp 1900 Metern Höhe zweigt links die schmale und ziemlich holprige Zufahrt zur Hütte **Koča na Mangartskem sedlu** (1906 m) ab. Wer den Mangart im Sommer besteigen will, sollte hier übernachten. Die Mangartstraße führt noch bis auf eine Höhe von 2055 Meter und bildet dort eine Schleife mit Einbahnverkehr gegen den Uhrzeigersinn. Es gibt mehrere Parkmöglichkeiten. Doch lassen wir die Mangarttour frühmorgens an der Hütte beginnen.

Hinter der Hütte führt ein Weg links (Steinmann, Pfeil) durch blütenreiche Matten, auf denen im Sommer Schafe weiden, zur circa 300 Meter entfernten

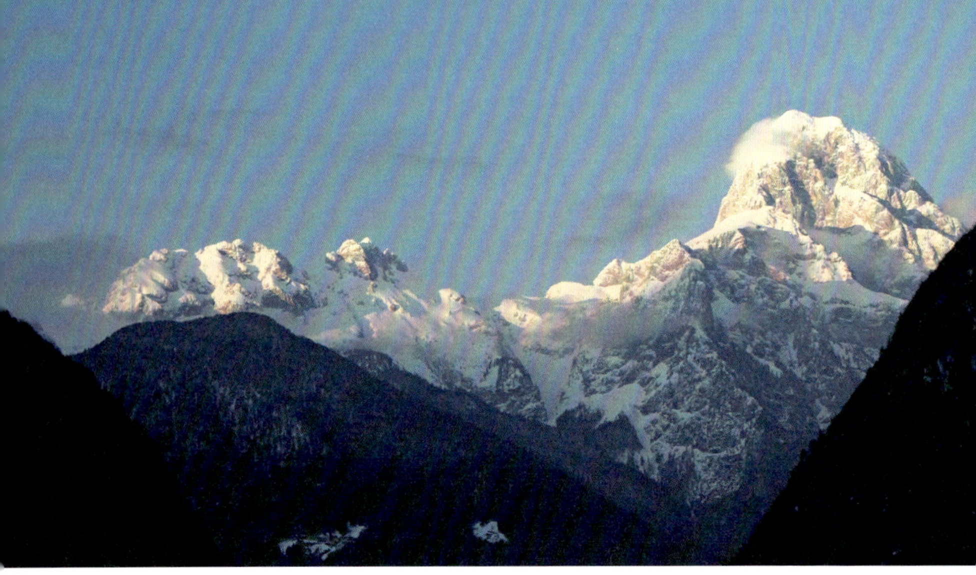

Der Mangart erhebt sich 2000 Meter über dem Koritnicatal.

Straße. Hier gehen wir links. Morgens hält sich der Autoverkehr auf diesem talabwärts führenden Abschnitt noch in Grenzen. Nach wenigen Hundert Metern kommen wir zum Parkplatz am **Mangrtsko sedlo** (2055 m, auf manchen Karten *Klanška škrbina*). Ein kurzer Pfad leitet zu einem Aussichtspunkt direkt über senkrechten Felswänden. Schöner Blick nach Norden zu den grünblauen „Augen" der beiden Weißenfelser Seen (Laghi di Fusine). Vom Parkplatz wandern wir durch Wiesengelände mit **Borstgras** nach Osten zum Fuß des markanten Travnik.

Der Weg wird steiler und steiniger. Bald stehen wir vor einer Wegteilung: links zum *ITAL. SMER*, rechts zum *SLOV. SMER*. Beide Wege führen zum Gipfel des Mangart. Der slowenische Weg ist kürzer, steiler, schwieriger und führt durch eine steinschlaggefährdete Rinne. Wir wählen den italienischen Weg, der über die Nordflanke des Mangarts schräg aufwärts zum Ostgrat führt. Ab hier bewegen wir uns nur noch auf felsigem Weg. Steile Passagen sind mit Drahtseilen gesichert, stellenweise sind auch Stufen in den Fels gehauen – der Weg erfordert hohe Konzentration. Atemberaubende Blicke in die Nordwände des Mangartmassivs und auf die nahe gelegene Ponzakette. Auf über 2500 Metern Höhe treffen wir auf Jurakalk, der leichter verwittert als Dachsteinkalk, weshalb sich in dieser Höhe Böden mit erstaunlich dichtem Bewuchs bilden konnten, in dem **Läusekraut, Knöllchenknöterich** und verschiedene **Enziane** das Auge erfreuen.

Über die Ostseite des Mangarts erreichen wir das Gipfelkreuz. Bei klarem Wetter fabelhafte Aussicht: vom Großglockner bis zur Adria, von den Dolomiten bis zu den Bergzügen im kärntnerisch-steirischen Grenzgebiet, besonders prächtig jedoch der Ausblick nach Osten zum Jalovec und über die schroffen Kalkwände zum Triglav.
Der Rückweg erfolgt auf dem Aufstiegsweg.

KURZ & BÜNDIG

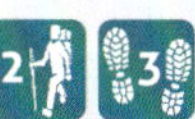

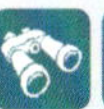

Charakterisierung: Mangartstraße meist nur einspurig, am Rand zum Teil wenig gesichert, Steigung durchschnittlich 10 %, maximal 22 %; nur für Autofahrer mit genügend Fahrpraxis im Gebirge geeignet. Nach stärkeren Regenfällen erhöhte Steinschlaggefahr, auch in den Tunnels! Besteigung des Mangarts – ½-Tagestour, Trittsicherheit erforderlich.

Höhenunterschiede: Koča na Mangartskem sedlu–Mangart: knapp 800 m; Mangartscharte (Mangartsko sedlo)–Mangart: ca. 650 m

Gehzeiten: Koča na Mangartskem sedlu–Mangart: je 2–2 ½ Std. ↑↓, ab Mangartsattel 1 ½–2 Std.

Stützpunkt: *Koča na Mangartskem sedlu* (1906 m): 28 B., 25 L.; bewirtschaftet je nach Schneelage Juni/Juli–Ende September. Tel. 051/630863; erikcuder@gmail.com.

Beste Jahreszeit: Mangartstraße je nach Schneeverhältnissen Mai/Juni–Oktober.
Besteigung des Mangarts Juli–Oktober.

Tipp: Im Winter ist die Mangartstraße geschlossen, sie lässt sich aber zumindest bis zum ersten Tunnel mit Schneeschuhen begehen. Parkmöglichkeit an der Einfahrt von der Predilpassstraße. Ein eindrucksvolles Erlebnis in absoluter Ruhe.

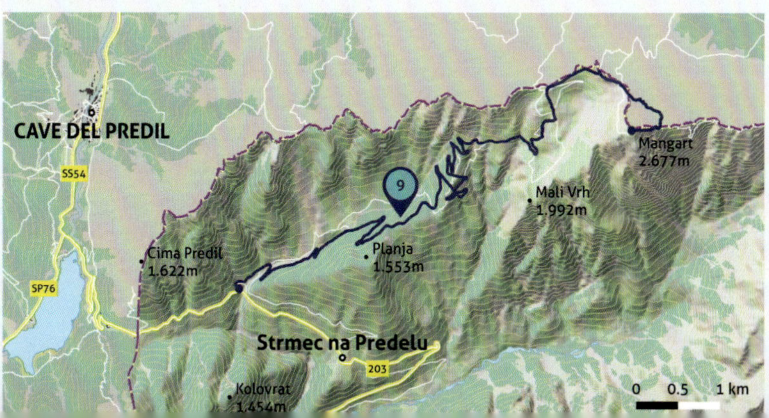

Tour 10

Koritnica–Koritniška planina (1150 m)

Der schönste Talschluss im Einzugsgebiet der Soča?

Wer in Log pod Mangartom ein paar Tage verbringt, wird sich kaum sattsehen können an der großartigen Bergkulisse dieses Tals: im Westen die unnahbar wirkende Felsbastion der Jerebica, von Süden bis Osten die mächtige Loška stena – 5 Kilometer breit, bis über 1000 Meter hoch und damit die größte Wandbildung der Julischen Alpen –, im Nordosten als Talschluss jedoch die beiden Höhepunkte (im wörtlichen und übertragenen Sinne) mit Jalovec und Mangart. Julius Kugy soll den Anblick der Bergriesen aus dieser Perspektive mehr geschätzt haben als den Anblick des Triglav. Ob dies wirklich der schönste Talschluss im Einzugsgebiet der Soča ist, mag dahingestellt sein, aber vielleicht ist es der freundlichste, heiterste (bei entsprechendem Wetter). Durch seine Südwest-Nordost-Ausrichtung wirkt das Tal selbst im Herbst und im Winter nie düster, wozu auch der helle Kalkfels von Jalovec und Mangart beiträgt. Diese Bergriesen, aber auch das ganze Tal wollen wir auf dieser Tour bewundern – ohne weit hinaufzusteigen.

Wegbeschreibung:

Wir gehen oder fahren vom oberen Ortsteil (Gorenji Log) von Log pod Mangartom in Richtung Predil. Hundert Meter oberhalb der Brücke über die Predelica zweigt rechts eine kleine Straße zum Talgrund der Koritnica ab. Dieser folgen wir. Ab dem durch Wasserkraft betriebenen Elektrizitätswerk wird die Straße zur Schotterpiste, und man geht teils durch Wald, teils über Schuttreisen am Fuß der Loška stena. Zweimal überqueren wir die noch sehr junge Koritnica – ein Bergbach wie aus dem Bilderbuch. Nach circa 3 Kilometern Fußmarsch auf der Schotterpiste teilt sich der Weg auf circa 860 Metern Höhe: Halbrechts weist ein Schild zu Jalovec und Mangart, links

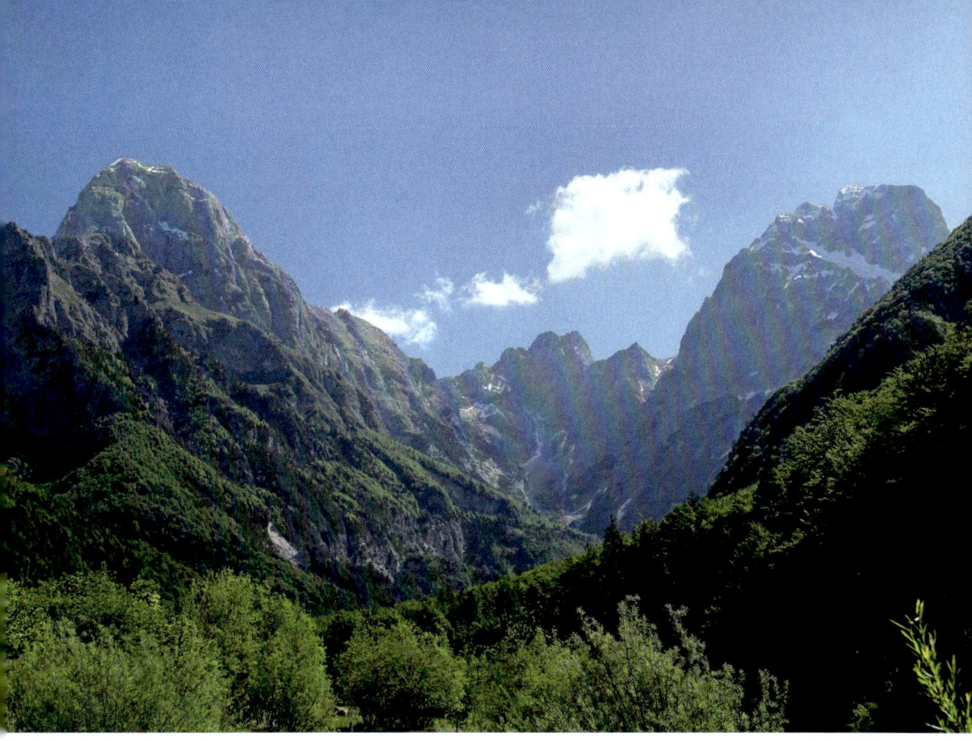

Talschluss der Koritnica mit Mangart (links) und Jalovec

zeigt ein Wegweiser zur Alm **Planina Brdo** (identisch mit Koritniška planina). Das ist unser Weg.

Durch Wald und nahe einem Bach führt der anfangs markierte Weg steil aufwärts. Die Markierung verliert sich bald und der Weg ist stellenweise durch Quellaustritte vernässt. Nach einer Quelle schwenkt der Weg nach links. Noch gut 100 Meter und wir erreichen die freie Almfläche der **Koritniška planina** (ca. 1150 m) mit Stall und Nebengebäude. Hierbei handelt es sich um eine Schafsalm, eine von zwei noch bewirtschafteten Almen unterhalb des Mangarts. Tagsüber werden die Schafe meist bergauf in Richtung Mangart getrieben, abends wieder zurück in den Stall. Falls die Schafe gerade hier weiden, ist entsprechend rücksichtsvolles Verhalten angebracht. Jedenfalls ist die Almfläche ein Ort zum Entspannen – und zum Genießen der herrlichen Aussicht auf das **Koritnicatal**, auf die schroffe **Loška stena**, auf den **Mangart**. Besonders eindrucksvoll zeigt sich von hier der **Jalovec** mit seiner felsigen, 1.600 Meter hohen Westflanke. Im Sommer fliegt hier

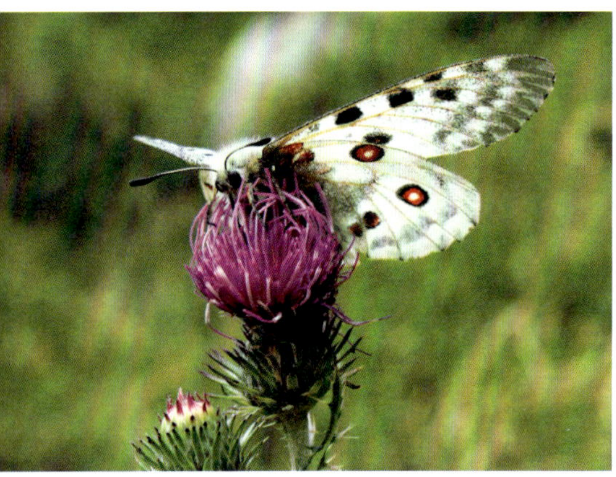

der **(Rote) Apollofalter**, der in jüngster Zeit auch in Slowenien stark zurückgegangen ist.
Nach erholsamer Rast kehren wir auf demselben Weg wieder nach Log pod Mangartom zurück.

Apollofalter

KURZ & BÜNDIG

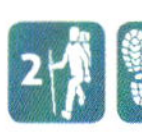
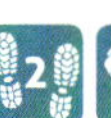
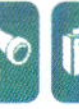

Charakterisierung: ½-Tagestour; kein alpines Gelände, dennoch Bergschuhe mit gutem Profil empfehlenswert, da Weg im Aufstieg zur Alm stellenweise rutschig.

Höhenunterschied: Predelicabrücke–Wegteilung Pl. Brdo/Jalovec, Mangart: 250 m, Wegteilung–Pl. Brdo: 300 m, insgesamt 550 m.

Gehzeiten: Log pod Mangartom (Predelicabrücke)–Wegteilung: 1–1 ½ Std., Wegteilung–Pl. Brdo: 1 Std.; Rückweg ca. 2 Std.

Unterkünfte: siehe Tour 8

Beste Jahreszeit: Mai–Oktober

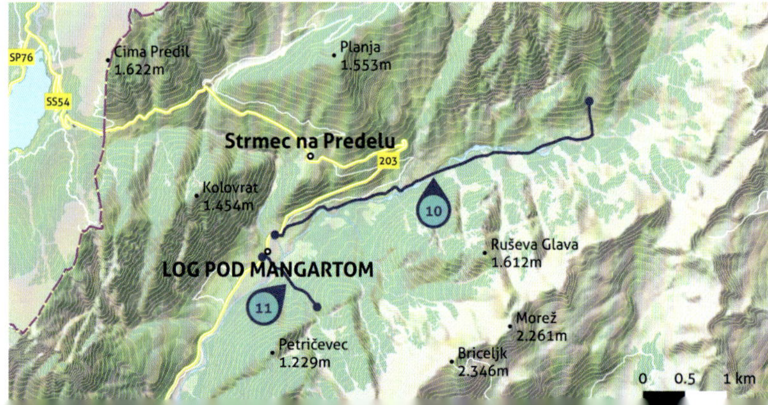

Tour 11

Fratarica, Slap Parabola (Wasserfall)

Im Tal der 100 Wasserfälle

Koritnica – das Tal der 100 Wasserfälle. „Sto Slapov" sagt man hier, und das ist nicht übertrieben. Zählt man nämlich alle Wasserfälle im Verlauf eines Bergbachs zusammen, sind es sogar mehr als 100, vorausgesetzt es herrscht nicht gerade eine lang anhaltende Trockenheit. Die zahlreichen Wasserfälle verleihen dem Koritnicatal einen zusätzlichen Reiz. Viele befinden sich in unzugänglichen bzw. nur mit Spezialausrüstung begehbaren Schluchten. Eine der schönsten für Normalgeher machbaren Wasserfallwanderungen soll hier vorgestellt werden.

Wegbeschreibung

Wir starten diese Tour in **Gornji Log**. Etwa 20 Meter unterhalb des Gasthauses **Gostišče Mangrt** (alte slowenische Schreibweise für den Mangart) führt von der Hauptstraße ein zunächst asphaltierter, später unbefestigter Weg hinab zur Koritnica (Wegweiser *L3 Fratarica* beachten). Nun ist entweder Sprungkraft gefragt, oder man zieht gleich die Schuhe

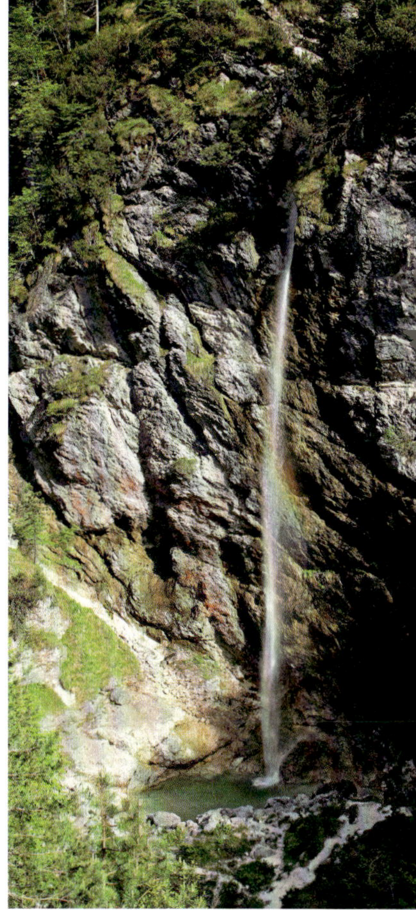

Slap Parabola

aus, denn eine Brücke gibt es hier nicht. Viel Spaß beim Überqueren der Koritnica! Von der ebenen Wiesenterrasse geht es in den Wald, wo ein markierter Pfad oberhalb des durch eine Schlucht fließenden Bachs **Fratarica** steil aufwärts führt. Immer wieder bieten sich von Stichwegen schöne Blicke hinab zu den grünen Gumpen und kleinen Wasserfällen der Fratarica. Manchmal sind hier Canyoninggruppen unterwegs. Nach ungefähr 500 Metern stehen wir am oberen Rand eines Felsenkessels. Gegenüber erblicken wir den 50 Meter hohen Wasserfall **Slap Parabola**, einen der höchsten Wasserfälle im Koritnicatal. Er trägt seinen Namen zu Recht, wirkt aber im Sommer mitunter nicht besonders eindrucksvoll. Doch der Blick hinab in den Felsenkessel und hinauf zu der zerrissenen Wandflucht der **Loška stena**, aus der die Fratarica herabfließt, entschädigt alle Aufstiegsmühen. Wer will, kann weiter aufsteigen bis zum Ende des markierten Wegs, wo sich der Wald lichtet und das Gelände immer felsiger wird. Hier lassen wir uns nieder, machen Pause und studieren die Flora. Vielleicht entdeckt jemand die **Schopfige Teufelskralle** …
Der Rückweg erfolgt auf demselben Weg wie der Aufstieg.

KURZ & BÜNDIG

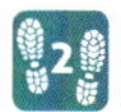

Charakterisierung: Kurze Wanderung, die Trittsicherheit erfordert. Überquerung der Koritnica nicht einfach, bei Hochwasser unmöglich, die Tour ist dann nicht machbar.

Höhenunterschied: Koritnica–Ende des markierten Wegs: ca. 150 m

Unterkünfte: s. Tour 8

Beste Jahreszeit: Mai–Oktober

Tipp: Zwei weitere leicht erreichbare Wasserfälle befinden sich nahe des Štoln (s. Tour 8), der eine nur 100 Meter von diesem entfernt am felsigen Abhang der **Ruševa glava** *(Slap nad Štolnem)*, der andere *(Slap Gorejca)* circa 500 Meter westlich. Letzterer bietet Bademöglichkeit für Hartgesottene.

Tour 12

Možnica-Klamm und Wasserfall

Verborgene Kleinode der Natur

Der Kanin – einstmals der einsamste Gebirgsstock der Julischen Alpen, heute in seinem Zentralbereich „bilateral" erschlossen. Doch in einigen Randbereichen ist es nach wie vor so still und einsam wie einstmals. Eines der am wenigsten bekannten und entlegensten Täler der Julischen Alpen ist das Možnicatal im Nordosten des Kaninmassivs. Umso mehr hat hier die Natur zu bieten, und das gleich am Talanfang. Eine Klamm und ein Wasserfall, die wohl längst einem größeren Publikum zugänglich gemacht worden wären, befänden sie sich etwa im deutschsprachigen Raum. Hier hingegen sind diese Kleinode der Natur nur sehr behutsam erschlossen worden. Massenandrang ist jedenfalls keiner zu befürchten.

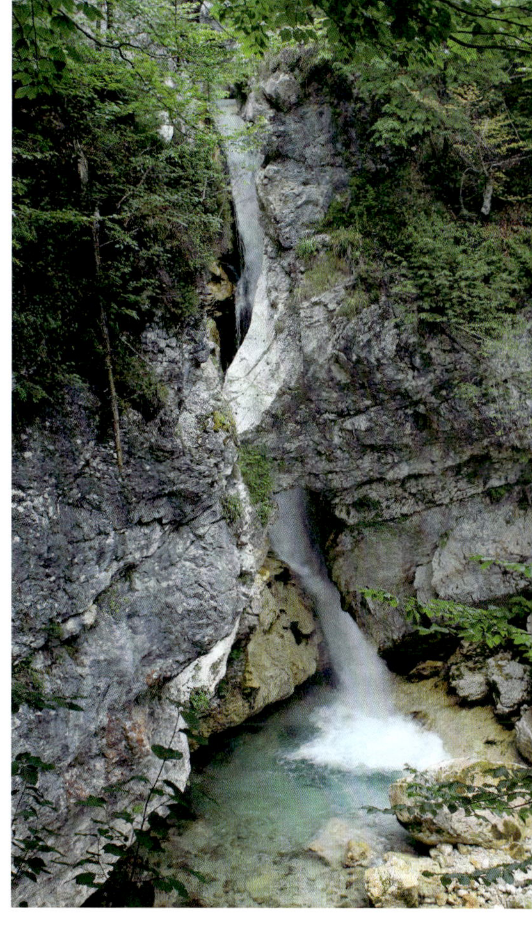

Možnica-Wasserfall

Wegbeschreibung

Wir starten die Tour an der Abzweigung des Fahrwegs in das Možnicatal, circa 1,5 Kilometer südwestlich von Spodnji Log, wenige Meter vor der Brücke über die Koritnica (Parkmöglichkeit) und wandern zunächst etwa 1,5 Kilometer auf dem Fahrweg. Hier verläuft auch der Friedensweg „**Pot miru**". Diesem folgen wir dann links in offenes Gelände, wo sich ein herrlicher Blick ins obere Koritnicatal mit dem hoch aufragenden Mangart bietet. Nahebei erinnert uns eine Ruine an die vormals dichtere Besiedlung des Tals. Bald teilt sich der Weg und wir folgen halbrechts weiterhin dem Pot miru, der zu einem schmalen Waldweg wird. Nach etwa 300 Metern erreichen wir die Brücke über die **Možnica-Klamm**, auf manchen Wanderkarten und Wegweisern auch als *Korita Nemčlje* bezeichnet. Hier bleiben wir stehen und lassen uns „berauschen" von dem Wasser, das tief unter uns die Felsen glatt geschliffen und schöne Kolke geschaffen hat.

Wir folgen dem Pot miru über die Brücke. Knorrige Baumgestalten begleiten unseren Weg, der zunächst aufwärts, bald aber hinabführt zu einem Punkt, der einen unerwarteten Ausblick bietet auf einen Wasserfall, der sich halb hinter einer Naturbrücke versteckt. Wenige Hundert Meter noch und wir verlassen den Pot miru links auf einem unmarkierten Pfad, der über eine Brücke zu Wiesen und Schafweiden mit wenigen einzeln stehenden Bauernhöfen führt. Über die Wiesen aufwärts bis zu einem markierten Weg, auf diesem links etwas steil hinauf zu der Ruine, die wir auf dem Hinweg passiert haben.

Von dort auf demselben Weg zurück zum Ausgangspunkt.

KURZ & BÜNDIG

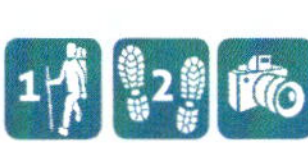

Charakterisierung: Wanderung in 2 ½–3 Std.; Trittsicherheit erforderlich.

Unterkünfte: s. Tour 8

Beste Jahreszeit: März/April–Oktober

Tour 13

Bavšica–Planina Bala (1181 m)

Im einsamsten Tal der Julischen Alpen

Die Bavšica, ein Seitental des Koritnicatals: Auch hier muss man keinen Massentourismus fürchten. Ohne Leben ist das Tal jedoch nicht. Nach jahrzehntelangem Siedlungsrückgang hat sich die Lage etwas stabilisiert. Die Landwirtschaft wurde nicht ganz aufgegeben und am Talende sind einige Häuser zumindest zeitweise noch bewohnt. Ganz aufgegeben wurde jedoch die Almwirtschaft. Diese Tour führt zu einer wohl für immer verlassenen, inzwischen verfallenen Alm im Balatal, das für Glaziologen recht interessant ist. Mehrere Moränenwälle lassen die Stagnationsphasen beim Rückzug des würmeiszeitlichen Gletschers erkennen, der sich durch dieses Tal hinabschob.

Wegbeschreibung

Wir starten an der Wegteilung am Ende der Bavšica (bis hierher mit dem Auto) und gehen geradeaus auf einem unbefestigten Fahrweg. Nach wenigen Hundert Metern folgen wir der rot-weißen Markierung auf einem steinigen Pfad durch **Hopfenbuchenbuschwald** aufwärts. Ein längerer Wegabschnitt führt zwischen hohen alten Steinmauern hindurch – Zeugen einer untergegangenen Kultur. Nach etwa 500 Metern treten wir auf eine Wiese, die bis zum Hochsommer hin äußerst bunt ist. Nochmals geht es durch lichten Buschwald, dann aber über einen Moränenrücken mit freier Sicht in die Bavšica steinig bergauf, danach etwa 1 Kilometer durch einen urwüchsigen **Buchenwald**.

Schließlich erreichen wir die Alm **Planina Bala** (1181 m), die bis 1980 regelmäßig von Schafen beweidet wurde. Der hier erzeugte Schafskäse soll besonders schmackhaft gewesen sein. Noch immer ist die Vegetation recht vielfältig, neben hoch wachsenden **Doldenblütlern** gedeihen niedrigwüchsige Gräser und Kräuter. Der **Heidegrashüpfer**, eine andernorts selten

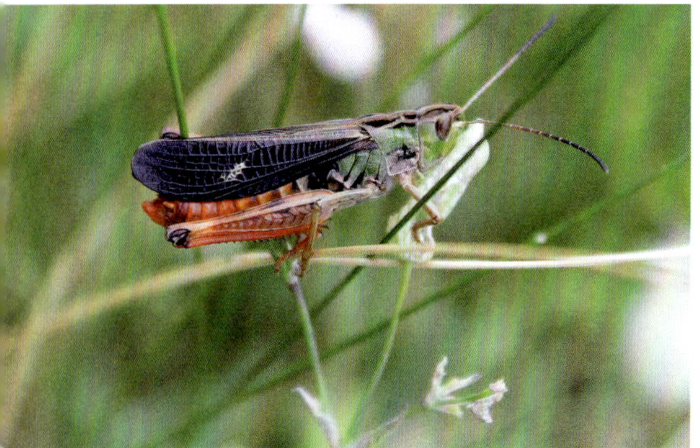

Heidegrashüpfer

gewordene Heuschreckenart, fühlt sich hier recht wohl. Das Wirtschaftsgebäude ist längst zusammengebrochen, eine auf einen Felsen platzierte Madonna nebst Kreuz zeugte vor ein paar Jahren davon, dass dieser Platz für einige Menschen zumindest noch eine spirituelle Bedeutung hat.
Für den Rückweg benutzen wir denselben Weg wie für den Aufstieg.

KURZ & BÜNDIG

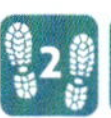

Charakterisierung: ½-Tagestour, Trittsicherheit erforderlich.

Höhenunterschied: Bavšica, Talende–Pl. Bala: 500 m

Gehzeiten: Bavšica, Talende (700 m)–Pl. Bala (1181 m): 1 ¾ ↑, 1 ½ Std ↓.

Unterkünfte: s. Tour 8

Beste Jahreszeit: Mai–Oktober

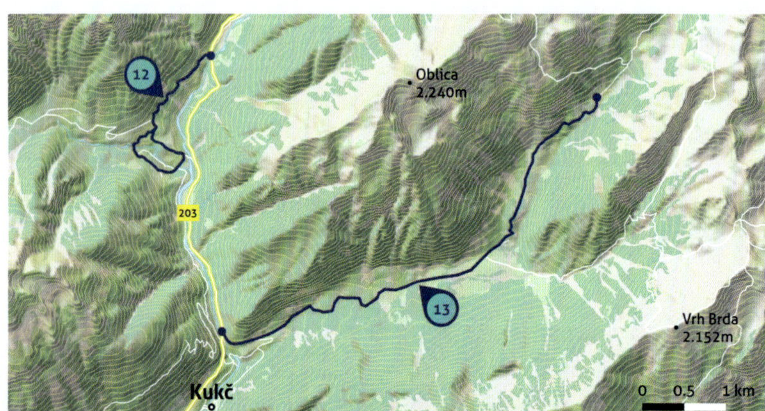

Oberlauf der Soča von Bovec bis Tolmin

Tour 14

Soča zwischen Bovec und Log Čezsoški (Mountainbiketour)

Flussmäander, Kiesbänke, Auwälder – eine Tour für Entdecker

Gebärdet sich die Soča von ihrer Quelle bis Bovec meist als ungestümer Gebirgsfluss in einem engen Tal (s. Tour 2), so ändert sich ab der Straßenbrücke bei Čezsoča das Bild: Ein relativ breiter Talboden (Becken von Bovec) ermöglicht der Soča, sich auszubreiten. Sie fließt langsamer und spaltet sich stellenweise in mehrere Arme auf, die ihren Lauf nach jedem größeren Hochwasser verändern. Breite Kies- und Geröllbänke, aber auch Auwälder und Gebüsche sind nun ihre Begleiter. Zwar weist diese Tour keine nennenswerten Steigungs- und Gefällstrecken auf, dennoch empfiehlt sich hierfür aufgrund des Zustands der Wege, die wir befahren, ein Mountainbike. Eine Tour für alle, die ungezähmte Natur lieben.

Wegbeschreibung

Wir starten diese Radtour im **Zentrum von Bovec**. Rechts des Hotels Alp führt eine kleine Straße aus dem Ort hinaus bis zur Umfahrungsstraße von

Bovec. Dort links und nach 200 Metern rechts auf die Straße nach Čezsoča. Durch den **Naklo-Graben** geht es ziemlich steil abwärts. Traurige Berühmtheit erlangte der Naklo-Graben am 24. Oktober 1917, als in der Nacht durch einen deutsch-österreichischen Giftgasangriff mindestens 600 italienische Soldaten innerhalb weniger Minuten starben. Diese Attacke markiert den Beginn der zwölften Isonzoschlacht. Ein Denkmal und der Eingang zu einer Kaverne (die keinen Schutz vor dem tödlich wirksamen Gas bot) erinnern an dieses tragische Ereignis.

Wir überqueren die Soča und biegen unmittelbar nach dem Parkplatz am Ortseingang von Čezsoča rechts ab auf einen Weg, der bald ziemlich steinig, stellenweise auch schlammig wird. Mit dem Mountainbike bereitet diese Fahrt keine größeren Probleme. Auf dem kiesigen und deshalb sehr durchlässigen und trockenen Auenboden, der nicht regelmäßig überflutet wird, wachsen lockere **Kiefern**bestände mit viel **Wacholder** im Unterholz. Bis in den Herbst hinein blühen hier noch **Deutscher Enzian**, **gelbweißer Lauch** und **Bergastern**. Mehrfach führen Stichwege an das Ufer der Soča und laden zur Rast ein – und zu einem kalten Fußbad. Das Barfußgehen über Kies und Geröll wirkt äußerst durchblutungsfördernd …

Soča bei Bovec

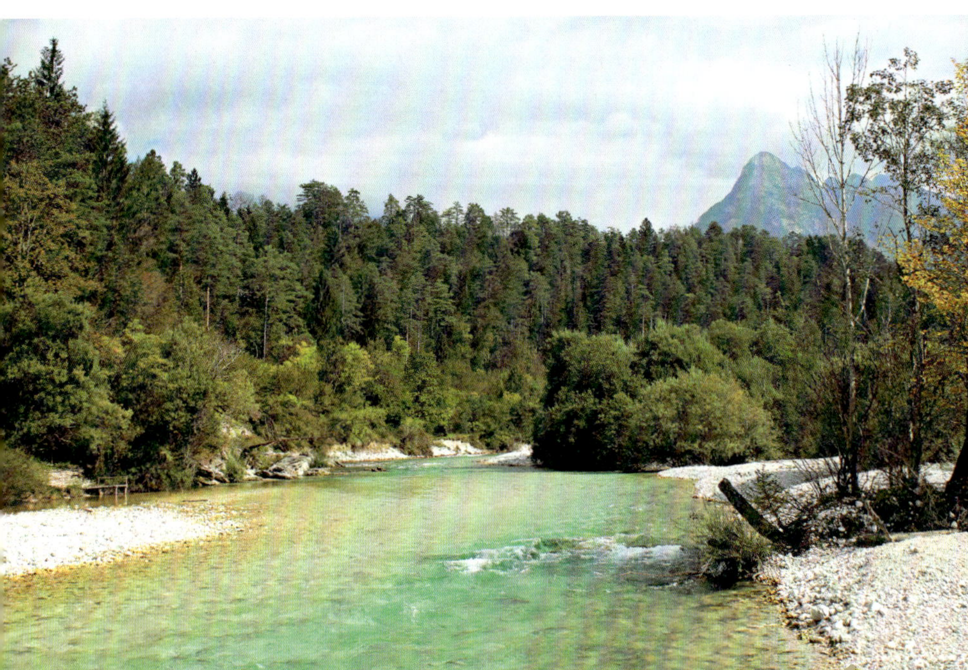

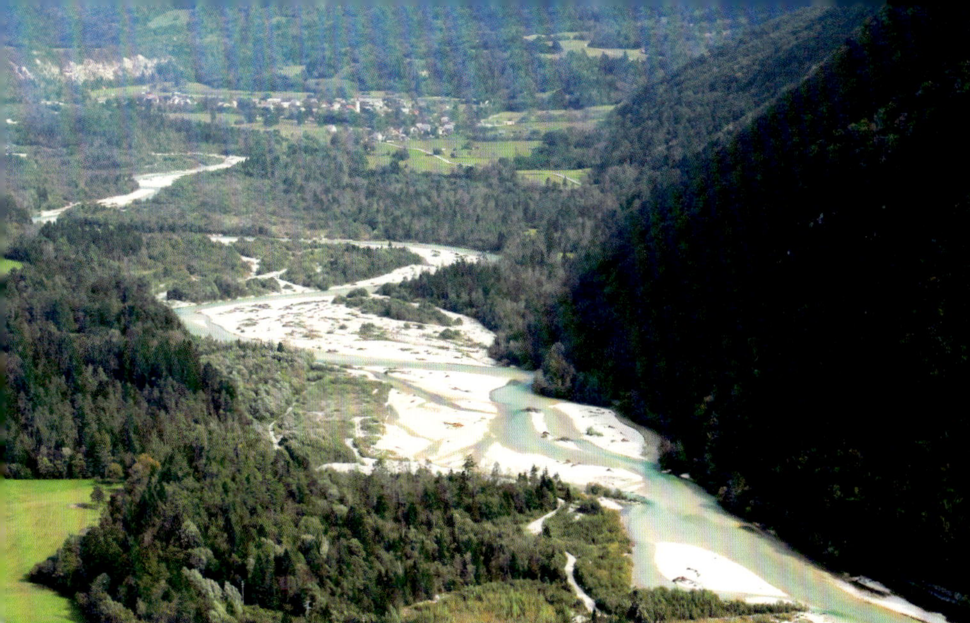

Soča zwischen Čezsoča und Log Čezsoški, gesehen im Aufstieg zum Slap Boka.

Wir bleiben auch mit dem Mountainbike auf den Wegen, Fahrten quer über Wiesen und durch das Unterholz sind zu vermeiden. Nach circa 1,5 Kilometern Fahrt (Stichwege nicht mitgerechnet) halten wir uns links und fahren zu den letzten Häusern von Čezsoča. Dort stoßen wir auf die wenig befahrene Straße, die rechts nach Log Čezsoški, unserem nächsten Ziel, führt. Auch von dieser Straße bieten sich schöne Ausblicke auf die Soča. Wer will, kann die Fahrt an der Sočabrücke bei der Penzion Boka unterbrechen und von dort zum berühmten **Wasserfall Slap Boka** aufsteigen, vorausgesetzt, man ist mit geeignetem Schuhwerk unterwegs (s. folgende Tour).
Ansonsten fahren wir geradeaus zum Weiler **Log Čezsoški**. Wer will, kann versuchen, von hier weiterzufahren in Richtung Trnovo (Wegweiser). Dieser Weg gilt jedoch als schwierig und führt durch einen stark erdrutschgefährdeten Steilhang oberhalb der Soča. Es ist also nicht auszuschließen, dass dieser Weg auch mal unterbrochen ist. Stattdessen begeben wir uns am Ortsrand auf einen Feldweg und fahren in Richtung Sočaufer, das auch hier zum Verweilen einlädt. Unterwegs begegnen wir mit einiger Wahrscheinlichkeit langohrigen Huftieren, die so mancher nur noch aus Kinderbüchern kennt.
Die Rückfahrt erfolgt am besten direkt über die Straße Log Čezsoški–Čezsoča.

KURZ & BÜNDIG

Nächste Bahnstationen: *Jesenice* (im Sommer Busverbindung über Kranjska Gora und Vršičpass nach Bovec), *Most na Soči* (Busverbindung über Tolmin–Kobarid nach Bovec).

Nächste Bushaltestelle: Bovec

Charakterisierung: Leichte Mountainbiketour. Wege für Fahrräder mit schmalen Reifen nicht befahrbar.

Leihmöglichkeit für Mountainbikes in mehreren Sportagenturen in Bovec.

Beste Jahreszeit: Prinzipiell ganzjährig, sofern kein Schnee liegt.

Tipps: Wegen der Schwierigkeiten wird von einer Befahrung oder Begehung des nördlichen Sočaufers bei Log Čezsoški abgeraten. Jedoch bietet sich auf der gegenüberliegenden Seite ein Parkplatz an der Hauptstraße zwischen **Žaga** und **Srpenica** als Ausgangspunkt für Spaziergänge ans Sočaufer an, vor allem flussabwärts durch Auwald; schön im zeitigen Frühjahr, wenn dort unter anderem die **Christrosen** blühen. Unweit der Chemiefabrik TKK führt von der Hauptstraße in Richtung Kobarid ein steiler Weg links abwärts zu einer schönen Flussschleife der Soča.

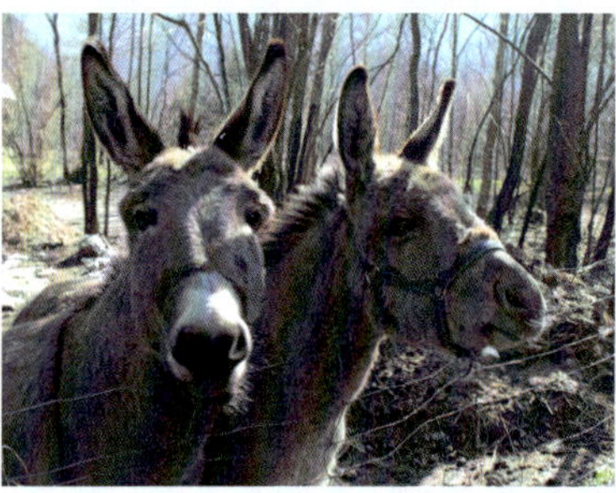

Hier trifft man noch auf Esel.

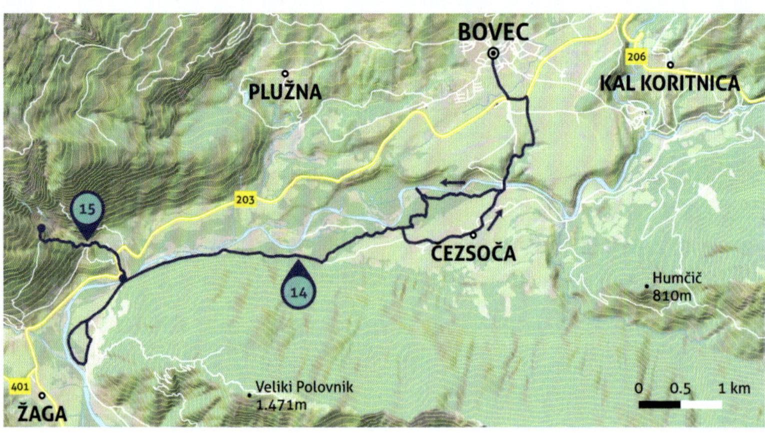

Tour 15

Slap Boka

Zum größten Wasserfall Sloweniens

Slap Boka – manchmal eine Galavorstellung, manchmal eher enttäuschend. 25. März 2013: Nach einem langen Winter mit reichlich Schnee auf dem Kanin ist es auch im Sočatal noch sehr kalt. Aus der Felsöffnung tritt ein kleines Rinnsal, kaum auszumachen. Sechs Wochen später: Der Frühling ist in vollem Gange, die Schneemassen auf dem Kanin schmelzen rasch dahin. Ein mächtiger Wasserstrahl tritt aus dem Fels und stürzt weithin hörbar über eine mehr als 100 Meter hohe Felswand. Der Wasserfall Boka ist eine typische Karsterscheinung, besonders sehenswert während der Schneeschmelze – oder bei Regenwetter.

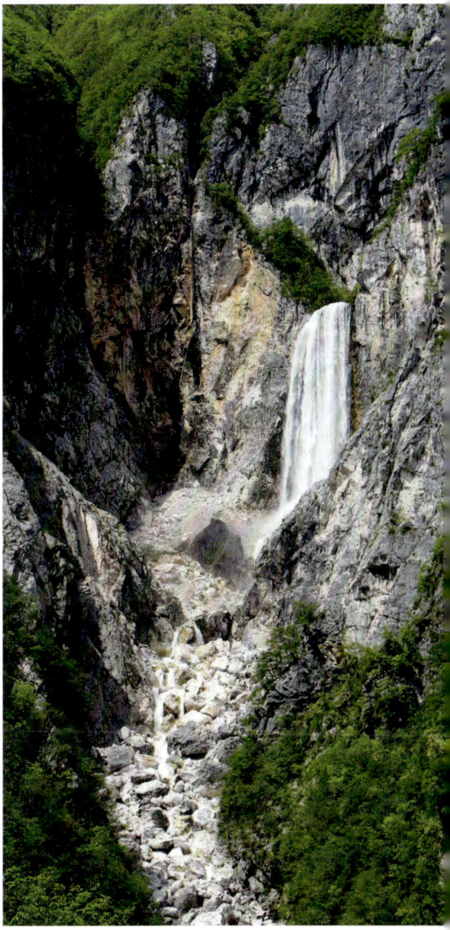

Wegbeschreibung

Wir starten diese Wanderung am Parkplatz bei der **Penzion Boka** zwischen Bovec und Žaga. Links der Pension führt ein Pfad circa 150 Meter nach Norden, wo wir die Hauptstraße überqueren. Von

Slap Boka

der nahe gelegenen Straßenbrücke über den Bach Boka bietet sich schon ein eindrucksvoller Blick hinauf zum Wasserfall (sofern er ordentlich Wasser führt). Wir setzen unseren Weg auf der linken Seite des Bachbetts fort (Markierung „*B1 Boka*" beachten). Nach 100 Metern links über einige Stufen hinauf zu einer kleinen Wiese, dort rechts und durch **Hopfenbuchen-**buschwald aufwärts. Der Weg wird steiniger und nach einer kurzen steilen Felspassage befindet sich rechts unterhalb eine vor Kurzem errichtete hölzerne Aussichtsplattform, die einen Prachtblick auf den Wasserfall und die Schlucht mit dem Bach Boka bietet.

Wir gehen weiter nach oben und halten uns bald an einer Wegteilung rechts. Der Weg wird noch steiler und verläuft meist am Rand der Schlucht. Felsige Stellen ermöglichen beeindruckende Ausblicke auf den Wasserfall. Nach über einer Stunde schweißtreibenden Aufstiegs – im oberen Teil ohne Markierungen – erblicken wir alte Terrassen und ein verfallenes Wirtschaftsgebäude. Nun verläuft der Weg etwas sanfter rechts zum Endpunkt der Tour. Von erhöhter Warte bestaunen wir den mächtigen Wasserfall und die abgrundtiefe Schlucht, in die er sich ergießt.

Die Rückkehr erfolgt auf demselben Weg wie der Aufstieg.

Schopfteufelskralle

KURZ & BÜNDIG

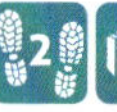

Nächste Bahnstation: Most na Soči

Bushaltestelle: Parkplatz bei der Penzion Boka (Buslinie Tolmin–Bovec)

Charakterisierung: Kurze, aber etwas anstrengende Wanderung auf steinigem, teilweise felsigem Pfad; Trittsicherheit erforderlich, Begehung nur mit Bergschuhen.

Höhenunterschied/Gehzeit: Penzion Boka–höchster Punkt: ca. 400 m/1 ¼ Std. ↑, 1 Std. ↓

Beste Jahreszeit: Prinzipiell ganzjährig, bei Schnee im oberen Teil kritisch.

Tour 16

Soča bei Trnovo

Auf schmalem Pfad entlang der wilden Soča

Bis Srpenica fließt die Soča noch in einem meist breiten Schotterbett, begleitet von einigen Auwäldern. Ab hier windet sich ihr Lauf jedoch durch Bergsturzmassen mit meterhohen, manchmal fast haushohen Felsbrocken, niedergegangen am Ende der Eiszeit, als nach dem Zurückweichen des Sočagletschers die Hänge äußerst instabil wurden. Bis Kobarid präsentiert sich die Soča abermals als unbändiger Gebirgsfluss. Einer der wildesten Sočaabschnitte befindet sich bei Trnovo.

Die wilde Soča

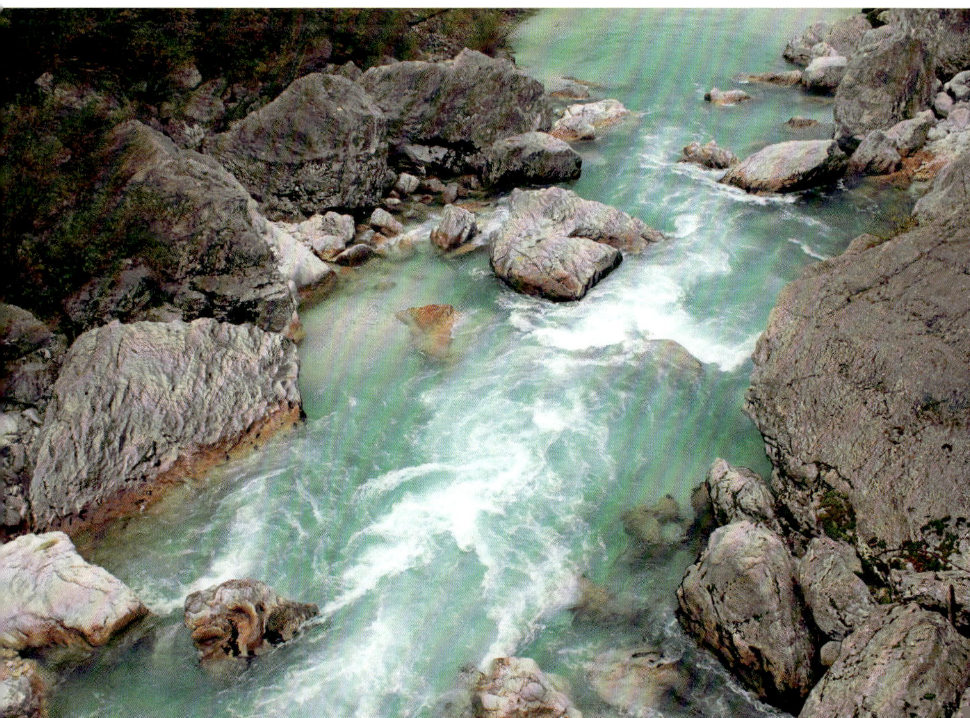

Wegbeschreibung

Startpunkt ist der Parkplatz beim **Kamp Trnovo**. Eine schmale Straße führt vom westlichen Ortseingang von Trnovo dorthin. Wir gehen auf der breiten Hängebrücke über die Soča und lassen uns erst einmal „berauschen". Danach gehen wir wieder zurück und steigen unmittelbar nach der Brücke eine Treppe hinab zu einem flussabwärts führenden, zunächst noch relativ breiten Weg. Dieser verengt sich aber schon bald hinter einem Aussichtspunkt. Ein vor langer Zeit angelegter befestigter Pfad ist teilweise noch als solcher zu erkennen, doch an einigen Stellen fiel er der Erdanziehung, aber auch Hochwassern der Soča zum Opfer. Umgestürzte Bäume erschweren das Vorwärtskommen. Doch gerade diese Hindernisse machen zusammen mit der in unmittelbarer Nähe tosenden Soča den Reiz dieser kleinen Wanderung aus. Wem es zu mühsam wird, der kann nach circa 800 Metern wieder „aussteigen". Zwei gestufte Wege führen hinauf zu den Wiesen, über die man bequem nach Trnovo zurückkehren kann. Es lohnt sich aber, weiterzugehen. Nach weiteren 800 Metern überqueren wir den **Bach Treska**. 50 Meter noch und wir stehen vor einer im Jahr 2013 errichteten Hängebrücke („**Most Prosja**"). Von hier bietet sich der vielleicht eindrucksvollste Blick auf diesen Sočaabschnitt.
Jetzt gehen wir aber nicht weiter (der Weiterweg jenseits der Soča führt nach Magozd und Drežnica), sondern bleiben auf der Südseite der Soča und marschieren auf einem Fahrweg zurück nach Trnovo. Vorbei an der Kirche – die Hauptstraße lassen wir links – geht es zu der zum Kamp Trnovo führenden schmalen Straße und auf dieser zurück zum Ausgangspunkt.

KURZ & BÜNDIG

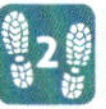

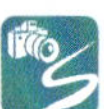

Nächste Bahnstation: Most na Soči

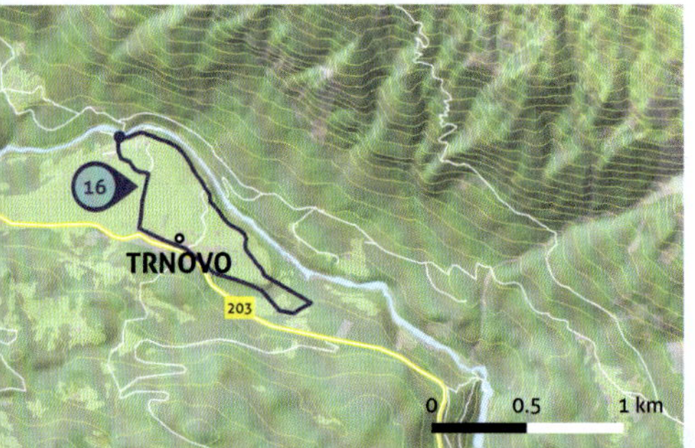

Busverbindungen: Most na Soči–Tolmin–Kobarid–Trnovo, Bovec–Trnovo

Charakterisierung: Kurze Wanderung, Weg zum Teil nicht einfach zu begehen, festes Schuhwerk erforderlich.

Beste Jahreszeit: Prinzipiell ganzjährig.

Tour 17

Napoleonbrücke bei Kobarid–Soška pot/Sočaweg–Magozd

Eine der schönsten Flusswanderungen der Alpen

Vor wenigen Jahren erst wurde zwischen Trnovo und Kobarid ein Weg geschaffen, der die wahrscheinlich besten Ausblicke auf diesen Flussabschnitt ermöglicht – und zu den schönsten Wanderwegen gehört, die man sich entlang eines Flusses vorstellen kann. Auch dieser Weg nennt sich „Soška pot". Er ist Teil des hier beschriebenen Rundwegs.

Wegbeschreibung

Startpunkt ist die bekannte **Napoleonbrücke**, die unterhalb von Kobarid an einer besonders engen Stelle über die Soča führt. Hierher entweder zu Fuß von der Bushaltestelle in Kobarid (Wegweiser *Drežnica* beachten) oder mit dem Pkw (Parkmöglichkeit an der Straße nach Drežnica, etwa 100 Meter oberhalb der Napoleonbrücke). 1616 errichteten die Venezianer hier eine Holzbrücke, 1750 wurde diese durch eine steinerne Brücke ersetzt. Ob Napoleon persönlich einmal darüber geschritten ist, ist nicht bekannt, seine Truppen jedenfalls zogen mehrmals hier durch. 1915 zerstörten die Österreicher die Brücke während ihres Rückzugs auf die Höhenstellungen. Nach dem Krieg bauten sie die Italiener wieder auf. Und genau hier, an dieser engen Stelle des Tals, wurde wiederholt ein bis zu 60 Meter hoher Staudamm zum Zwecke der Stromgewinnung geplant; erstmals vor rund 80 Jahren, ein weiteres Mal in den 1970er-Jahren und schließlich noch einmal in allerjüngster Zeit. Doch schon in den 1970er-Jahren – Bürgerbeteiligung war bei den damals Herrschenden nicht sehr geschätzt – regte sich vor Ort derart starker Widerstand, dass die Pläne fallengelassen wurden. Vor

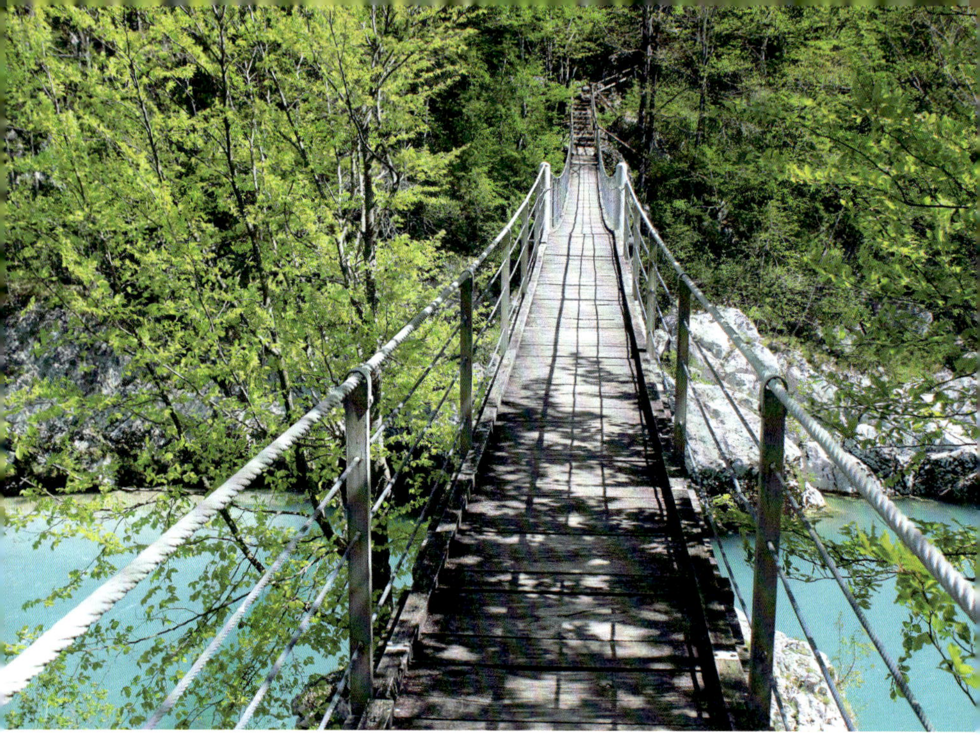

Hängebrücke bei Kobarid

wenigen Jahren wurden die Pläne wieder hervorgeholt, aber auch diesmal gab es breiten Widerstand – und die Pläne ruhen wieder. Würden diese eines Tages doch noch umgesetzt, ginge einer der schönsten Sočaabschnitte für immer verloren.

Von der Brücke genießen wir einen einzigartigen Blick auf die Soča: flussaufwärts in eine große Klamm, aber auch flussabwärts, wo der Fluss allmählich ruhiger wird. Sodann begeben wir uns auf den asphaltierten Fahrweg auf der westlichen Seite des Flusses und wandern flussaufwärts. Immer wieder zieht die Soča unsere Blicke wie magisch an. Nach 800 Metern erreichen wir den **Eingang zum Campingplatz Lazar** (Einkehrmöglichkeit). 100 Meter weiter biegen wir rechts ab, überqueren die Soča auf einer schwankenden **Hängebrücke** und halten uns dann links. Nach knapp 100 Metern ein Wegweiser: rechts zum *Kozjak* – einem sehenswerten Wasserfall, den wir auf dem Rückweg besuchen werden –, links zum *Soška pot*.

Wir gehen links hinab, überqueren auf einer kleinen Brücke den Bach Kozjak und begeben uns auf einen schmalen Pfad. In stetem Auf und ab führt uns dieser Pfad entlang der Soča circa 2,5 Kilometer flussaufwärts. Die Soča zeigt sich auf dieser Strecke von ihrer schönsten Seite. Aussichtspunkte laden zu längerem Verweilen ein. Ein Glanzpunkt dieser Tour ist **Tolmun Otona**, eine breite, vertiefte und von Felsen umrahmte Stelle der Soča (*tolmun* = Gumpe). Zwar ist diese Stelle nur von der gegenüberliegenden Seite zugänglich (s. Tipp), doch auch von hier bietet sie einen herrlichen Anblick. Der Pfad mündet schließlich in einen Fahrweg, der durch Wald in Kehren aufwärts Richtung Osten führt. Auf einer Lichtung mit Nussbäumen treffen wir auf den breiten Verbindungsweg Trnovo–Magozd. Wir gehen rechts durch Wiesen und Viehweiden nach **Magozd**. Dort achten wir auf den aus Holz gefertigten Wegweiser *Kozjak*. Ein streckenweise steiler und steiniger Weg führt hinab zum Bach Kozjak. Unten scharf links und nach circa 10 Minuten, zuletzt über einen Holzsteg, erreichen wir den **Slap Kozjak** – ein wahres Naturwunder. Durch einen Spalt in einer Felsenhalle stürzt dieser Wasserfall circa 15 Meter in eine türkis schimmernde Gumpe. Meist herrscht hier nur schwaches Tageslicht, lediglich nachmittags zwischen 15 und 16 Uhr

Tolmun otona

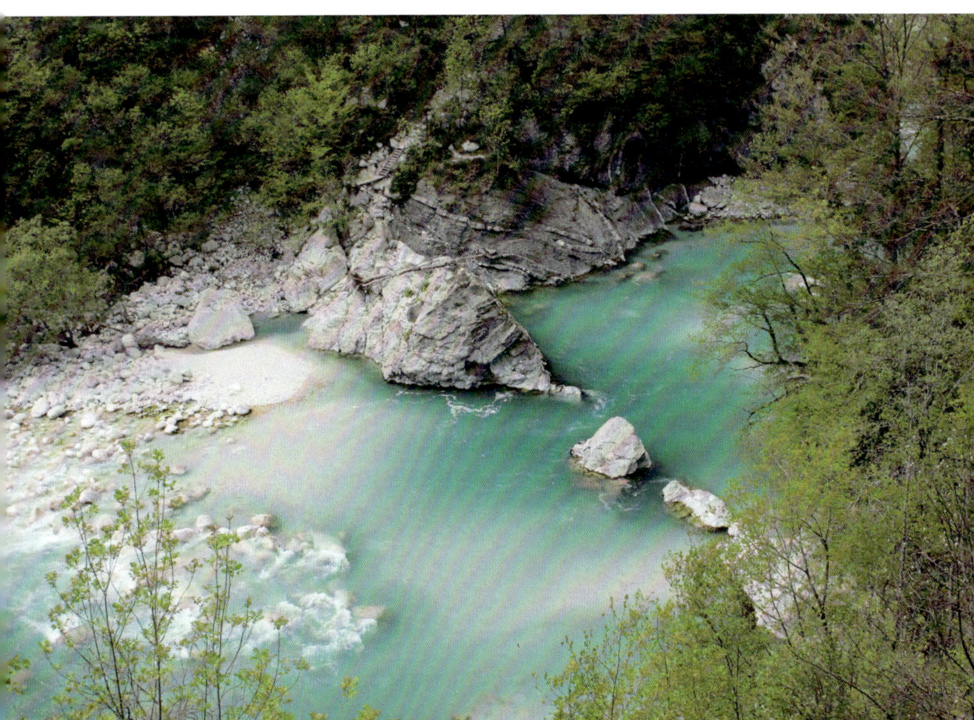

dringen, gutes Wetter vorausgesetzt, ein paar Sonnenstrahlen durch den Spalt auf den Wasserfall und auf die Gumpe und erzeugen eine zauberhafte Stimmung.

Wir kehren um, gehen bis zur Soča und halten uns dort links. Wer nicht noch einmal über die Hängebrücke gehen will, geht geradeaus weiter und gelangt nach gut 100 Metern auf einen Fahrweg, der durch Wiesen (rechts der Campingplatz „Kamp Koren") schließlich zum Parkplatz an der Straße nach Drežnica führt. An der Napoleonbrücke lassen wir die Tour ausklingen.

KURZ & BÜNDIG

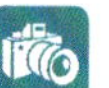

Nächste Bahnstation: Most na Soči

Busverbindungen: Most na Soči–Tolmin–Kobarid, Bovec–Kobarid

Charakterisierung: Je nach Gehtempo und (Foto-)Pausen ½-Tages- bis Tagestour, Trittsicherheit erforderlich.

Höhenunterschied: Napoleonbrücke–Magozd: 300 m (mit Gegenanstiegen im Verlauf des „Soška pot")

Unterkünfte: In *Kobarid* Hotels der gehobenen Klasse, Privatunterkünfte. In *Drežnica* und in den umliegenden Dörfern zahlreiche Privatunterkünfte.

Beste Jahreszeit: April–Oktober (November)

Tipp: Zur Tolmun otona, einem der schönsten Rastplätze an der Soča, kann man auf der gegenüberliegenden Seite des Soška pot hinabsteigen. Entweder direkt vom oberhalb liegenden Parkplatz an der Hauptstraße Kobarid–Bovec oder, schöner und interessanter, zu Fuß von der Napoleonbrücke auf der westlichen Seite flussaufwärts, am Campingplatz „Lazar" geradeaus weiter. Prachtvolle Ausblicke auf den markanten Krn und seine Nachbarberge.

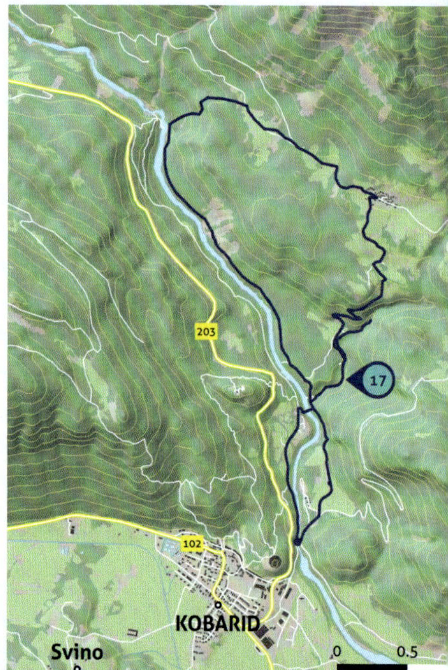

Poti miru – Wege des Friedens im Sočatal

Der Erste Weltkrieg hat auch an der 600 Kilometer langen Südfront seine Spuren hinterlassen. Soldatenfriedhöfe, Schützengräben, Kavernen, Festungsbauwerke und Denkmäler zeugen selbst 100 Jahre später noch von dieser grauenhaften Zeit. Seit den 1980er-Jahren widmen sich vor allem in Österreich und in Südtirol Vereine, Tourismusverbände und Stiftungen dem Erhalt solcher Zeugnisse, um auch kommenden Generationen einen – mahnenden – Eindruck des Kriegswahnsinns zu vermitteln.

Im Jahr 2000 wurde in Kobarid auf Initiative von Historikern und Tourismusverbänden die Stiftung „Wege des Friedens im Sočatal" (Fundacija Poti miru v Posočju) gegründet, die sich den Kriegsrelikten auf slowenischem Boden zwischen Predilpass und Karst widmet. Schwerpunkte der Stiftungsarbeit waren und sind die Errichtung von Freilichtmuseen, der Erhalt von Soldatenfriedhöfen, Denkmälern und bedeutsamen Bauwerken – und der Verbund dieser Zeitzeugnisse durch einen eigens markierten Wanderweg, den „Friedensweg/Pot miru".

Die erste Etappe des Friedenswegs beginnt bei **Log pod Mangartom** am „Štoln", dem Eingang des Verbindungsstollens zum Raibler Bergwerk. In unmittelbarer Nähe liegt der Friedhof für die am Rombon gefallenen Soldaten (s. Tour 8). In Sichtweite der Koritnica führt der Weg vorbei an der **Festung Kluže** nach Kal-Koritnica. Unweit oberhalb, am Südhang des Svinjak, befindet sich das **Freilichtmuseum Čelo**, einstmals eine österreichisch-ungarische Artilleriestellung. Die folgende Etappe ist die längste und anstrengendste. Von circa 400 Metern geht es hinauf zum 1260 Meter hoch gelegenen **Freilichtmuseum Zaprikraj** mit italienischen Verteidigungsanlagen und von dort hinab zum Dorf Drežnica (540 m). Hier teilt sich der Friedensweg.

Der nördliche Teil führt durch die Südseite des Krn über die **Alm Kuhinja** (Juni bis September Übernachtungsmöglichkeit in der Hütte des Slowenischen Alpenvereins) zum Freilichtmuseum auf dem Mrzli vrh und von dort hinab zur einzigartigen **Javorca-Kirche**. Von dort führt der Weg nach Tolmin. Der südliche Teil führt von Drežnica hinunter nach **Kobarid**. Dort befindet sich direkt neben dem weithin bekannten und preisgekrönten Museum über den Ersten Weltkrieg das Besucherzentrum der Stiftung „Poti miru". Ein Besuch lohnt sich, auch wegen der Wechselausstellungen zu Themen, die eng mit dem Ersten Weltkrieg verbunden sind, etwa über den Einsatz von Kampfflugzeugen. Von Kobarid geht es bergan über Livek auf den aussichtsreichen **Kolovrat**.

Das Freilichtmuseum mit italienischen Verteidigungsanlagen befindet sich auf circa 1100 Metern Höhe an der Grenze zwischen Slowenien und Italien. Von dort führt der Weg hinab nach Tolmin.

Über die Höhenzüge Mengore und Kanalski Kolovrat mit den markanten Erhebungen Korada und Sabotin setzt sich der Weg nach Süden fort bis Nova Gorica. Ein Abstecher führt auf den Berg Skalnica mit der Wallfahrtskirche Sveta Gora. Südlich von Miren teilt sich der Weg: Auf italienischem Gebiet werden u. a. das Museum am Monte San Michele und die riesige Gedenkstätte Redipuglia berührt. Der slowenische Weg führt über Kostanjevica und Komen durch den Karst. Nahe Duino, auf italienischem Gebiet, vereinigen sich beide Wege. Nun geht es in Küstennähe bis Villa Opicina. Von dort fährt man am besten mit der berühmten Tram 2 (zurzeit nicht in Betrieb) oder mit dem Bus hinab nach Triest – seit 2015 Endpunkt des Pot miru/Sentiero della pace.

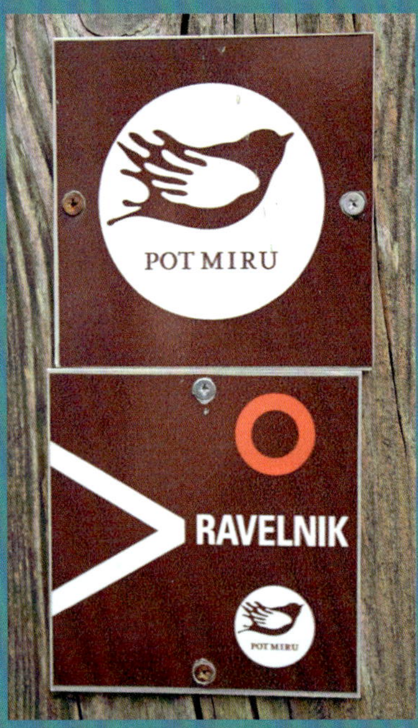

Fernziel der verschiedenen Organisationen, die sich um den Erhalt des Weltkriegserbes im Alpen-Adria-Raum kümmern, ist ein Komplettverbund der bestehenden und noch neu zu schaffenden Friedenswege vom Ortler zum Monte Pasubio und von den Dolomiten über die Karnischen und Julischen Alpen bis zur Adria – ein europäischer Friedensweg.

Ausführliche Informationen über die Stiftung „Wege des Friedens im Soča-tal" und die von ihr betreuten Freilichtmuseen, Denkmäler, Soldatenfriedhöfe etc. sind zu finden unter *http://www.potmiru.si/* (auch deutschsprachig, unter *potmiru.si/deu/werbematerial* finden sich gut gemachte PDF-Broschüren zum Herunterladen) oder im Besucherzentrum in Kobarid (Gregorčičeva 8, 5222 Kobarid, +386 5 3890167, info@potmiru.si).

Die Stiftung bietet außerdem geführte Wanderungen an (*potmiru.si/deu/vodeni-izleti*).

Tour 18

Ukanc/Zlatorog–Komna–Krn (2244 m)–Drežnica (–Kobarid)

Auf alten Kriegspfaden durch eine stille Bergwelt

Zwischen Bovec und Tolmin ist der Krn nicht nur der höchste, sondern auch der markanteste Berg. Seine Schauseite ist zweifellos die Westseite mit der bis zu 800 Meter hohen Felswand. Diese bleibt Kletterern und Klettersteigbegehern vorbehalten. Berggeher ohne Kletterambitionen können zwischen drei Anstiegen wählen: dem „klassischen" Anstieg von Norden über den Krnsee (s. Tour 7), dem kürzesten Anstieg von der Planina Kuhinja im Süden (s. Tipp) – oder dem weniger bekannten von Osten über die

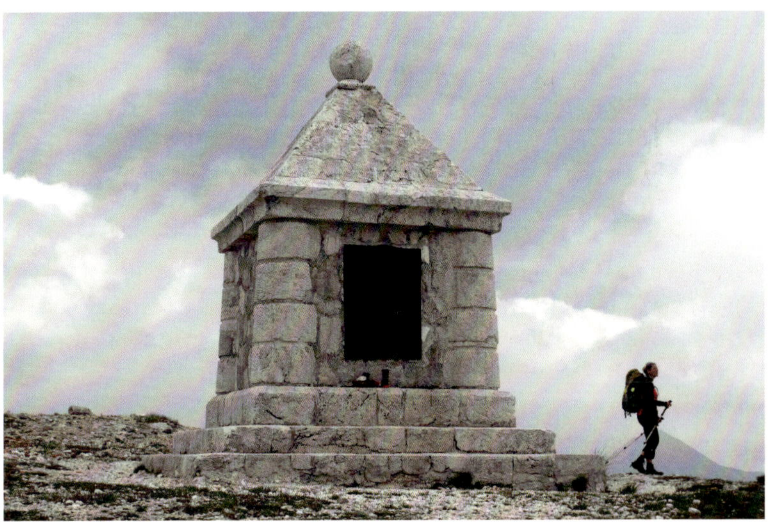

Denkmal Piramida na Peskih

Komna und den Berg Batognica. Letzterer soll hier beschrieben werden. Er verläuft teilweise auf Wegen, die in der finstersten Epoche dieser Gegend angelegt wurden, heute aber dem Wanderer den Zugang in eine Bergwelt erleichtern, die neben Relikten aus dieser Zeit eine artenreiche Flora und traumhaft schöne Aussichten zu bieten hat. Der Abstieg vom Krn führt uns nach Drežnica, dem laut Eigenwerbung „schönsten Dorf Sloweniens". Zumindest ist es das schönstgelegene. Es lohnt sich, hier oder in einem der Nachbardörfer einige Tage zu verweilen. Die Tour lässt sich bei entsprechender Vorbereitung gut mit öffentlichen Verkehrsmitteln durchführen.

Wegbeschreibung

Ausgangspunkt ist die Endstation der Buslinie Ljubljana–Bohinj–Zlatorog, beim **Hotel Zlatorog** (560 m, eventuell wieder ab 2020 Hotelbetrieb) westlich des Wocheiner Sees (Bohinjsko jezero). Schon nach 100 Metern überqueren wir die **Savica**, einen der beiden Quellflüsse der Save, des zweitgrößten Nebenflusses der Donau. Wir befinden uns nicht im Einzugsgebiet der Soča, in einem Gebiet aber, das mit dem Sočagebiet schon immer verbunden war, vor gut 100 Jahren allerdings auf höchst tragische Weise. Von Bohinjska Bistrica, damals Wocheiner Feistritz, Bahnstation an der Wocheiner Bahn, führte eine Schmalspurbahn für den Material- und Truppentransport hierher. Der Weitertransport zu den Stellungen und militärischen Einrichtungen an der Gebirgsfront erfolgte dann mit Seilbahnen – oder zu Fuß auf eigens angelegten Wegen.
Auf zunächst asphaltiertem, später unbefestigtem Weg wandern wir circa 3 Kilometer, bis wir abermals die Savica überqueren und gleich danach die Hütte **Koča pri Savici** (653 m) erreichen. Im Sommer ist hier reger Betrieb, zumal der nur einige Hundert Meter entfernte Wasserfall **Slap Savica** eine Menge Besucher anlockt. Wir folgen aber dem Wegweiser *Dom na Komni*. Ein Anstieg von 900 Höhenmetern auf einem im Ersten Weltkrieg angelegten Weg mit 50 Kehren steht uns bevor. Sehr steil ist der Weg nicht, schließlich mussten die Männer damals – für manche war es der letzte Gang – meist schwere Lasten tragen. Nach 2,5-stündigem Aufstieg erreichen wir die ganzjährig geöffnete Hütte **Dom na Komni** (1520 m), wo wir nächtigen oder zumindest eine Rast einlegen.

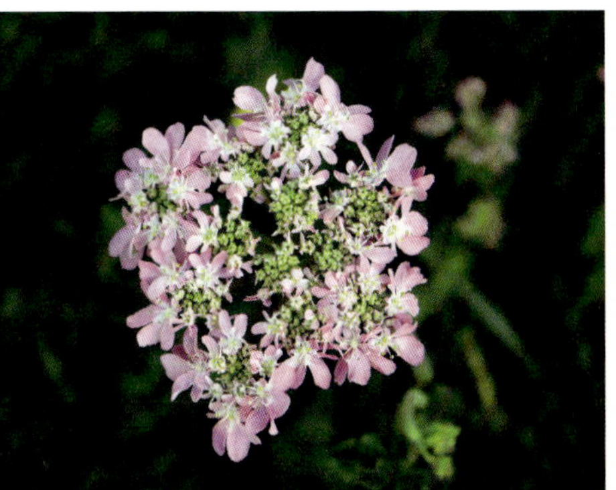

Merkblättriger Bärenklau

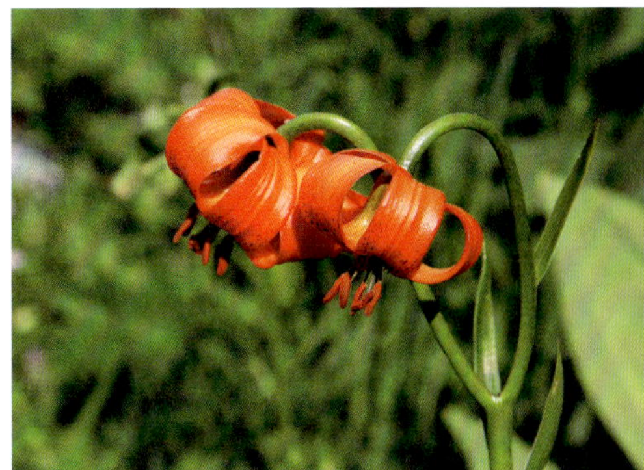

Krainer Lilie

Von hier setzen wir die Wanderung über die Komna fort. Nach einer Viertelstunde sehen wir links des Wegs die Hütte **Koča pod Bogatinom** (1515 m). Hier befand sich während des Ersten Weltkriegs das größte österreichisch-ungarische Feldlager im Hinterland des Frontabschnitts zwischen Tolmin und Flitsch/Bovec, bestehend aus mehr als zwanzig Gebäuden. Die größeren dienten als Feldspital. Die heutige Hütte stellt das einzig übrig gebliebene Gebäude aus dieser Zeit dar. In einer Steinpyramide wenige Meter links des Wanderweges befinden sich die sterblichen Überreste namenloser Gefallener.

Bei der Hütte Koča pod Bogatinom teilen sich die Wege. Wir wählen den Weg Richtung *„Vratca"*, *„Krnsko jezero"*, der durch die **Komna** mit ihren ausgedehnten **Latschenfeldern** und zahlreichen Dolinen führt. Wer im Hochsommer hier wandert, wird über die bunte Blumenpracht am Wegrand erstaunt sein und die Komna gar nicht eintönig finden. Besonders auffällig sind die **Krainer Lilie** und der **Merkblättrige Bärenklau**, der ausschließlich in den Julischen und Steiner Alpen sowie in den Karawanken vorkommt. Wir wandern auf breitem (Kriegs-)Weg mäßig steil bergauf. Die **Latschenkiefern** werden spärlicher und schließlich erreichen wir den Sattel **Vratca** (1803 m), Wasserscheide zwischen Save und Soča. Beeindruckende Aussicht auf das Krnmassiv.

Wer vom Dom na Komni frühzeitig losgegangen ist und sich nicht allzu ausdauernd mit der Flora beschäftigt hat, kann von hier aus den (Mali) **Bogatin**

(1977 m) – er steht mit der Zlatorog-Sage (s. S. 155) eng in Verbindung – oder den **Mahavšček** (2008 m, auch „Veliki Bogatin") besteigen. Ich empfehle den Mahavšček: nicht so steil wie sein „kleiner Bruder", aber mit mehr Aussicht, vor allem nach Süden über das Tolminkatal bis zur Adria. Von der Vratca zweigt links ein Weg ab. Achtung: Nach 10 Metern weist eine unauffällige Markierung nach links. Der weitere Weg ist leicht zu finden. Zum Sattel Vratca auf demselben Weg wieder zurück.

Vom Sattel **Vratca**, über den von 1919 bis 1943 auch die jugoslawisch-italienische Grenze verlief, wandern wir abwärts in Richtung *Krnsko jezero*. Nach circa 2 Kilometern entdecken wir links die Ruinen einer italienischen Kaserne. 250 Meter weiter zweigt links ein unmarkierter Weg ab. Nur die Aufschrift *Krn pri Peski* an einem Felsen verrät, dass auch von hier ein Aufstieg zum Krn möglich ist. Auf diesem wenig begangenen, teilweise halb zugewachsenen Weg circa 500 Meter aufwärts bis zu einer Wegteilung. Hier nicht rechts gehen (dieser Weg führt hinab zum Krnsee), sondern dem verwaschenen Pfeil links aufwärts folgen, bis man am Sattel **Prehodci** (1635 m) auf den Slowenischen Höhenweg 1 trifft.

Auf diesem gehen wir rechts und blicken auf die bizarren Felsabbrüche des **Veliki und Mali Kuntar** über dem tief eingeschnittenen Tolminkatal. Der Weg führt mäßig ansteigend circa 4 Kilometer aufwärts zum Denkmal **Piramida na Peskih** (1975 m), errichtet 1915 und gewidmet den auf österreicher Seite des Krn gefallenen Soldaten. Vor uns der einem Vulkankegel gleichende **Vrh nad Peski** (2176 m). Auf dem Weiterweg zum Krn begegnen wir zahlreichen Kriegsrelikten. Einige Kavernen sind noch zugänglich – wir bleiben lieber draußen.

An einer Wegteilung beim Sattel **Prag** halten wir uns rechts (Aufschrift auf einem Stein: *Krn* rechts, *Tolmin* links) und steigen hoch zum Gipfelplateau der **Batognica** (2165 m), einem heiß umkämpften Berg, nachdem der Krn von den Italienern eingenommen worden war. Am 26. September 1917 sprengten die Österreicher mittels vier Tonnen erbeuteten Nitroglycerins den Gipfel in die Luft. Ein chaotisches Felstrümmerfeld zeugt noch immer von diesem grausamen Ereignis. Heute wird der Gipfelbereich im Sommer von zahlreichen **Schafen** bevölkert. Ihre Nähe suchen in den Sommermonaten **Gänsegeier** aus dem Balkan. In manchen Jahren wurden mehr als 30 halberwachsene Exemplare gezählt. Ich selbst habe mehrere Exemplare gesehen.

Von der Batognica geht es steil, teilweise auf verwitterten Stufen hinab zur **Krnska škrbina** (2058 m), vorbei an den Resten einer Kapelle mit Kruzifix. Nun steigen wir direkt zum Gipfel des **Krn** (2244 m, s. Tour 7) hinauf. Nach ausgiebiger Gipfelrast steigen wir in 10 Minuten zur Hütte **Gomiščkovo zavetišče na Krnu** (2182 m) südwestlich des Gipfels hinab. Um die Tour nach Drežnica fortzusetzen, empfiehlt sich dort eine Übernachtung.
Am nächsten Morgen geht es im Zickzack etwas monoton nach Süden hinab zu einem Grat zwischen Krn und **Kozljak** (1587 m). Entschädigt werden wir durch die Aussicht auf die weite Almfläche auf der Südseite des Krnmassivs und durch die Blumenpracht. Neben **Enzianen** und **Sonnenröschen** blüht hier der **Silberblättrige Storchschnabel**, der nur in den Südlichen Kalkalpen und im Apennin oberhalb der Baumgrenze vorkommt. Vom Grat dann herrlicher Blick hinab auf die Dörfer oberhalb von Kobarid. Rechts zweigt ein Weg Richtung Drežnica ab. Unter den Felshängen des Kozljak geht es abwärts durch üppig blühende **Hochstaudenfluren** und lichte **Lärchenbestände**, die allmählich in einen dichten **Buchenbestand** übergehen. Dort tauchen bald dunkle Gestalten auf: einstige Baumriesen mit bis zu 2 Metern dicken Stämmen, die Äste nur noch im Ansatz vorhanden, mit Pilzen und Waldpflanzen, die das abgestorbene Holz langsam zersetzen – ein urwüchsiger Wald, der zu allerlei Fantasien anregt.
Nach einer Wegteilung (den Wegweiser Bivak ignorieren wir) und Überquerung des Bachs **Ročica** gelangen wir bald auf eine Freifläche. Vielleicht haben wir Glück und bekommen dort eine Herde der autochthonen Rasse der **Drežnica-Ziege** zu sehen, wo die ausgewachsenen Böcke mit ihren ausladenden Hörnern auffallen. Bald gelangen wir wieder in den Wald, wo der Weg schließlich hinab nach **Drežnica** (540 m) führt, das wir beim Denkmal der Stiftung „**Pot miru**" in unmittelbarer Nähe des Sportplatzes erreichen.
In Drežnica bleiben wir ohne Weiteres ein paar Tage, besuchen das kleine skurrile **Jagdmuseum**, wandern zu den Wasserfällen in der Umgebung, aber auch auf der „**Kunstmeile**" nach Koseč (Themenweg „Schönheit in Holz und Stein" – Skulpturen von einheimischen und ausländischen Künstlern).
Drežnica hatte um das Jahr 1900, als die Landwirtschaft Haupterwerbszweig der Bewohner war, rund 1200 Einwohner (einschließlich der umliegenden Dörfer), Kobarid dagegen nur 700. Inzwischen haben sich die Verhältnisse fast umgekehrt. Kobarid hat über 1100 Einwohner, Drežnica nur

noch 600. Die meisten Menschen arbeiten unten im Sočatal; Landwirtschaft – hauptsächlich Schaf- und Ziegenzucht, aber auch der Anbau von Kartoffeln und Gemüse (meist beim Haus) – wird überwiegend im Nebenerwerb betrieben. Nicht zuletzt durch den Tourismus konnte der Abwärtstrend in der Bevölkerungsentwicklung aufgehalten werden. Bekannt ist der traditionelle **Fasching von Drežnica**: Junge unverheiratete Männer ziehen mit selbst geschnitzten Masken durch das Dorf, sie tanzen, erschrecken aber auch Kinder und junge Frauen …

Wer mit öffentlichen Verkehrsmitteln unterwegs ist – und das empfiehlt sich für diese Tour –, kann zu Fuß von Drežnica nach **Kobarid** absteigen, ohne den gesamten Weg auf der Straße zurücklegen zu müssen. Man verlässt Drežnica auf der nach Kobarid hinunterführenden Straße, verlässt diese aber circa 150 Meter vor dem **Partisanendenkmal** links auf einem Karrenweg in den Wald, wo sich nach 50 Metern der Weg teilt. Wir gehen rechts abwärts – stellenweise müssen umgestürzte Bäume umgangen werden –, bis wir wieder auf die Straße gelangen, auf der wir links hinabgehen.

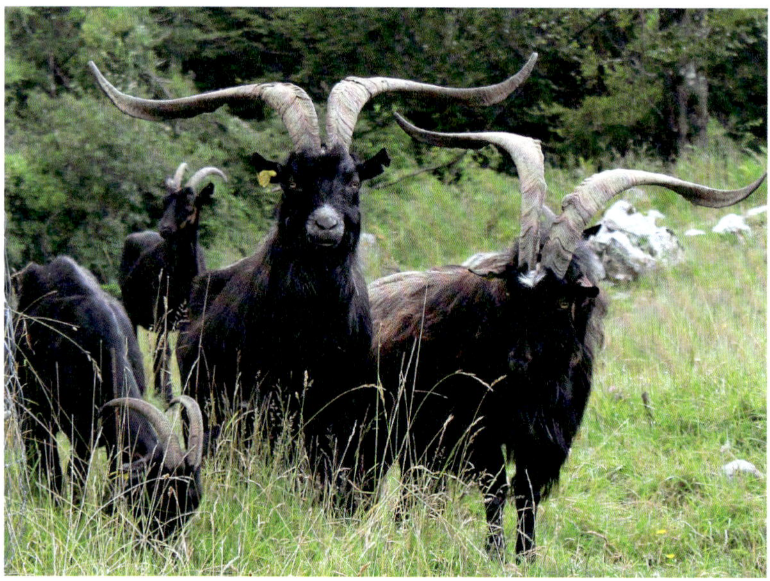

Drežnicaziege. Zwei g'standene Mannsbilder.

Nach einigen Hundert Metern, am Ende einer Leitplanke, zweigt rechts der „Pot miru" ab (Richtungsweiser *Kobarid*, weiter unten mit Bezeichnung *Huljeva pot*), der durch Wald abwärts führt. Oberhalb einer mit Maschendraht abgesicherten, zum Ufer abfallenden Felswand ein hinreißender Blick hinab zur Soča. Nahe des Baches **Kozjak** treffen wir auf den Weg, der zum Wasserfall Kozjak führt. Wir gehen links und sind bald an der Soča. Über die Hängebrücke gelangen wir auf die andere Seite beim Campingplatz „Lazar", gehen links circa 1 Kilometer zur **Napoleonbrücke** und weiter nach Kobarid (s. Tour 17).

Variante 18a

Wesentlich länger als der direkte Abstieg, aber landschaftlich besonders interessant ist der Abstieg vom Krn durch das Hochtälchen **Lužnica** und über das weite Almgebiet südlich des Krn zur Planina Kuhinja und von dort nach **Koseč**. Von der Hütte **Gomiščkovo zavetišče na Krnu** (2182 m) direkt hinab zur **Krnska škrbina** (Krnscharte, 2058 m) und abermals auf die **Batognica** (2165 m). Von dort nach Osten hinab zur Wegteilung nahe des Sattels Prag (2068 m). Dort folgen wir dem Pfeil Richtung *Tolmin*. Nun hinab in das zunächst sehr öde wirkende Hochtälchen Lužnica (Po Lužnici). Wer aber mit offenen Augen hier durchwandert (und über einige botanische Kenntnisse verfügt), entdeckt Arten, die der Nord- und Zentralalpenflora fehlen, z. B. den **Zottigen Mannsschild** oder das **Obir-Steinkraut**. Nach gut 1 Kilometer erreichen wir den fast runden dunkelgrün-blauen See **Jezero v Lužnici** (1801 m) – eine Wohltat fürs Auge in dieser graufelsigen Einöde. Nach kurzem Anstieg bis auf 1860 m steil abwärts, vorbei an dem unter Geologen und Botanikern berühmten **Rdeči rob** (1913 m), auffallend durch die kräftig rote Farbe des ihn aufbauenden Juramergels. An einer Wegteilung halten wir uns links (Wegweiser *Pl. Kuhinja, Tolmin* wird ignoriert). Wir betreten ein Almgebiet, das schon während der Jungsteinzeit zeitweise besiedelt war. 1,5 Stunden später erreichen wir die Hütte **Koča na planini Kuhinja** (991 m). Von hier zunächst nach Norden (Wegweiser Krn), links auf dem „Pot miru" aufwärts in den Wald bis zu einer Anhöhe auf circa 1250 Metern. Dort links zur **Italienischen Kapelle** und von dort hinab nach Koseč bzw. Drežnica (s. Tour 19).

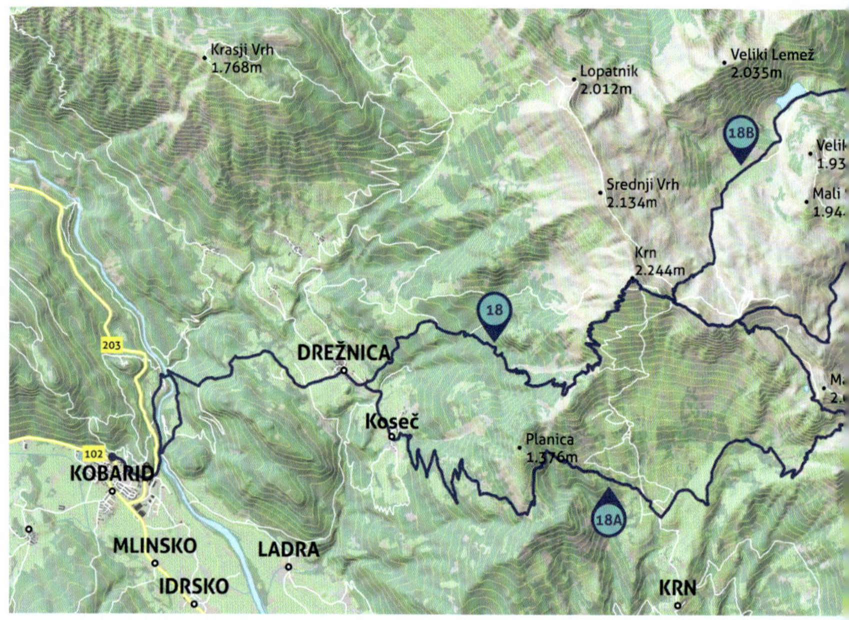

KURZ & BÜNDIG

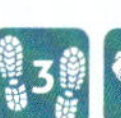

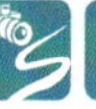

Nächste Bahnstationen: Lesce-Bled, Most na Soči

Nächste Bushaltestellen: *Hotel Zlatorog* (von Lesce-Bled), *Kobarid* (nach Most na Soči)

Charakterisierung: Am besten auf 3–4 Tage aufteilen (1. Tag: Anreise, Aufstieg zum Dom na Komni; 2. Tag: Krn; 3. Tag: Abstieg nach Drežnica; 4. Tag: Abstieg nach Kobarid). Tour durch teilweise alpines Gelände, Trittsicherheit erforderlich.

Höhenunterschiede: Hotel Zlatorog (550 m)–Komna–Vratca–Krn (2244 m): ca. 2000 m (mit Gegenanstiegen). Krn–Drežnica–Kobarid: 2000 m ↓

Gehzeiten:

H. Zlatorog–Koča pri Savici–Dom na Komni: 3 ½–4 Std.

Dom na Komni–Vratca: 1 ½ Std.

(Vratca–Mahavšček: 1 ½–2 Std. 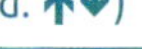)

Vratca–Prehodci–Batognica–Krn: 4 ½–5 Std.

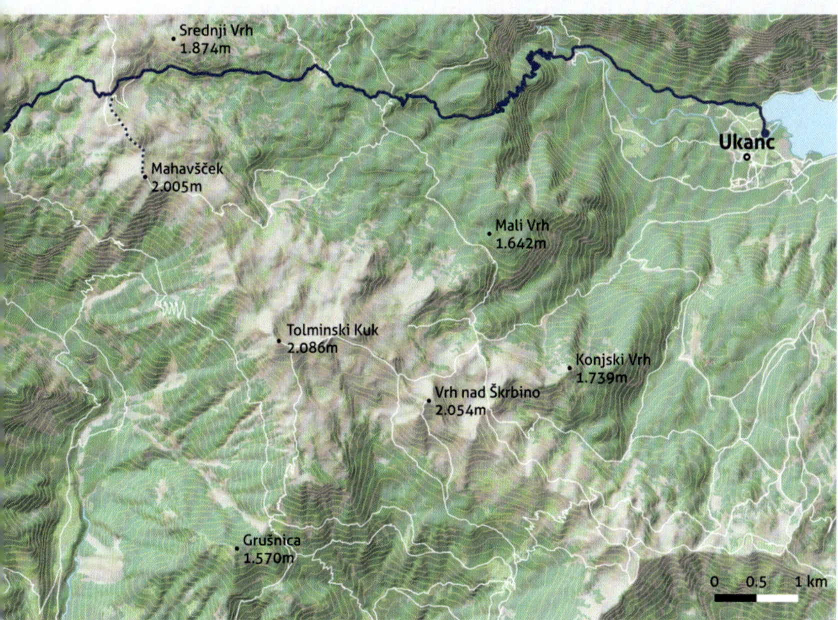

Krn–Drežnica: 5–6 Std.; Drežnica–Kobarid: 2–2 ½ Std.

Variante 18a: Krn–Jezero v Lužnici–Pl. Kuhinja–Koseč: 7–8 Std.

Stützpunkte: *Dom na Komni* (1520 m): 74 B., 34 L., ganzjährig geöffnet, Tel. 040/620784; komna@pd-ljmatica.si

Gomiščkovo zavetišče na Krnu (2182 m): 50 L., einfache Bewirtschaftung im Juli und August; Tel. 051/611363, zkrn25@gmail.com

Koča na planini Kuhinja (991 m): 24 L., geöffnet Juni–September, Tel. 051/688684, 05/9250532; pdkobarid@gmail.com

Planinski dom pri Krnskih jezerih **(Krnseehütte, 1385 m),** bewirtschaftet: Juni–September, 77 B., 93 L., offener WR (20 L.); Tel. 05/8280300; krnskoj@gmail.com

In *Drežnica* und in den umliegenden Dörfern zahlreiche Privatunterkünfte.

Beste Jahreszeit: Juli–August (Öffnungszeit der Hütte unter dem Krngipfel, Bergblüte!)

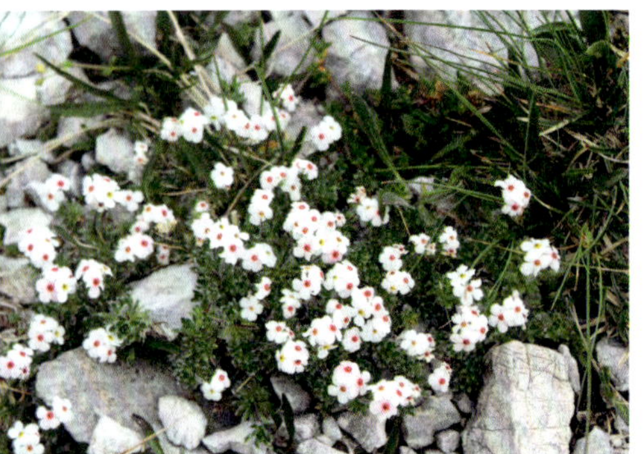

Zottiger Mannsschild

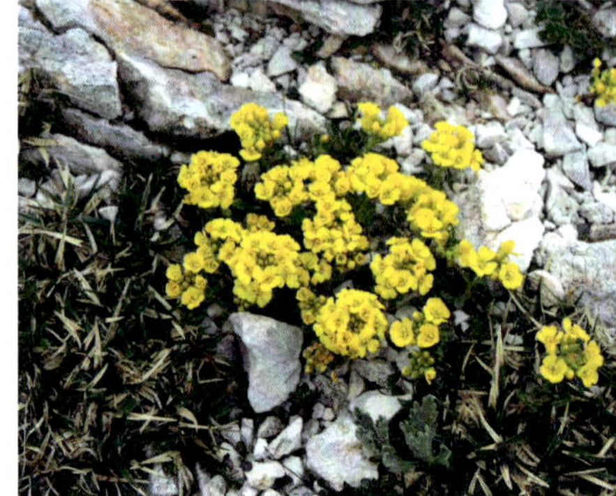

Obir-Steinkraut

Variante 18b

Wer im September oder Oktober, d. h. außerhalb der Öffnungszeit der Hütte unter dem Krngipfel, den Krn von **Ukanc** (Bohinj) aus angehen will, muss von der Vratca auf relativ bequemem Weg zum Krnsee absteigen, um von dort auf den Krn zu steigen (s. Tour 7). Als Stützpunkt dient dann die Krnseehütte (**Planinski dom pri Krnskih jezerih**). Danach kehrt man entweder über die Komna nach Ukanc zurück oder man steigt in die Lepena und in das Dorf Soča ab.

Tipp: Für Eilige, die den Krn vom Sočatal bei Kobarid aus an einem Tag, d. h. ohne Hüttenübernachtung besteigen wollen: Mit dem Auto von Kobarid zur Napoleonbrücke, über die Soča, unmittelbar danach rechts auf der Nebenstraße bis Ladra, dort links über Smast, Libušnje nach Vrsno und weiter auf schmaler, zum Teil sehr steiler Straße, deren Befahrung hohes Fahrkönnen und gute Nerven erfordert, aufwärts zum **Dorf Krn** (892 m). Von dort circa 1,5 Kilometer nach Norden auf einen Parkplatz. Ab hier Wanderung zunächst in Richtung **Koča na planini Kuhinja**. 100 Meter vor der Hütte jedoch dem Wegweiser *Krn* rechts folgen, aufwärts durch Weidegelände, immer die Markierung beachten, oben links halten und dann auf dem Zickzackweg auf den Krn. Zurück auf demselben Weg oder nur unwesentlich länger über die Krnscharte.

Die Sage vom Zlatorog

Zu den bekanntesten Sagengestalten des östlichen Alpenraums gehört zweifellos Zlatorog, der Gamsbock mit den goldenen Krickeln. Die Sage handelt, wie manch andere Alpensage auch, von Liebe und Eifersucht, aber ebenso von Habgier, und sie enthält eine durchaus aktuelle Warnung vor Respektlosigkeit gegenüber der Natur. Hier in Kurzform:

Zlatorog war der Wächter eines wunderbaren Gartens hoch über der Trenta, der von den Rojenice gepflegt wurde. Seine goldenen Krickeln waren aber auch der Schlüssel zu einem goldenen Schatz im Berg Bogatin. Zlatorog galt als unsterblich, wehe dem, der auf ihn schießt. Die Rojenice waren gütige Feen, die immer im Tal erschienen, wenn ein Kind krank war, das sie mit ihren Kräutern heilten. In der Trenta wohnte auch Janez, ein armer Bursch, der um die schöne Jerica warb. Doch eines Tages erschien ein reicher Kaufmann aus Venedig. Dieser warb ebenfalls um die schöne Jerica, und sie war ihm auch sehr zugetan. Da fasste Janez, rasend vor Eifersucht, einen tödlichen Plan. Er beschloss, Zlatorog zu erlegen, um an den Schatz im Bogatin zu gelangen und um damit die schöne Jerica wiederzugewinnen.

Janez ging hinauf ins Gebirge, legte sich auf die Lauer. Zlatorog erschien und Janez schoss. Zlatorog lag schwer-

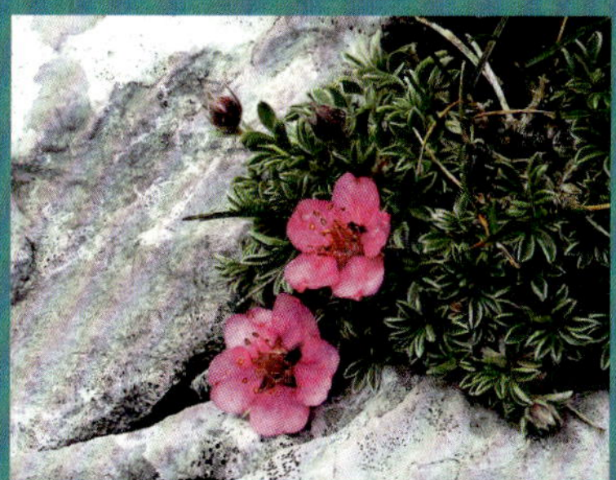

Dolomitenfingerkraut, hier auch „Triglavrose" genannt.

verwundet am Boden. Aus jedem Tropfen Blut, der auf den Boden fiel, erwuchs jedoch eine Triglavrose (botan. *Potentella nitida*), eine Blume mit Zauberkraft. Zlatorog gelang es mit letzter Kraft, diese zu verzehren. In Windeseile ward er dadurch genesen, er erhob sich, größer und stärker als je zuvor, rannte auf Janez zu und stieß ihn in den Abgrund. Daraufhin verwüstete er den Garten der Rojenice und verschwand mit ihnen auf Nimmerwiedersehen. Jerica hingegen findet Janez erst im darauffolgenden Frühjahr tot am Ufer der Soča.

Wo sich einstmals der Garten der Rojenice befand, erstrecken sich heute die Hribarice, eine der ödesten Karsthochflächen der Julischen Alpen (sie befinden sich östlich des Kanjavec). Doch im Bogatin, am Südrand der Komna, schlummert noch immer ein Schatz …

Tour 19

Drežnica–Koseč (580 m)–Italienische Kapelle (Bes)–Planica (1376 m)

Zu einer Aussichtswarte auf der Sonnenseite des Krn

Die Sonnenseite des Krn: Hier zieht der Frühling ein, während auf der Nordseite sich auf derselben Höhe noch zäh der Winter hält. Die Bergzüge südlich der Soča sind deutlich niedriger als der Krn und seine Nachbarn, und sie lassen dementsprechend mehr Sonne auf die süd- und südwest-exponierten Hänge. Diesen klimatischen Vorteil wussten bereits unsere steinzeitlichen Vorfahren zu schätzen, die hier mehrfach Spuren hinterlassen haben, und auch die vielen Dörfer, die an diesen Hängen entstanden sind, zeugen von einer langen Siedlungstradition. Wir wollen diese Klimagunst für eine nicht allzu anstrengende Halbtagestour nutzen, am besten im Frühjahr.

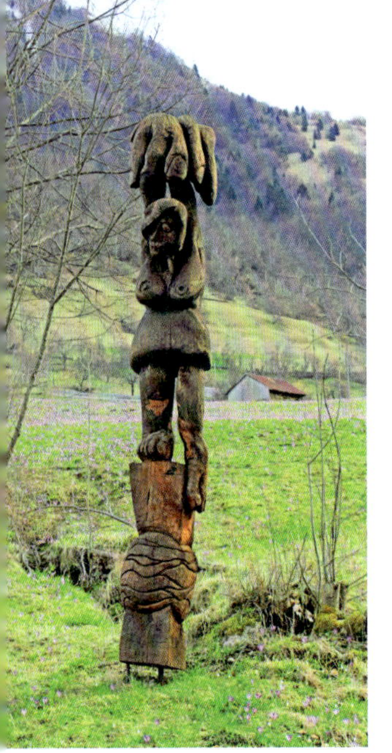

Wegbeschreibung

Los gehts in Drežnica. Von dort wandern wir nach **Koseč**. Es lohnt sich, die Kunstwerke am Straßenrand genauer anzuschauen. Nach den ersten drei Häusern zweigt links eine schmale asphaltierte Straße ab. Auf dieser etwas steil circa 100 Meter hinauf zu den oberen Häusern von Koseč, dort rechts. Über den nun folgenden Weg verläuft sowohl der „**Pot miru**" (schwarz-rote Markierung) als auch der „**Alpe-Adria-Trail**" (rot-grün-

An der Kunstmeile zwischen Drežnica und Koseč

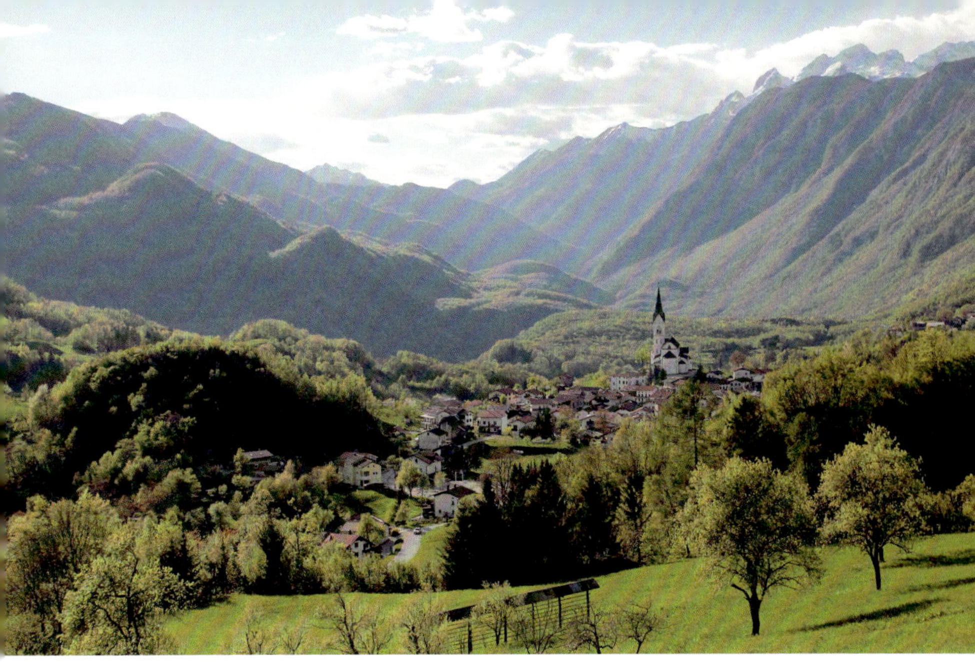

Blick von Koseč auf Drežnica und das Sočatal

blaue Markierung). Wir achten auf die Wegweisung *Planica.* Nach Überquerung des Bachs Brusnik wandern wir abwechselnd durch Wald und brachgefallene Wiesen, von denen sich herrliche Ausblicke auf Drežnica und hinunter zur Soča bieten. Achtung: Kurz nach der roten 1000-Meter-Marke auf dem bis dahin breiten Weg geht es links (leicht zu übersehende Markierung) auf schmalem Pfad weiter. Wenige Meter nach der Abzweigung steht rechts ein alter Kirschbaum mit Hochsitz.

Zum Schluss wird es ziemlich steil, doch wir sehen oben bereits die kleine italienische Soldatenkapelle **Bes** (1240 m) aus dem Ersten Weltkrieg, die nicht von einem Pazifisten entworfen wurde, sich aber wunderbar in die Umgebung einfügt. Dort rasten wir und genießen die Aussicht auf die Soča, auf den **Matajur** – und auf die **Friulanischen Dolomiten** weit im Westen. Wir befinden uns hier genau auf halber Höhe zwischen Soča und Krngipfel. Es lohnt sich aber, zum Wiesenhang an der **Planica** oberhalb der Kapelle hinaufzusteigen. Von hier aus an klaren Tagen Sicht bis zur Adria. Prachtblick aber auch auf den Krn und auf das weite, wannenförmige Almgelände unterhalb dieses Bergs.

Der Abstieg nach Koseč bzw. Drežnica erfolgt auf demselben Weg wie der Aufstieg.

KURZ & BÜNDIG

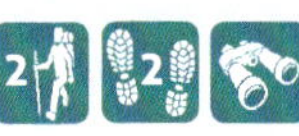

Nächste Bahnstation: Most na Soči (Bushaltestelle direkt beim Bahnhof)

Nächste Bushaltestelle: Kobarid

Charakterisierung: Nicht besonders anstrengende ½-Tagestour, Trittsicherheit erforderlich. Weg wird auch von Mountainbikern befahren.

Höhenunterschied: Drežnica–Planica: ca. 850 m

Gehzeiten: Drežnica–Ital. Soldatenkapelle: 2 ½–3 Std. ↑, 2–2 ½ Std. ↓

Unterkünfte: In *Drežnica* und in den umliegenden Dörfern zahlreiche Privatunterkünfte.

Beste Jahreszeit: April–Oktober/November. Im Sommer kann es aufgrund der südexponierten Lage sehr heiß werden.

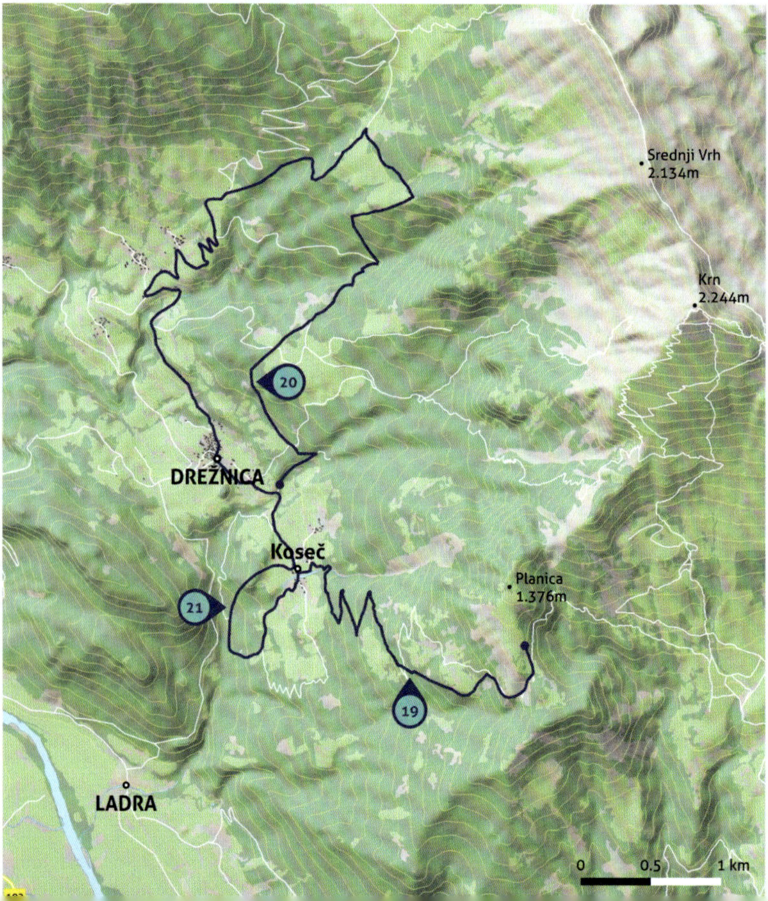

Srednji Vrh
2.134m
Krn
2.244m
20
DREŽNICA
Koseč
21
Planica
1.376m
19
LADRA
0
0.5
1 km

Tour 20

Slap Curk–Slap Krampež–Slap Sopot

Wasserfälle und bunte Wiesen bei Drežnica

An der Südseite des Krnmassivs herrscht an Sonnenschein kein Mangel. Kein Mangel herrscht aber auch an Niederschlägen, bedingt durch feuchte Mittelmeerluft, die hier, am Alpensüdrand, sich in Form von kräftigen Gewittern und Schauern ihrer überschüssigen „Ladung" entledigt. Die Folge sind zahlreiche Bäche an den Hängen – und ebenso zahlreiche Schluchten und Wasserfälle. Einige sind nur schwer zugänglich, beispielsweise die Schluchten und Wasserfälle bei Vrsno. Im Rahmen dieser und der folgenden Tour besuchen wir jedoch leicht zugängliche Wasserfälle und wandern über bunte Wiesen, die einen Mitteleuropäer in Erstaunen versetzen können.

Wegbeschreibung

Startpunkt ist in Drežnica. Von hier gehen wir auf der Straße circa 1,5 Kilometer in Richtung *Drežniške Ravne.* An einer **überdachten Infotafel** biegen wir rechts auf eine kleine Straße (mehrere Pfeile, u. a. zur *Pl. Zaprikraj*, auch der *Pot miru* wird angezeigt), die sich in mehreren Kehren durch bunt blühende Wiesen aufwärts windet. Überwältigender Blick auf die „Schauseite" des Krn.

Nach ungefähr 2 Kilometern kommen wir zum **Brunnen Pri koritu** (Pfeil in Richtung *Krasji vrh*). Wenig später zweigt rechts ein schmaler Pfad ab (hier mehrere Wegweiser, u. a. *Slap Curk 45 Min.* – Normalgeher brauchen dafür aber länger). Ohne Markierung führt dieser Weg durch Wald bis zu einem Wegweiser *Slap Curk/Planine.* Diesem folgen wir links, gelangen in offenes Gelände, wo etwas später zwei Pfeile *(Slap Curk, Drežnica)* den Weg rechts weisen. Wir passieren ein Tor und gehen über Wiesen, die zu den schönsten oberhalb von Drežnica gehören – nicht nur wegen der Blumen-

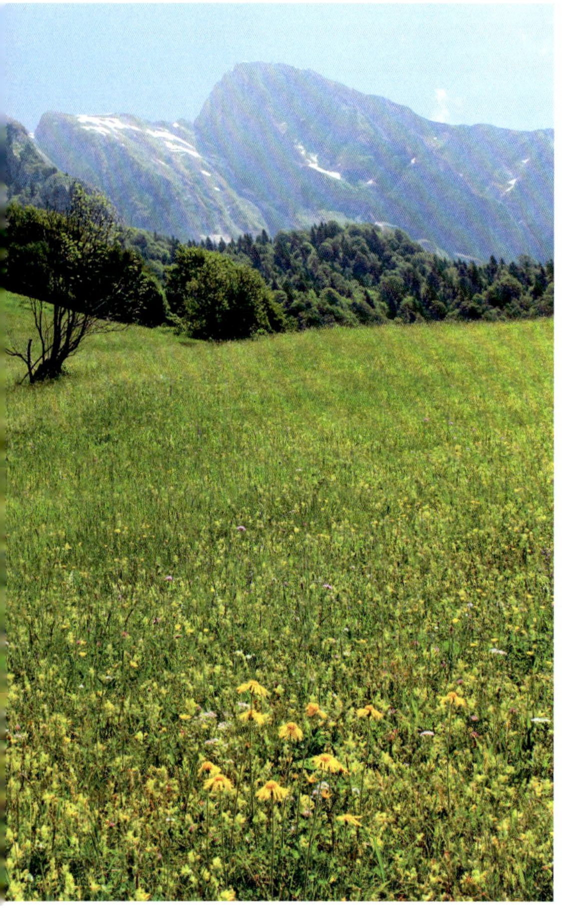

Wiese mit Arnika unterhalb des Krn

pracht, sondern auch wegen der zahlreichen Schmetterlinge, die in diesem Gebiet noch einen intakten Lebensraum finden. Im Frühsommer fliegt hier der **Schwarze Apollo**. Als botanische Besonderheit fällt die **Rosenrote Schwarzwurzel** ins Auge, die nur südlich des Alpenhauptkamms vorkommt. Abermals geht es durch Wald, sodann über eine kleine Wiese, danach in einen Buchenwald. Das Schild *Enter at your own risk* mahnt zu erhöhter Vorsicht bei der Begehung des nun folgenden steilen Geländes, doch bald erreichen wir in einer schluchtartigen Verengung den Wasserfall **Slap Curk** auf circa 1100 Metern Höhe. Sein „Lieferant" ist der Bach **Kozjak**, der nach längeren Trockenperioden hier oben nur wenig Wasser führt. Doch ob mit viel oder mit nur wenig Wasser, eindrucksvoll ist die Szenerie immer. Im Frühsommer blüht an den Hängen die prächtige **Illyrische Schwertlilie**. Wir kehren durch den Buchenwald zu der kleinen Wiese zurück, begeben uns dort aber auf einen schmalen Pfad links abwärts (rote Markierung vor einer rostenden Blechhütte), der in einen schönen Buchenaltbestand hineinführt. An einer Wegteilung folgen wir dem Richtungsweiser *Drežnica* abwärts. Nach wenigen Hundert Metern wieder eine Wegteilung: rechts

Ravne, links *Drežnica*. Wir gehen links, überqueren bald den Bach Kozjak, entdecken in dessen Nähe mit etwas Glück die seltene **Gestreifte Quelljungfer**, deren Larven auf kühle und klare unverbaute Bäche angewiesen sind. Nach einigen Hundert Metern betreten wir offenes Weideland. Von hier bietet sich der vermutlich eindrucksvollste Blick auf die steile Westflanke des Krn. Wir überqueren einen Fahrweg und wandern durch Wald abwärts bis zum Rand eines Felsabbruchs, der einen schönen Ausblick auf Drežnica mit der auffallend großen Herz-Jesu-Kirche bietet.

Hier halten wir uns links, überqueren den vom Krn herabführenden Weg (s. Tour 18) und gehen auf breitem Weg abwärts. Im Tälchen, nahe dem Bach Ročica, weist der Holzpfeil *Krampež* links zu den nur eine Minute entfernten Wasserfällen. Egal welchen wir zuerst besuchen, ob den **Slap Krampež**, der sich in ein grünblau schimmerndes Bassin ergießt, oder den **Slap Sopota**, der über eine moosüberzogene Felswand herabstürzt – beide sind gleichermaßen sehenswert.

Wir kehren um und gehen hinab zur Straße Drežnica–Koseč. Dort links oder rechts, je nachdem, wohin wir zurückkehren müssen.

KURZ & BÜNDIG

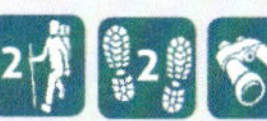
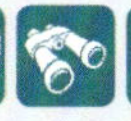
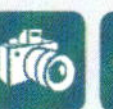

Charakterisierung: ½-Tagestour, Trittsicherheit und etwas Orientierungssinn erforderlich.

Höhenunterschied: Drežnica–Slap Curk: ca. 650 m

Gehzeiten: Drežnica–Brunnen Pri koritu: 1 Std.; Brunnen–Slap Curk: 1 ½ Std.; Abstieg über die Wasserfälle Krampež und Sopota: 2 ½ Std.

Beste Jahreszeit: April–Oktober

Tipp: Der dargestellte Wegverlauf ist nur auf wenigen Wanderkarten komplett nachvollziehbar. Empfehlenswert ist der Faltprospekt „Drežnica und seine Umgebung" mit einer genauen Darstellung des Wegverlaufs, erhältlich in Kobarid im Tourismusbüro oder in einigen Privatunterkünften im Bereich Drežnica; im Internet unter *www.soca-valley.com › mma › dreznica-und-seine-umgebung* abrufbar (und zum Ausdrucken).

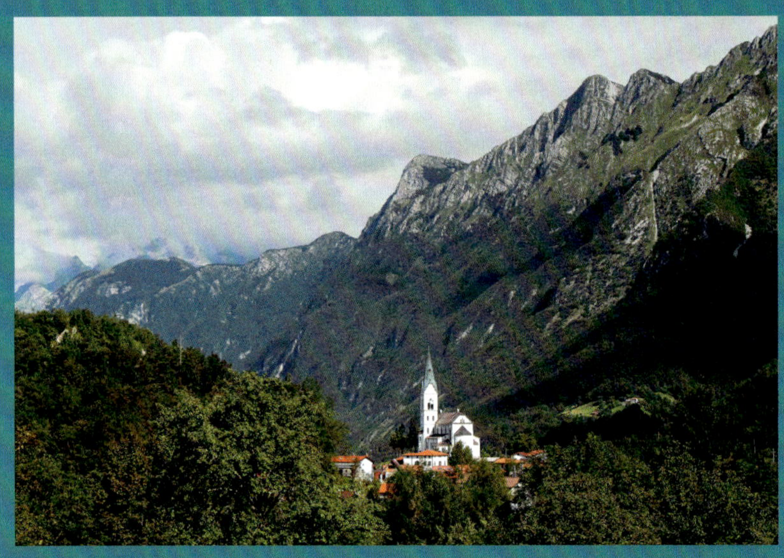

Die Herz-Jesu-Kirche von Drežnica

Das Ortsbild von Drežnica wird beherrscht von der im neugotischen Stil errichteten Herz-Jesu-Kirche (Cerkev Srca Jezusovega) – mit ihrem 52 Meter hohen Turm und dem über 40 Meter langen Kirchenschiff ein ungewöhnlich großer Sakralbau für einen derart kleinen Ort (auch wenn man die umliegenden Ortsteile hinzuzählt). Ein umtriebiger Pfarrer hatte vor dem Ersten Weltkrieg in weitem Umkreis eifrig Spenden dafür gesammelt. Beim Bau halfen dann alle arbeitsfähigen Einwohner aus Drežnica und Umgebung mit, und so konnte die Kirche nach nur eineinhalb Jahren Bauzeit pünktlich zu Weihnachten 1912 fertiggestellt und eingeweiht werden. Hatte vorher jedes Dorf eine eigene, teilweise schon baufällige Kirche, gab es nun (und gibt es bis heute) für die Gläubigen aller Teilorte von Drežnica ein zentrales Gotteshaus. Den Ersten Weltkrieg hat die Kirche im Gegensatz zu den meisten Wohnhäusern von Drežnica schadlos überstanden. Seit 1941 ist die Kirche auch Ziel von Wallfahrern. Das spitze Dach des Kirchturms wurde erst 1986 errichtet. Nicht zuletzt dadurch wirkt die Kirche von außen etwas streng, das Kircheninnere hingegen erscheint durch die warme Farbgebung freundlich – und birgt eine der größten Orgeln Sloweniens.

Tour 21

Schluchten und Wasserfälle unterhalb von Koseč

„Wassererlebnispfad" am Fuße des Krn

An den bewaldeten Steilhängen unterhalb von Koseč verbergen sich Naturschauspiele, die man dort, im „Niemandsland" zwischen Drežnica und dem Talboden an der Soča, kaum vermuten würde, zumal auf den meisten Wanderkarten kein Hinweis darauf enthalten ist. Ein Rundweg erschließt diese „Wasserwelt".

Wegbeschreibung

Von Drežnica wandern wir auf der „Kunstmeile" nach **Koseč**. Dort weist ein Pfeil mit Aufschrift *Sv. Just* rechts abwärts. Durch Schafweiden und Wiesen, auf denen im zeitigen Frühjahr zahllose **Krokusse** und **Märzenbecher** blühen, führt ein Weg zu einem architektonischen Kleinod, dem Kirchlein **Sveti Just**, erbaut im frühgotischen Stil während der zweiten Hälfte des 14. Jahrhunderts. Sveti Just gilt als der älteste Sakralbau im oberen Sočagebiet. Die nicht mehr vollständig erhaltenen Fresken wurden um das Jahr 1470 geschaffen.
Von hier führt der markierte Weg zwischen alten, teilweise bröckeligen Steinmauern abwärts in den Wald. Wir überqueren den **Bach Stopnik** und gehen dann rechts. Weiter abwärts überrascht uns nach wenigen Minuten der erste Wasserfall, **Stopnik I**, wenig später dann die größeren Wasserfälle **Stopnik II und III**; alle wirken wie in einem Märchen. Schließlich ergießt sich dieser Bach in mehreren Kaskaden (Stopnik IV) in den Bach **Ročica**, der sich eine bis zu 60 Meter tiefe Schlucht gegraben hat.
Vom Aussichtspunkt geht es nun über **Stopnik IV** 100 Meter zurück und links auf einen Weg oberhalb der Schlucht des Bachs Ročica. Von dieser

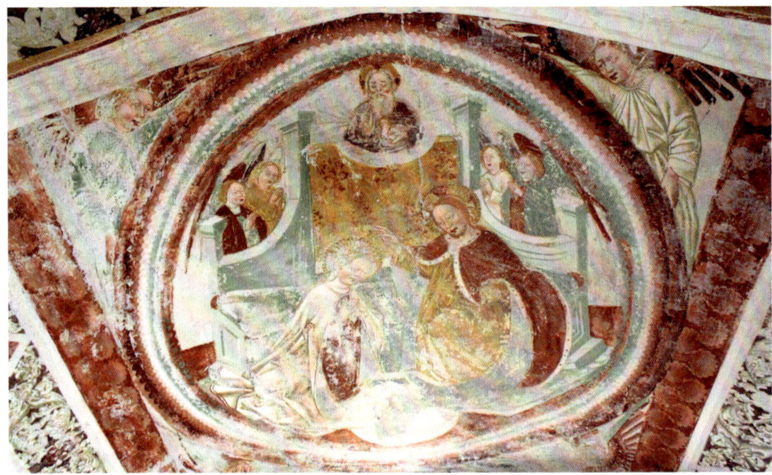

Deckenfresko im Kirchlein Sveti Just

Schlucht bekommen wir allerdings wenig zu sehen, man erahnt nur ihre Tiefe. Wir kommen aber zur etwas kleineren Schlucht **Koseška korita**, die uns zwar einiges abverlangt, jedoch besonders fasziniert. Auf gesichertem Pfad müssen wir über steilen geschichteten Fels zum Grund hinabsteigen, den Bach **Brsnik** überqueren und auf der gegenüberliegenden Seite wieder aufsteigen. Abermals oberhalb der Schlucht des Bachs Ročica wandern wir nach Norden, wo dieser Rundweg an der Straße Drežnica–Koseč endet.

KURZ & BÜNDIG

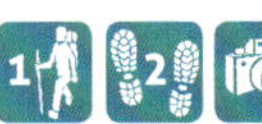

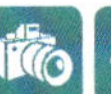

Charakterisierung: Kleine Wanderung, Trittsicherheit und Orientierungssinn erforderlich.

Gehzeit: 2–2 ½ Std.

Beste Jahreszeit: Prinzipiell ganzjährig, nicht jedoch bei Schnee und Eis.

Tipp: Der dargestellte Wegverlauf ist nur auf wenigen Wanderkarten komplett nachvollziehbar. Empfehlenswert ist der Faltprospekt „Drežnica und seine Umgebung" mit einer genauen Darstellung des Wegverlaufs (s. Tour 20). Auch der Bach Stopnik fehlt auf den meisten Karten.

Tour 22

Kozlov rob (425 m)

Das Wahrzeichen von Tolmin

Kozlov rob, Hausberg und Wahrzeichen von Tolmin, gekrönt von einer Burgruine. Mit einer Höhe von nur 425 Metern nimmt er sich gegenüber seinen Nachbarbergen geradezu zwergenhaft aus. Doch mit seiner markanten Kegelform dominiert er das Stadtbild von Tolmin. Wer im Frühjahr oder im Sommer spätnachmittags in Tolmin anreist, hat noch genügend Zeit für einen „Gipfelsturm". Dabei erfährt man etwas über die Geschichte von Tolmin.

Wegbeschreibung

Als Ausgangspunkt wählen wir den zentralen Platz **Mestni trg** in Tolmin (hier befinden sich ein Hotel und eine Pension). Wir überqueren die Hauptstraße und gehen auf der **Gregorčičeva ulica** nach Norden in Richtung Zatolmin. Schon nach 100 Metern verlassen wir diese links. Vorbei an der Kirche wandern wir auf der Straße **Brunov drevored** stadtauswärts (Nebenstraße in Richtung Kobarid). Kurz nach Verlassen der letzten Häuser zeigt ein Pfeil rechts aufwärts zum *Kozlov rob*. Das Ziel ist nicht zu verfehlen. Durch Mischwald geht es nach oben. **Eichen, Hopfenbuchen, Mannaeschen,** aber auch **Buchen, Weißtannen, Fichten** und noch einige mehr begleiten den Weg. Auf dem Boden zeigt der **Stachelige Mäusedorn** schon mediterranen Einfluss an.

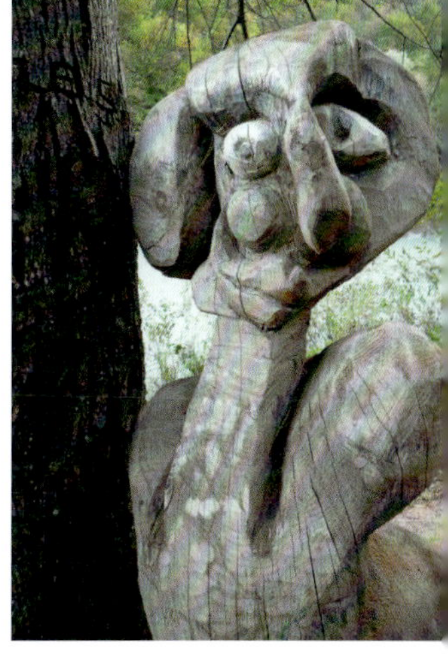

Kunst an der Soča bei Tolmin

Schließlich sind wir auf dem Top mit der **Burgruine**. Bedingt durch die strategisch günstige Situation – Lage nahe einem bedeutenden Verkehrs- und Handelsweg, geringe Höhe, aber mit hervorragendem Überblick über den Talraum – wurde der Gipfelbereich vom Mittelalter bis in die neuere Zeit von wechselnden Mächten zu Verteidigungs-, Schutz- und Wohnzwecken bebaut, beschädigt, um- oder wieder aufgebaut. Den Anfang machten die Patriarchen von Aquileia im 12. Jahrhundert. Ihnen folgten die Grafen von Görz, die Stadt Cividale, die Venezianer, die Habsburger. Diese Wechsel geschahen selten kampflos ...
Zwei Erdbeben sorgten ebenfalls für Arbeitsbeschaffung. Der letzte Umbau erfolgte Anfang des 17. Jahrhunderts unter den Dornbergs. Die Burganlage war danach von dicken Mauern mit vier Türmen umgeben. Ab Mitte des 17. Jahrhunderts hatten die Coroninis in Tolmin das Sagen. Diese ließen sich unten in der Stadt nieder, und die Burg begann zu verfallen. Übrig blieben nur noch Teile der Grundmauern. Vor 50 Jahren wurde begonnen, die Ruine systematisch zu erforschen, die Grundmauern wiederherzustellen und die ganze Anlage für Besucher zugänglich zu machen. Ein Besuch dieser Anlage lohnt sich auch wegen der Aussicht auf die Stadt, auf die umliegenden Berge – und auf die verzweigten Arme der Soča oberhalb von Tolmin.

KURZ & BÜNDIG

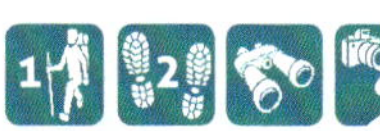

Nächste Bahnstation: Most na Soči (Bushaltestelle direkt beim Bahnhof)

Nächste Bushaltestelle: Tolmin

Charakterisierung: Kurze Wanderung, Trittsicherheit erforderlich, Bergschuhe empfehlenswert. Wanderung ganzjährig möglich.

Höhenunterschied/Gehzeit: ca. 220 m/ ca. 1 ½ Std.

Unterkünfte: Hotel, Pension und einige Privatzimmer in *Tolmin*. In der Umgebung von Tolmin einige touristische Bauernhöfe.

Tour 23

Tolminkatal–Javorca-Kirche–Tolminkaquellen (Mountainbiketour)

Wilde Natur und ein architektonisches Juwel

Das Tolminkatal ist ein tief eingeschnittenes Tal am Südrand der Alpen mit mildem Klima, gleichzeitig ein Tal, das uns die Unbilden der Bergnatur drastisch vor Augen führt. Es hat aber auch zahlreiche schöne Seiten und ein einzigartiges architektonisches Juwel zu bieten. Aufgrund der Länge des Tals empfehle ich, diese Tour mit dem Mountainbike durchzuführen.

Wegbeschreibung

Die Tour beginnt am zentralen Platz **Mestni trg** in Tolmin. Mit dem Mountainbike radeln wir auf der Straße **Gregorčičeva ulica** nach Norden, verlassen Tolmin und erreichen nach circa 500 Metern den Ortsteil **Zatolmin**. Am Ortseingang biegen wir zuerst rechts, nach 100 Metern dann links ab (den Hinweis *Tolminka korita* ignorieren wir) und nach weiteren Hundert Metern abermals rechts. Die Straße wird enger und steiler. Zwei Kehren, wenige Häuser noch, dann Wald, und wir erreichen den Nationalpark Triglav, wo der Asphaltbelag bald endet.

Die Straße steigt nur noch sanft an, ist aber kurvenreich. Tief unter uns fließt die **Tolminka** unsichtbar, aber deutlich vernehmbar durch eine Schlucht. Circa 4 Kilometer nach Ende der Asphaltstrecke öffnet sich der Wald zur Lichtung mit dem Gehöft **Zastenar** (Möglichkeit zum Käseeinkauf). Nach weiteren 2 Kilometern zweigt links die Auffahrt zur Javorca-Kirche ab. Die Auffahrt ist teilweise so steil, dass es ratsam ist, das Bike zu schieben. Dann stehen wir vor der **Heiligengeist-Gedenkkirche Javorca**, einem schönen, aber auch bewegenden Denkmal aus der finsteren Zeit 1915–1917, weithin sichtbar fast 200 Meter über dem Talboden der Tolminka. Auch wenn

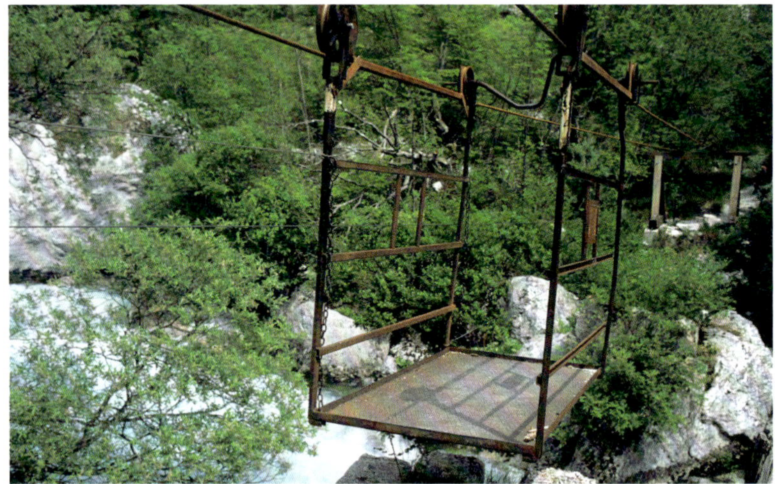

Die Handseilbahn Kurukula über der Tolminka

die Kirche gerade nicht geöffnet ist, können wir die zahlreichen Stufen hinaufsteigen, einen Blick durch die Tür ins Kircheninnere werfen – und die Friedensglocke läuten.

Wir kehren zum Talgrund zurück und setzen unsere Fahrt durch Wiesen und Weiden nach Norden fort. Am rechten Hang erstreckt sich eine riesige Kahlfläche, die vom Ufer der Tolminka mehr als 400 Höhenmeter bergauf reicht – ein Erdrutsch, verursacht durch das Erdbeben vom Ostermontag 1998. Wenig später kommen wir zur Alm **Planina Polog** (auch hier kann man Käse kaufen). Auf einer Höhe von nur 450 Metern gelegen, gilt sie als tiefstgelegene Alm der Alpen. Circa 1 Kilometer nördlich der Alm zweigt rechts ein unmarkierter Weg ab. Nicht leicht zu finden, doch wer ihn findet und zu Fuß hinab zur Tolminka geht, trifft auf ein technisches Unikum: die Handseilbahn **Kurukula**. Mittels dieser „kurbelt" man sich auf die andere Seite der Tolminka und wieder zurück und wieder hin und wieder zurück ... Der Anblick der Tolminka lässt einen so schnell nicht los.

Auf der Weiterfahrt wird uns abermals bewusst, welche Naturkräfte im Hochgebirge herrschen. Links des Wegs reichen Schuttströme mehrmals bis zum Talboden, das Material wirkt recht frisch. Es gerät immer wieder in Bewegung, vor allem bei Erdbeben (1998, 2004). Auch die Schotterde-

cke des Wegs wird immer gröber, der Fahrgenuss lässt trotz der Robustheit des Mountainbikes merklich nach. Schließlich fordert ein Schild des Nationalparks dazu auf, die Räder abzustellen und den Weg zu Fuß fortzusetzen. Der Weg steigt zu einem Moränenriegel an und führt dann abwärts zu einem breiten, großteils von Schotter bedeckten Talboden. An dessen westlichem Rand, am Hangfuß der **Osojnica**, tritt die Tolminka an zahlreichen Stellen zutage. Die Zahl der **Quellaustritte der Tolminka** und deren Wasserführung hängt sehr von der Witterung ab. Bei meinem Besuch waren es mehr als zehn, überall sprudelte und gurgelte es – ein stimmungsvolles Naturschauspiel.
Der Rückweg nach Tolmin erfolgt auf demselben Weg.

KURZ & BÜNDIG

Nächste Bahnstation, Bushaltestelle, Unterkünfte: s. Tour 22

Charakterisierung: Mäßig anstrengende Mountainbiketour, ergänzt durch eine kurze Wanderung.

Höhenunterschiede: Tolmin (194 m)–Železje (Moränenriegel, 709 m): 550 m (mit Gegenanstieg); Talboden Tolminka–Javorca-Kirche: 170 m

Weglängen (einfach): Radstrecke: ca. 12 km; Fußweg zu den Tolminkaquellen: 1,5 km. Auffahrt zur Javorca-Kirche: 1 km

Mountainbike-Verleih: *Maya*, Volče 87c, Tolmin, Tel. 051/312972, 05 380 05 30

Beste Jahreszeit: März/April–Oktober

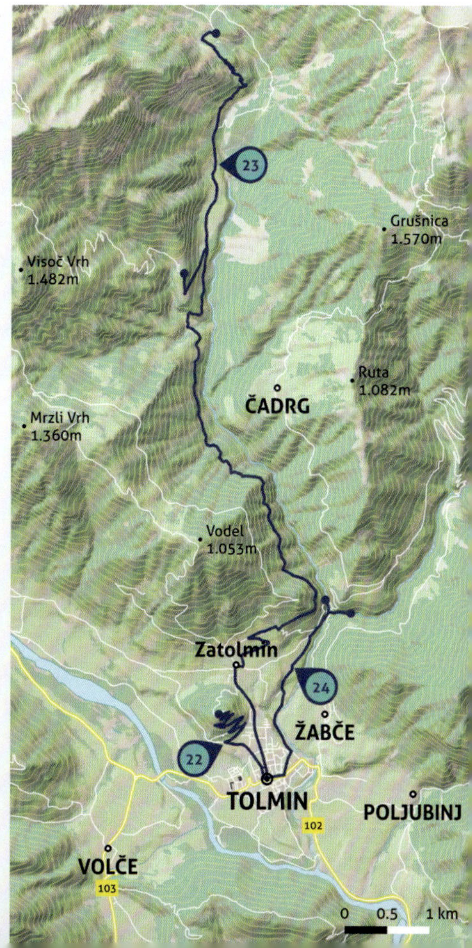

Die Heiligengeist-Gedenkkirche Javorca

1915–1917: Tragische Jahre, die fast nur traurige Spuren hinterlassen haben – mit wenigen Ausnahmen. Eine davon ist die Heiligengeist-Gedenkkirche Javorca im Tolminkatal, circa 10 Kilometer nördlich von Tolmin. Sie gilt zu Recht als das schönste Denkmal aus dieser unglückseligen Zeit.

Man muss sich das vorstellen: Gerade einmal 3 Kilometer westlich verläuft die Front am Mrzli vrh, einer der am härtesten umkämpften Anhöhen des Frontabschnitts zwischen Krn und Tolmin. Der Talboden und die westlichen Hänge des Tolminkatals liegen aber im toten Winkel des italienischen Artilleriefeuers, weshalb die Soldaten der österreichisch-ungarischen Armee sich ungefährdet dorthin zurückziehen können – erschöpft und vielfach traumatisiert. Dennoch finden viele die Kraft, am Bau einer Kirche mitzuwirken, die nicht nur Christen, sondern auch Angehörigen anderer Religionen, zum Beispiel Muslimen, als Ort der Ruhe und inneren Einkehr dienen soll.

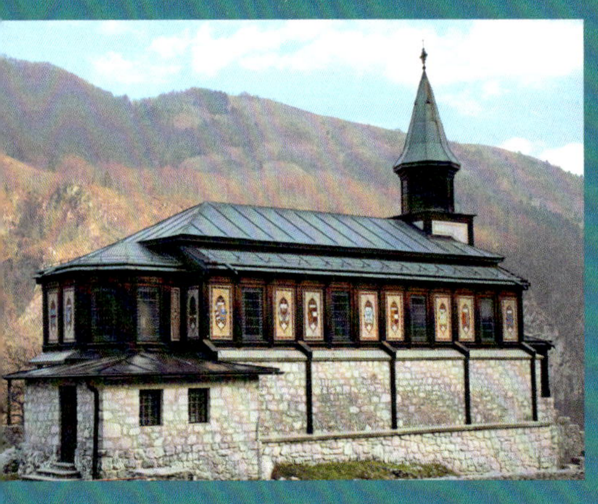

Entworfen wurde die Kirche von dem österreichischen Maler und Bühnenbildner Remigius Geyling (1878–1974), der an diesem Frontabschnitt als Oberleutnant eingesetzt war. Nach acht Monaten Bauzeit unter der Leitung des ungarischen Leutnants Géza Jablonszky wurde die Kirche am 1. November 1916 eingeweiht. Während des Krieges wurden darin jeden Sonntag Messen für die Soldaten, gleich welcher Konfession oder Religion, gehalten.

Eine breite Treppe führt von Süden über circa 50 Stufen hinauf zum Eingang, über dem sich ein kleiner hölzerner Turm mit dem Wappen der k. u. k. Monarchie erhebt, darüber eine Sonnenuhr mit dem Schriftzug *PAX* (Frieden). Die Grundmauern sind aus Kalkstein, die Wände aus Lärchenholz gefertigt. Zwischen den Fenstern befinden sich die Wappen von 14 österreichischen Kronländern (Vorarlberg fehlt), der Königreiche Ungarn, Kroatien und Slawonien, der Städte Triest und Rijeka sowie des annektierten Gebiets Bosnien-Herzegowina. Das Kircheninnere wurde im Secessionsstil (Wiener Variante des Jugendstils) gestaltet. Hier

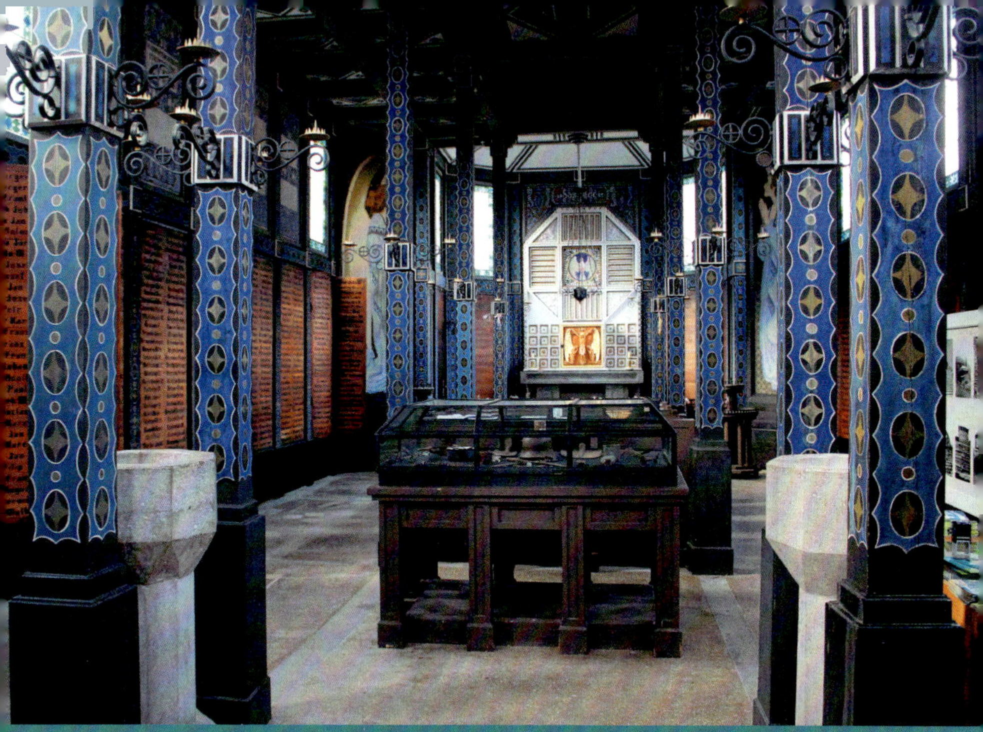

Die Javorca-Kirche im Tolminkatal

fällt das angenehme Blau der oberen Wände, der Decke und der Säulen auf, welche den Raum in drei Teile gliedern. Die Seitenwände sind mit Eichentafeln verkleidet, in welche die Namen von mehr als 2500 in den umliegenden Bergen gefallenen Soldaten eingebrannt sind. Eine von den Italienern im Zuge der Renovierung von 1934 angebrachte Platte trägt die Inschrift *Ultra cineres hostium ira non superest* (Vor Gräbern verstummt der Feindeshass).

Nach dem Zweiten Weltkrieg wurde die Javorca-Kirche vernachlässigt und verfiel allmählich. Anfang der 1980er-Jahre wurde sie renoviert, doch durch das Erdbeben am Ostermontag 1998 nahm sie großen Schaden. In den Jahren 2004 und 2005 wurde sie umfassend renoviert. 2007 erfolgte die Auszeichnung mit dem „Europäischen-Kulturerbe-Siegel" – als Denkmal von europäischer Bedeutung.

Öffnungszeiten:
Juli, August täglich 10–19 Uhr, erste Septemberhälfte täglich 10–17 Uhr; Mai, Juni, sowie Mitte September bis Anfang November: Samstag, Sonntag, Feiertag 10–17 Uhr. An Regentagen bleibt die Kirche geschlossen.

Außerhalb dieser Zeiten kann man sich einen Schlüssel vom TIC Tolmin (Tourist Information Center), Petra Skalarja 4, Tolmin, holen.

Tour 24

Tolminka- und Zadlaščica-Klamm

Zu den eindrucksvollsten Schluchten Sloweniens

In Tolmin, nur 180 Meter hoch gelegen, klettert das Thermometer an manchen Sommertagen auf Werte wie an der Adriaküste. Wer Hitze scheut, sollte dann zwei der berühmtesten und eindrucksvollsten Klammbildungen Sloweniens aufsuchen – Abkühlung garantiert, auch ohne Sprung ins stets kalte Wasser. Ein Besuch lohnt sich aber nicht nur im Sommer. Hier, am südlichsten und zugleich tiefsten Punkt des Nationalparks Triglav, zeigt sich die Natur der Julischen Alpen nochmals von ihrer schönsten Seite.

Wegbeschreibung

Ausgangspunkt ist der zentrale Platz **Mestni trg** in Tolmin. Von dort rechts entlang der Hauptstraße in Richtung Most na Soči. Circa 50 Meter nach der großen Bushaltestelle links auf eine kleine Straße, die nach 200 Metern hoch über der Tolminka endet. Dort links, d. h. talaufwärts, vorbei an einem Sägewerk. Beeindruckender Blick nach Norden in das tief eingeschnittene Tal der Tolminka mit den zum Teil über 2000 Meter hohen Gipfeln der Südlichen Wocheiner Bergkette.
Nach den letzten Häusern von Tolmin passieren wir den Soldatenfriedhof von **Loče**. Hier sind zahlreiche Soldaten der österreichisch-ungarischen Armee begraben, die bei Kämpfen im Krngebiet getötet wurden. Ihre Namen finden sich übrigens eingebrannt auf den Eichenholztafeln in der Javorca-Kirche. An einer Linkskurve zweigt rechts ein Fußweg ab, auf diesem nach 1 Kilometer zu einem Parkplatz. Weiter geht es auf einer kleinen Straße, nach circa 200 Metern gehen wir aber rechts auf einen zur Tolminka hinabführenden markierten Waldweg und entrichten an der Kasse 3 € Eintrittsgeld. An den steilen Hängen wachsen unter anderem **Hopfenbuche,**

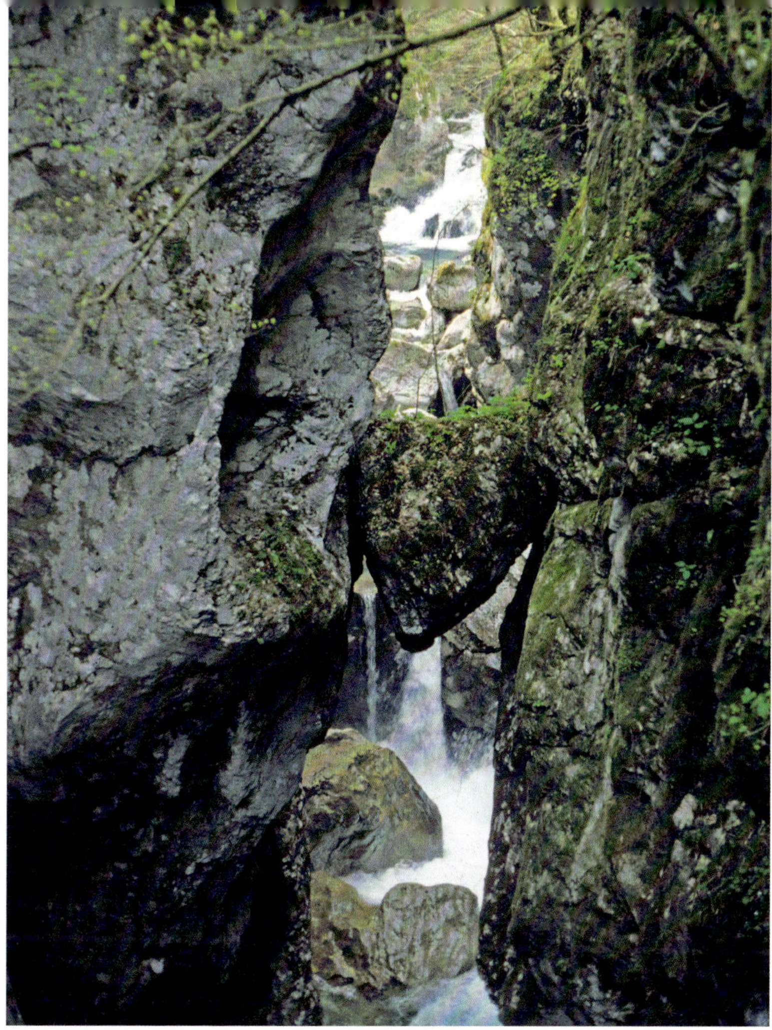

Der Bärenkopf in der Zadlaščica-Klamm

Linde, Goldregen, Eibe. Nach Regen kriechen hier etliche **Feuersalamander** aus ihren Verstecken.

Schon bald stehen wir auf der **Brücke über die Tolminka** (ca. 190 Meter) und genießen den Blick in die **Tolminka-Klamm**, die wir gleich erkunden werden. Nach der Brücke geht es links auf gesichertem Weg in die immer enger werdende Klamm – 60 Meter unter der für Kraftfahrzeuge befahrbaren **Teufelsbrücke/Hudičev most**. Schließlich führt der Weg durch einen künstlichen Stollen (Taschenlampe!) und endet an einer besonders engen, etwas finsteren Stelle der Klamm. Nahebei eine Besonderheit am Ufer der Tolminka: die einzige Thermalquelle der Julischen Alpen, wegen eines Felssturzes allerdings nicht direkt sichtbar. Das hier austretende Wasser hat eine Temperatur von 22° C. Zwar gibt es wärmere Thermalquellen, aber die Temperaturdifferenz zur Tolminka ist beträchtlich. Deren Wasser erwärmt sich selten auf mehr als 8° C.

Hier kehren wir wieder um, gehen aber an der Holzbrücke geradeaus weiter und steigen in Serpentinen aufwärts. Die rechts und links in Richtung Žabče bzw. Zadlaz abzweigenden Wege ignorieren wir. Bald befinden wir uns nicht in, sondern hoch *über* der **Zadlaščica-Klamm**. Von einem kleinen Aussichtspunkt schauen wir in den circa 50 Meter tiefen düsteren Abgrund mit moos- und farnbewachsenen Felsen hinab. Links entdecken wir einen Felsblock, der sich zwischen den nahe beieinanderliegenden Wänden verkeilt hat und von den Einheimischen „Bärenkopf" genannt wird. Dies ist auch der Endpunkt unserer Wanderung.

Auf demselben Weg kehren wir wieder nach Tolmin zurück.

KURZ & BÜNDIG

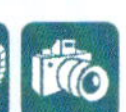

Nächste Bahnstation, Bushaltestelle, Unterkünfte: s. Tour 22

Charakterisierung: Begehung der beiden Klammen von Tolmin aus in 2–3 Std. möglich. Feste Wanderschuhe erforderlich. Taschen- oder Stirnlampe mitnehmen! Im Sommer und an manchen Wochenenden beliebtes Ausflugsziel.

Beste Jahreszeit: Prinzipiell ganzjährig, bei Schnee und Eis (kommt selten vor) gefährlich.

Tipp: Eine lohnende kleine Wanderung führt zum Zusammenfluss von Soča und Tolminka. Hierfür ist allerdings gutes Orientierungsvermögen erforderlich. Von der bebauten Hochterrasse hinunter zu den ausgedehnten Wiesenflächen, auf denen im Sommer die „Metaldays", das „Punk Rock Holiday" und das „Overjam International Reggae Festival" stattfinden. Von dort zum Auwald, dort links und auf schmalem Pfad das Ufer entlang. Nahebei das „Deutsche Beinhaus". Interessanter jedoch ist der Künstlerpfad mit gut in die Umgebung passenden Holzskulpturen heimischer Künstler.

Mittellauf der Soča von Tolmin bis Gorizia

Tour 25

Široko (753 m)

Aussichtsloge über Most na Soči

Die unweit nördlich des Bahnhofs von Most na Soči vorbeifließende Idrijca bildet meine „gefühlte" Grenze zwischen den Alpen im Norden und den zunächst deutlich niedrigeren Dinariden im Süden. Vom Široko, südlich dieser Grenze, bietet sich aber ein erstklassiger Blick zurück zu den Alpen. Es lohnt sich, dort oben zu übernachten, nicht nur wegen der Aussicht, sondern auch wegen der Gastfreundschaft. „Široko" hat hier übrigens nichts mit einem unangenehmen Südwind zu tun, sondern bedeutet „weit", „breit".

Wegbeschreibung

Start dieser Wanderung ist am **Bahnhof Most na Soči**. Von dort nach Westen, vorbei an Lagerhallen und an der Gostilna „Pri Štefanu", nach circa 300 Metern unter der Eisenbahnlinie hindurch, dann links aufwärts. Nach 150 Metern geht es scharf rechts auf einen schmalen Fahrweg und durch Laubwald mit viel **Bärlauch** ziemlich steil aufwärts. Bei den Bauernhöfen **Klohe** auf circa 500 Metern Höhe endet der befahrbare Weg.

Weiter geht es auf einem bei Regen etwas rutschigen Erdweg durch Obstwiesen und Weiden bergauf. **Achtung**: Auf circa 620 Metern Höhe nicht geradeaus (der Pfeil für Mountainbiker zeigt nicht eindeutig die Richtung

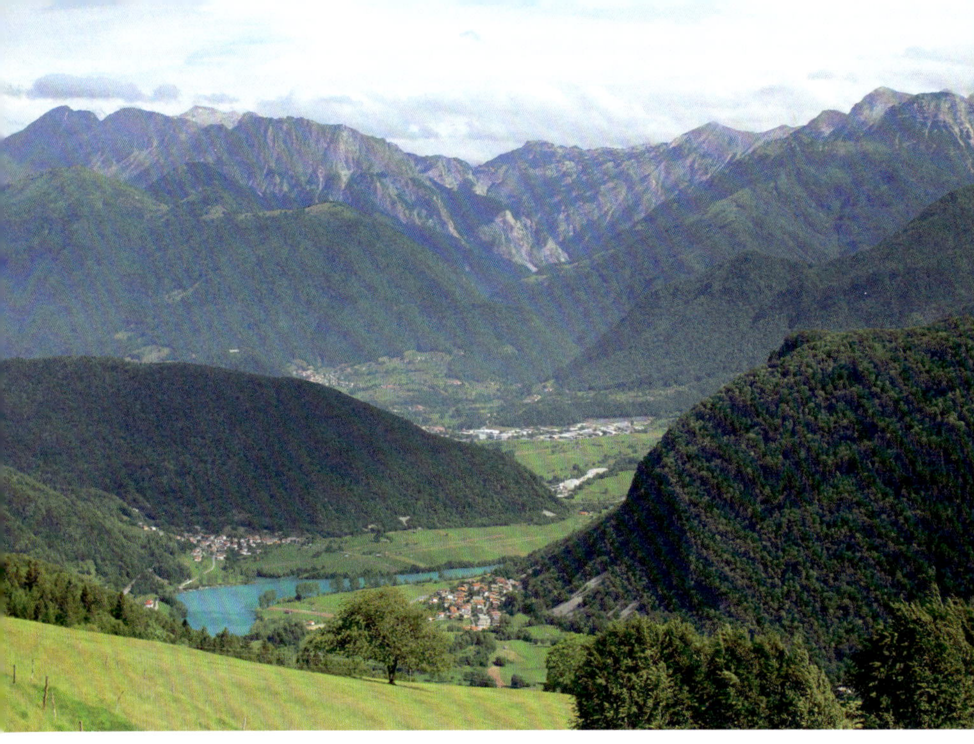

Blick vom Široko hinab zum Sočastausee und ins Talbecken von Tolmin

an), sondern rechts. Der vor einigen Jahren noch als Wegweiser dienende alte Zastava steht leider nicht mehr da. **Trollblumen, Maiglöckchen** und einige **Knabenkräuter** begleiten uns auf den letzten 150 Höhenmetern. Oben angelangt, kehren wir beim Bauernhof **Široko** ein. Wer nicht übernachtet, sollte sich hier wenigstens die Schinkenplatte gönnen. Nahebei ein Aussichtspunkt mit zahlreichen Richtungszeigern zu den Bergen in der näheren und der weiteren Umgebung. Unten im Tal der in kräftigem Türkis leuchtende Soča-Stausee.

Der Rückweg nach Most na Soči erfolgt entweder auf demselben Weg wie der Aufstieg oder auf der kleinen, nach Westen führenden Straße. In diesem Fall gehen wir ausschließlich auf Asphalt, genießen aber nochmals schöne Ausblicke. Zu Beginn schauen wir nach Süden auf die von Wald umgebenen Gehöfte von **Kanalski Vrh** – eine unbekannte Mittelgebirgslandschaft, die der Entdeckung harrt. Nach 2 Kilometern (bei Höhenangabe 580 Meter) biegen wir rechts auf die etwas größere Straße, die durch Buchenwald nach Most na Soči hinabführt.

Variante 25a

Wer mehrere Tage Zeit hat und diese Tour etwa mit Tour 26 verbinden will, dem empfehle ich eine Wanderung über **Gorenji Log** nach **Avče**. Voraussetzung dafür ist jedoch gutes Orientierungsvermögen. Vom Široko wie beschrieben abwärts, an der Straßeneinmündung (Höhenangabe 580 Meter) rechts, nach 1 Kilometer scharf links auf kleiner Straße zum Gehöft **Rob**. Weiter auf unmarkiertem Weg durch Wald mit einigen Lichtungen. Nach 1,5 Kilometern weicht der Weg einer Felsstufe rechts aus, bis er links ziemlich steil und steinig durch einen Wald aus **Mannaeschen** und **Zerreichen** nach **Gorenji Log** hinabführt. Dort Erfrischung an einem Brunnen. Weiter auf einem Feldweg entlang der Soča und der Wocheiner Bahn zunächst durch Obstwiesen, später meist durch Wald circa 6 Kilometer bis zum **Bahnhof Avče**. Von der Soča und von der Bahnlinie bekommt man nicht viel zu sehen. Lediglich unterhalb der **Babja jama** („Weiberhöhle") erblickt man den dort noch natürlich wirkenden Flusslauf nebst Bahnlinie. Kurz vor Avče steil abwärts, unten scharf rechts auf die Teerstraße, unter der Bahn hindurch und rechts hinauf zum Bahnhof. Vom Bahnhof Avče empfiehlt sich eine Weiterfahrt mit dem Zug bis **Kanal** (Ticket im Zug lösen).

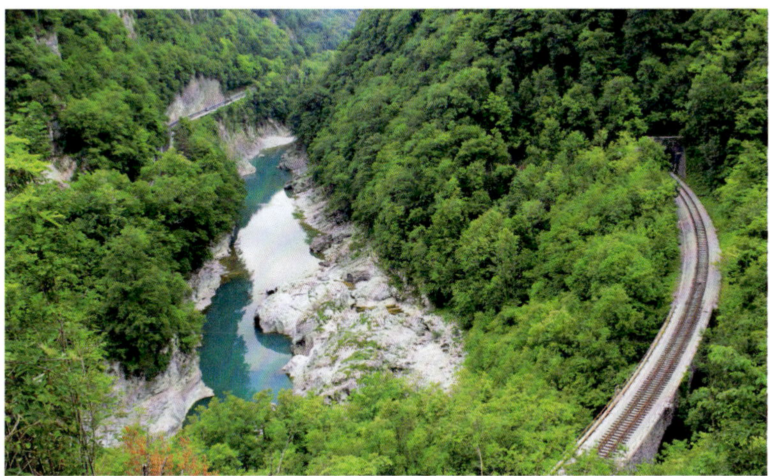

Soča und Wocheinerbahn zwischen Gorenji Log und Avče

KURZ & BÜNDIG

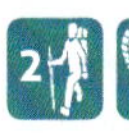
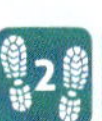
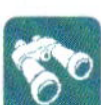

Nächste Bahnstation: Most na Soči

Charakterisierung: Im Aufstieg etwas anstrengende, aber unschwierige Wanderung. Für Variante 25a gutes Orientierungsvermögen erforderlich.

Höhenunterschied/Gehzeiten: Bhf. Most na Soči–Široko: 500 m/je 1 ½–2 Std. ↑↓.

Variante 25a: Široko–Rob 1 ¼ Std., Rob–Gorenji Log 1 Std., Gorenji Log–Bahnhof Avče 1–1 ½ Std.

Stützpunkte: Touristischer Bauernhof *Široko*. In *Most na Soči* Hotel und einige Gasthäuser. In unmittelbarer Bahnhofsnähe Gostilna Pri Štefanu.

Beste Jahreszeit: April–Oktober, am schönsten in Mai und Oktober.

Tipps für Spaziergänge in und um Most na Soči: Entlang des **Soča-Stausees** im Norden auf gepflegten Wegen, Möglichkeit einer Fahrt mit dem Schaufelraddampfer Lucija auf dem Stausee, Näheres unter *www.ladja-lucija.si.* Auf dem **kulturgeschichtlichen Weg** von Most na Soči (führt u. a. zu Fundstätten aus der Eisen-, Bronze- und Römerzeit und zum Archäologischen Museum). **Pot ob Soči,** romantischer Weg entlang der schluchtartig verengten Südhälfte des Soča-Stausees.

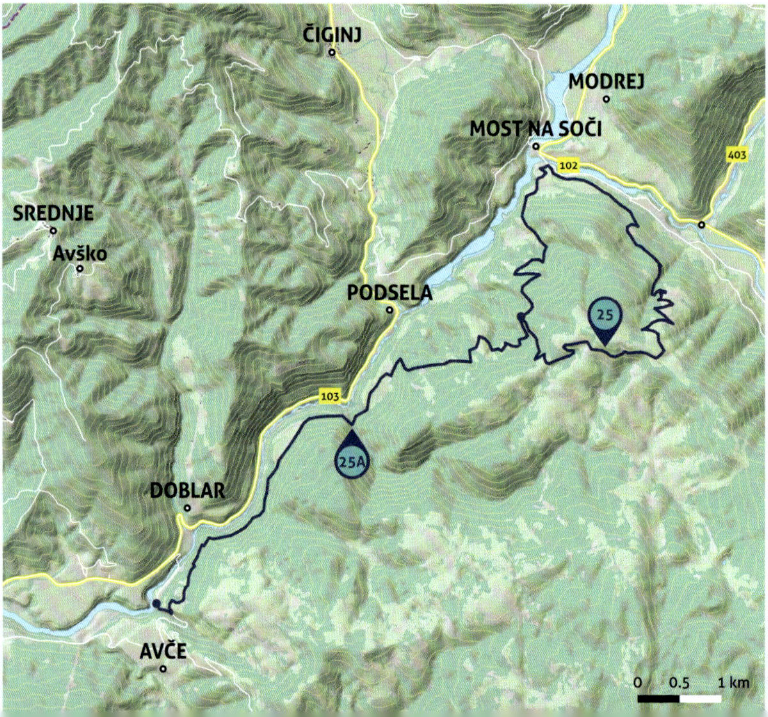

Tour 26

Kanal–Banjšice (Radtour)

Erholsame Radtour durch eine stille Landschaft

Die Banjšice – ein stiller und friedlicher Landstrich mit Laubwäldern, kleinen Gehölzgruppen und Wiesen, auf denen Orchideen blühen; eine harmonische sanftwellige Kulturlandschaft auf 600 bis 900 Metern Höhe. So still und friedlich wie heute war es hier nicht immer. Vor über 100 Jahren herrschte hier ein infernalischer Schlachtenlärm. Im Verlauf der elften Isonzoschlacht im September 1917 erzielten die Italiener auf dieser Hochfläche ihren weitesten Vorstoß an der gesamten Front, der in diesem wasserarmen Gebiet jedoch keinen Vorteil brachte. Zwar sind heute an manchen Stellen noch Granattrichter zu sehen, doch fast überall sind Gras, Büsche und Bäume über dieses Kampfareal gewachsen. Heute lässt es sich auf den durchwegs asphaltierten kleinen Straßen angenehm radeln, denn es herrscht zumindest wochentags wenig Autoverkehr. Der Eisregen vom Februar 2014 hat hier nicht gewütet, einige Kilometer weiter östlich im Čepovanski dol dafür umso mehr.

Streckenbeschreibung

Wir starten an der Kirche **Marijinega vnebovzetja**/Mariä Himmelfahrt in **Kanal** (103 m), Geburtsort des berühmten Pfarrers, Bergsteigers und Wohltäters Valentin Stanič (1774–1847). Auf der Hauptstraße circa 1,5 Kilometer nach Süden (Richtung Nova Gorica), bei **Morsko** dann links ab auf die Straße nach Kanalski Vrh. Nun kommt der anstrengendste Teil dieser Radtour. Durch Wald geht es mit einer Steigung von 7 bis 10 % circa 6 Kilometer aufwärts. Auf einer Höhe von knapp 600 Metern endet die Steigungsstrecke, und der Wald öffnet sich. Bis hierher waren es fast 500 Höhenmeter.

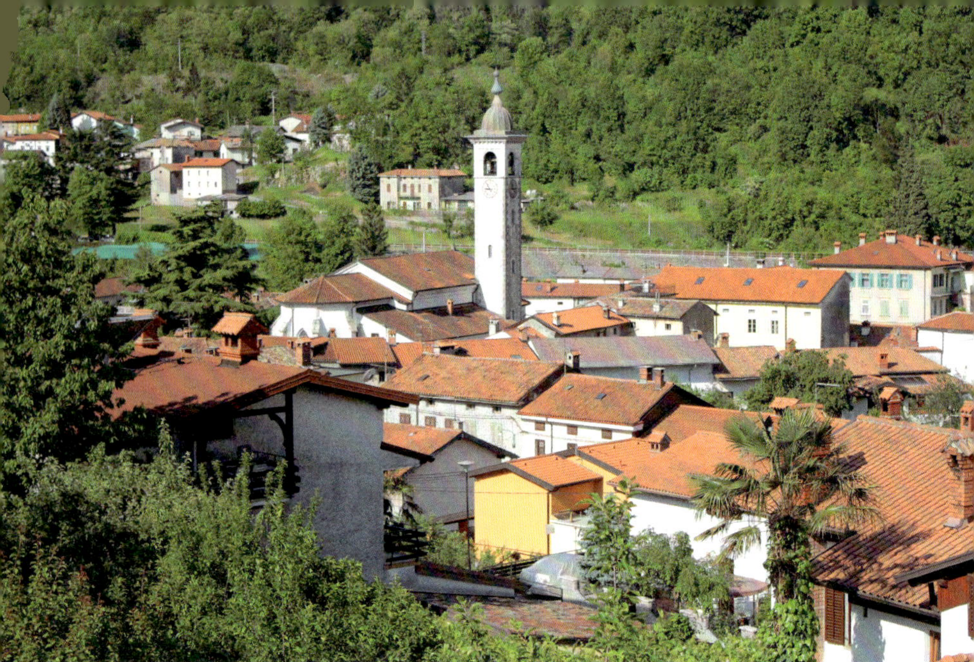

Kanal

Wenige Hundert Meter, und wir sind in **Kanalski Vrh** (589 m), dort rechts in Richtung Bate. Durch Wald und Viehweiden fahren wir gemütlich 5 Kilometer bis **Bate**. Unterwegs besteht die Möglichkeit, die Räder abzustellen und in einer halben Stunde den **Jelenk** (787 m) zu besteigen, dessen felsiger Gipfel einen hervorragenden Ausblick auf die Banjšice, aber auch zu den Alpen im Norden und zum Kloster Sveta Gora im Süden bietet. In Bate (591 m) links in Richtung Lohke. Hier geht es nochmals aufwärts auf über 700 Meter. Im Mai blühen auf einigen Wiesen entlang der Straße zahlreiche **Knabenkräuter**, unter denen das **Kleine Knabenkraut** mit seinen kräftig purpurvioletten Blüten besonders auffällt.

Am Weiler **Lohke** halten wir uns rechts in Richtung Podlešče, Čepovan und fahren durch die typische Banjšice-Landschaft mit viel Grünland, Baumzeilen, bewaldeten Hügeln und kleinen Weilern. Wir bleiben auf der Hauptstraße, der Weiler **Podlešče** bleibt rechts liegen, ein kurzes steiles Stück (bis 14 %). Weiter in Richtung **Čepovan** und nach 1,5 Kilometern scharf links in Richtung Kal nad Kanalom. Nach 1,5 Kilometern eine Rechtskurve, ein Pfeil zeigt rechts nach Trščaki. Gegenüber dieser Abzweigung gibt es einen Rastplatz mit Tisch und Sitzbänken – inmitten einer **Orchideenwiese** und mit Aussicht nach Norden bis zu den Alpen.

Von dort noch 2,5 Kilometer bis **Kal nad Kanalom**. Ab hier in mäßigem Gefälle circa 10 Kilometer über **Levpa** hinab nach Avče. Kurz vor Avče machen wir einen Halt bei der Wallfahrtskirche **Marija Snežna**, erbaut im 15. und 16. Jahrhundert in gotischem Stil (der freistehende Glockenturm ist wahrscheinlich älter). Wir fahren dann durch **Avče**, ein nettes Haufendorf, das aber nicht sehr belebt wirkt. Nun nochmals abwärts, unten rechts das Pumpwerk, das Wasser aus der Soča zum Speicherbecken bei Kanalski Vrh hochpumpt. Dann wieder aufwärts und unweit der Soča, die wir allerdings nicht immer zu sehen bekommen, über **Bodrež** zurück nach **Kanal**.

KURZ & BÜNDIG

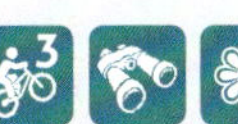

Charakterisierung: Ziemlich anstrengende Radtour mit normalem Tourenrad, die größte Herausforderung gleich zu Beginn (500 hm auf 6 km Srecke). Streckenlänge insgesamt 42 km.

Unterkünfte: Apartma Pod Gradom (s. Anhang), Holiday house Soča, Gregorčičeva 3, Kanal, *www.apartma-kanal.si/*

Beste Jahreszeit: April–Oktober, am schönsten in Mai und Oktober.

Hinweis: In Kanal kein Fahrrad-Verleih.

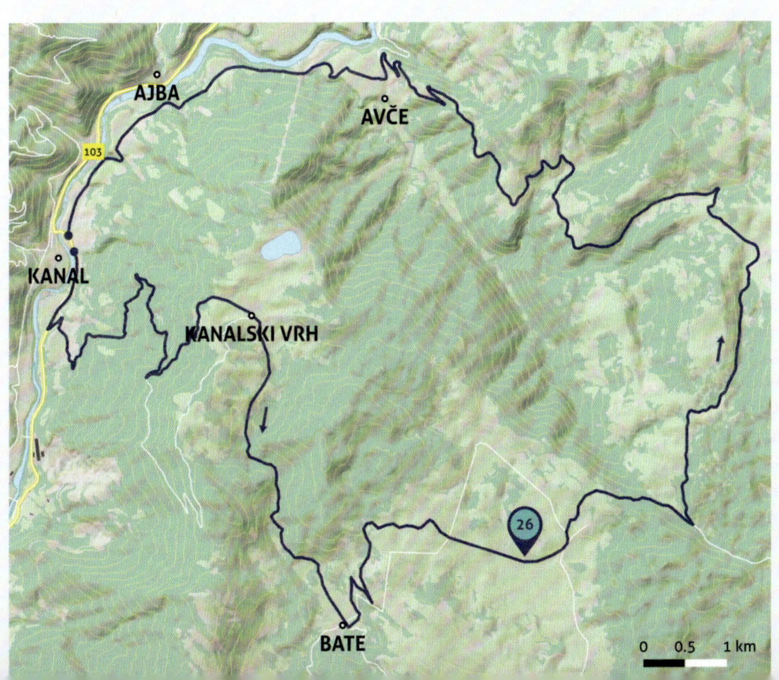

Tour 27

Kanal–Kanalski Kolovrat–Sabotin–Nova Gorica

Durch eine einsame Landschaft dem Süden entgegen

Vielleicht ist es diese Tour, die am besten zwischen Alpen und Adria vermittelt. An klaren Tagen mag auf dieser Wanderung manch einer hin- und hergerissen sein beim Anblick der lockenden Berge im Norden und der verheißungsvollen Küste im Süden. Doch genießen wir einfach zwei Tage lang diese ruhige Mittelgebirgslandschaft mit ihren einsam gelegenen Dörfern und Kirchen (am Ende der Wanderung ist es mit der Einsamkeit vorbei), mit ihren bunten, artenreichen Wiesen – und mit Prachtblicken hinab zur Soča.

Wegbeschreibung

Ausgangspunkt ist die Kirche **Marijinega vnebovzetja**/Mariä Himmelfahrt mit dem schlanken Turm in **Kanal** (103 m). Von hier auf der nahe gelegenen Brücke über die Soča, das wohl bekannteste Fotomotiv von Kanal. Eine Brücke mit äußerst wechselvoller Geschichte: 1580 zum ersten Mal errichtet, wurde sie mehrfach zerstört und wiederaufgebaut, zuletzt 1920. Herrlicher Blick hinab zur Soča, die sich an dieser Stelle, ähnlich wie an einigen Abschnitten des Oberlaufs, noch einmal in helles Kalkgestein „eingefräst" hat. Alljährlich im August findet hier ein Spektakel statt: Wagemutige Männer springen von der Brücke in die dort 10 Meter tiefe Soča – Fallhöhe 17 Meter. Für die ganz Wagemutigen wird der Absprung noch erhöht – Fallhöhe 23 Meter.
Nach der Brücke geradeaus und durch die Bahnunterführung, unmittelbar danach links (Wegweiser *Marijino Celje*) in das Dorf **Gorenja vas**, dort rechts bergauf. Am Ende der geschlossenen Siedlung Wegteilung: Links weist ein

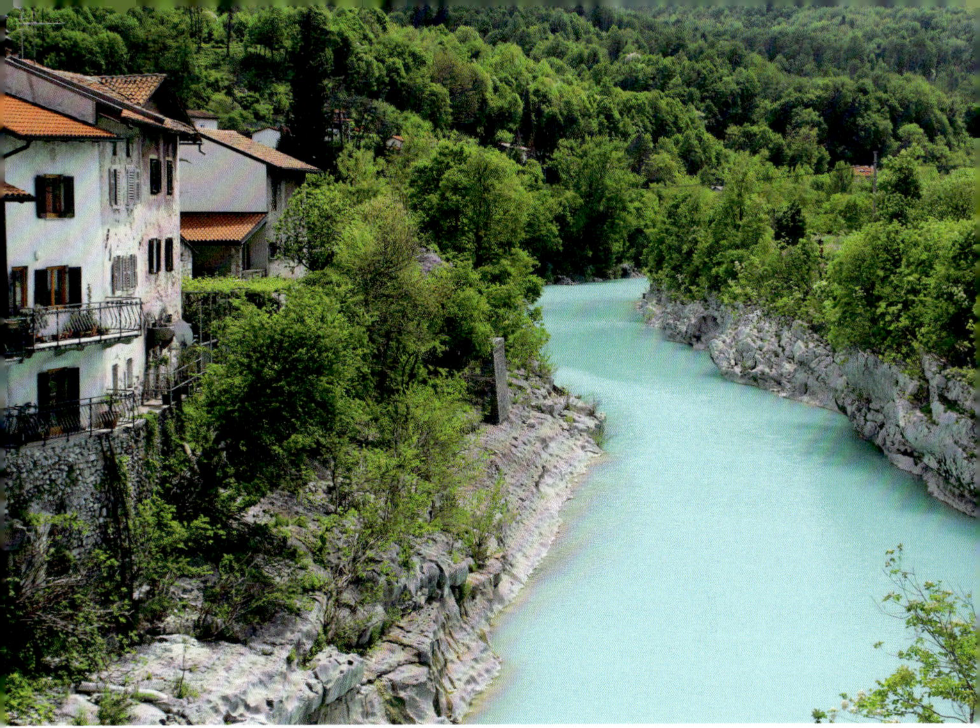

Die Soča bei Kanal

Pfeil zur Korada (s. Variante 27a), wir wählen jedoch den Weg rechts Richtung Marijino Celje. Nach 200 Metern zeigt ein roter Pfeil nach rechts den Weiterweg an. Ab hier steil und steinig durch Wald aufwärts. Auf halber Höhe befindet sich rechts des Weges eine Sehenswürdigkeit: eine **Edelkastanie** (*pravi kostanj*) mit fast 2 Metern Stammdurchmesser und einer Höhe von 23 Metern. Einige Äste sind bereits abgestorben und abgebrochen, Baumhöhlen haben sich gebildet, die nun verschiedenen Tieren als Refugium dienen. Sogar **Eulen** haben darin schon gebrütet. Ansonsten herrschen in diesem Wald **Zerr- und Flaumeichen** vor.

Nach einer kurzen Straßenberührung öffnet sich auf circa 400 Metern Höhe der Wald. Vom Haus **Ravenca** wandern wir teils durch Wiesen, teils durch Wald weiter aufwärts bis zur Einmündung der von der Kirche Marijino Celje herunterführenden Straße in die größere Straße. Wer will, kann direkt zur Kirche hinaufgehen. Ich empfehle jedoch einen Umweg über **Lig** (608 m). Hierfür gehen wir auf der größeren Straße rechts und nach 300 Metern an der Straßenteilung geradeaus (links zeigt ein Pfeil nach Britof). Nach weiteren 200 Metern befindet sich links, gleich nach dem Sportplatz, der kleine

Laden „Sandra", der erstaunlich gut sortiert ist – und mich einmal vor dem Verdursten gerettet hat, an einem Samstag kurz vor 12 (Punkt 12 Uhr wurde geschlossen).
Gegenüber dem Laden führt der weitere Weg zwischen großen Fichten steil aufwärts. Zwar könnte man jetzt direkt zur Kirche aufsteigen, ich empfehle jedoch bei guter Fernsicht nochmals einen Umweg; diesmal über den Feldweg nach Nordosten, dann über den Wiesenhang aufwärts. Weitreichender Blick nach Norden und Nordwesten zu den Alpen, besonders beeindruckend im Frühjahr, wenn die Berge noch schneebedeckt sind. Schließlich erreichen wir die nur sporadisch geöffnete Wallfahrtskirche **Marijino Celje** (Mariazell, 677 m). Ihre Ursprünge gehen auf das 14. Jahrhundert zurück, ihr heutiges Aussehen mit den beiden Türmen bekam sie gegen Ende des 18. Jahrhunderts. Die Kirche liegt auf dem Pilgerweg, der die Klosteranlage **Castelmonte bei Cividale** mit der Wallfahrtskirche **Sveta Gora bei Nova Gorica** verbindet. Sowohl Castelmonte als auch Sveta Gora sind von hier aus zu sehen.
Nun wandern wir auf der kleinen Straße nach Südwesten abwärts zur Einmündung der größeren Straße und dort geradeaus weiter – die Straße ist wenig befahren. Nach 3 Kilometern weist links ein Pfeil hinauf zum Kirchlein **Sveti Jakob** (745 m). Durch Buchenwald geht es auf gewundenem Weg hinauf zu diesem Sakralbau mit dem Glockentürmchen, das irgendwie an Westernfilme erinnert. Freie Sicht in die weitere Umgebung. Danach gehen wir wieder zurück, biegen aber schon nach 150 Metern links ab (Stein mit Aufschrift *Korada*). Nun gilt es, die Markierung zu beachten. Teils durch Wald und über Wiesen, teils an der wenig befahrenen Straße geht es weiter nach Südwesten. Im Mai blüht hier an manchen Stellen der **Affodill**. Die Abzweigung links nach Plave ignorieren wir und auch 100 Meter weiter halten wir uns rechts (Richtungsweiser *Žarščina, Korada*). Durch Wiesen und durch Wald wandern wir aufwärts zu dem erst vor wenigen Jahren renovierten Kirchlein **Sveta Genderca** (St. Gertrud). Über aussichtsreiche Wiesen, auf denen zeitweise Rinder weiden, gelangen wir zum höchsten Punkt der **Korada** (812 m). Nahebei die Hütte **Planinsko zavetišče na Koradi**. Trotz der einfachen Ausstattung dieser Hütte empfehle ich eine Übernachtung. Da dies aber nur von Samstag auf Sonntag möglich ist, sollte diese Wanderung entsprechend geplant werden. In der Umgebung reichhaltige Flora (**Illyri-**

sche Gladiole, Feuerlilie, Kugelorchis u. v. m.) und Fauna (Schmetterlinge).

Von der Hütte geht es auf markiertem Weg durch Wald nach Süden hinab zur Straße, dort rechts in Richtung Strmec, Vrholje. Nach kurzer Straßenbegehung folgen wir der Markierung links auf einen Waldweg, dann abwechselnd an der Straße und über Wiesen. Ab Strmec 2 Kilometer Straßenwanderung bis **Vrhovlje**. An einer Rechtskurve (im Frühsommer Verkauf von Kirschen) zweigt ein undeutlich markierter Weg links in südöstliche Richtung ab, der nach 1,5 Kilometern auf einen Schotterweg trifft. Auf diesem links und circa 1,5 Kilometer bis zu einer Jagdhütte. Auf immer schmaler werdendem Pfad wandern wir zum **Sabotin**, dessen lang gezogenen Kamm wir nun überschreiten werden. Leicht ansteigend geht es am oberen Rand des felsig zur Soča abfallenden Steilhangs nach Südosten. Packende Blicke hinab zur aufgestauten Soča und auf die bewaldeten Hänge gegenüber. Nach circa 3,5 Kilometern „Gratwanderung" kommen wir zur Hütte **Planinska koča na Sabotinu** (560 m), die auch ein kleines Museum mit allerlei Gerät und Fotos aus dem Ersten Weltkrieg beherbergt (keine Übernachtung möglich, Einkehr nur an Wochenenden und an Feiertagen.) Nahebei können Kavernen und Schützengräben besichtigt werden. Neben dem Škabrijel und dem Karstplateau war der Sabotin/Monte Sabotino eines der schlimmsten Kampfgebiete an der Isonzofront. Vor einigen Jahren wurde hier der grenzüberschreitende **Friedenspark Sabotin (Sabotin park miru)** ausgewiesen.

Von der Hütte ist es nicht mehr weit zum höchsten Punkt des **Sabotin** (609 m). Darüber und über den nach Süden bis zur Ruine Sveti Valentin sich fortsetzenden Kamm verläuft die Grenze zu Italien. Beeindruckend ist von hier die Aussicht nach Nordosten zu dem auf einem Berg thro-

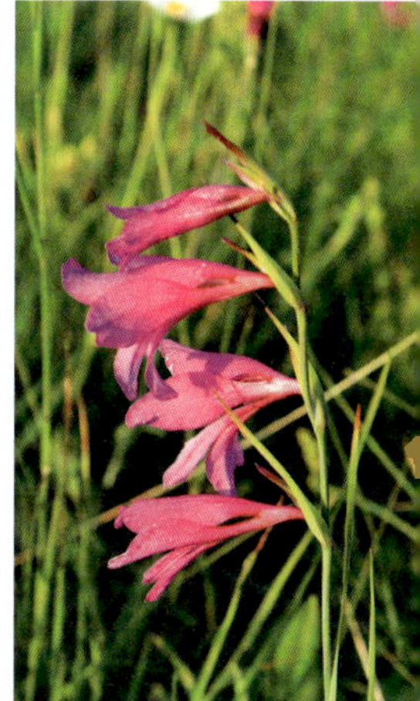

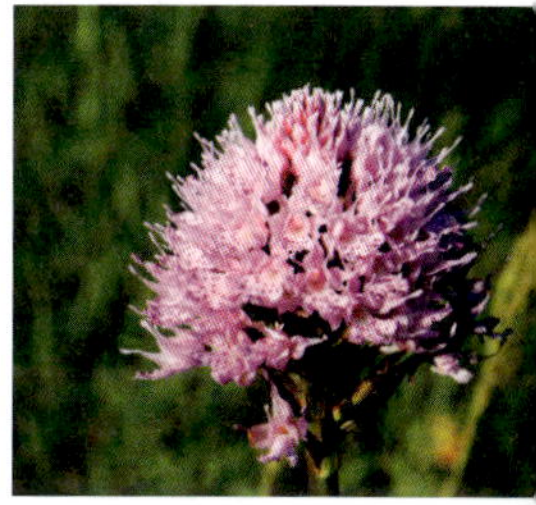

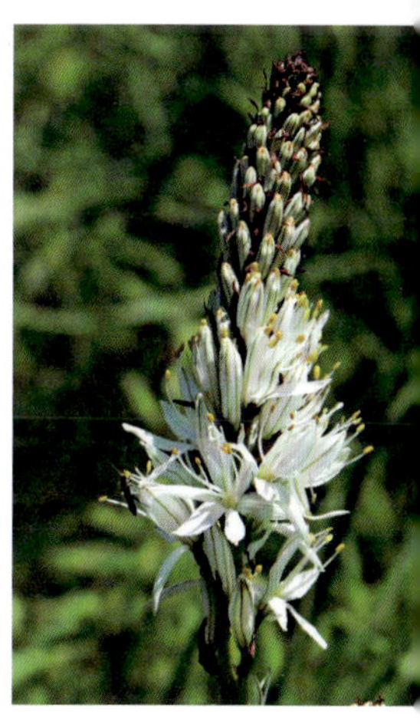

Von oben nach unten: Illyrische Gladiole, Kugelorchis, Affodill

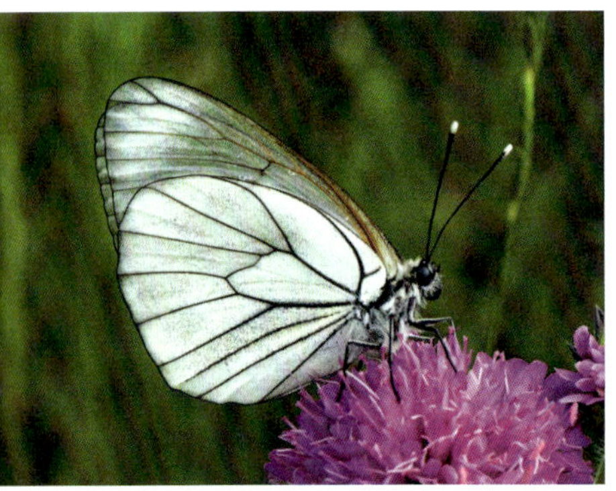

Baumweißling
Rechte Seite: Scheckenfalter auf Orchideenblüte

nenden **Kloster Sveta Gora** und nach Südwesten auf **Gorizia** und zum Fluss, nunmehr **Isonzo**. Noch beeindruckender ist hier die Flora, vor allem im April und im Mai. Besonders ins Auge fallen der **Diptam** und die **Illyrische Schwertlilie**.

Am südöstlichsten Punkt des Sabotinkamms befinden sich die rekonstruierten Grundmauern der einstigen Kirche **Sveti Valentin** (530 m). Von hier führt ein steiniger serpentinenreicher Weg steil abwärts zur Straße, die Solkan mit der Brda verbindet. Auf dieser gehen wir links abwärts und überqueren auf der 1985 erbauten Straßenbrücke die Soča – 55 Meter über der Wasseroberfläche, die hier nicht mehr so transparent ist wie im Oberlauf, aber immer noch türkisfarben schimmert. Im Sommer wird hier Bungeejumping angeboten (*www.top.si/bungee_jumping*). Beeindruckender Blick zur berühmten Steinbogenbrücke der Wocheiner Bahn. Am Ende der Brücke halten wir uns rechts.

Wer am selben Tag noch mit der Bahn nach Norden zurückfahren möchte, kann sich zur nahe gelegenen Haltestelle *(postaja)* Solkan begeben – oder zum **Bahnhof Nova Gorica**. Hierfür bleiben wir in **Solkan** auf der Hauptstraße (Soška cesta, später Cesta IX korpusa), folgen aber nach 1,5 Kilometern nicht dem Wegweiser links zum Bahnhof, sondern gehen rechts und erst unmittelbar nach der Bahnunterführung links. Auf dem Gehweg circa 400 Meter entlang der **Cesta IX korpusa**, sodann entlang des Grenzzauns auf einem breiten Grünstreifen mit Fitnesspfad noch 1 Kilometer bis zum Bahnhof. Entlang des Wegs erinnern **Maulbeerbäume** an die in dieser Gegend einstmals bedeutende Rolle der Seidenraupenzucht. Der 1906 erbaute Bahnhof hingegen, eines der wenigen historisch wertvollen Gebäude von Nova Gorica, erinnert an die „Goldene Ära" des Eisenbahnbaus am Ende der k. u. k. Zeit. Im Bahnhof selbst geht es meist gemütlich zu – eine gute Voraussetzung, um angenehme Erinnerungen mit nach Hause zu nehmen.

Variante 27a

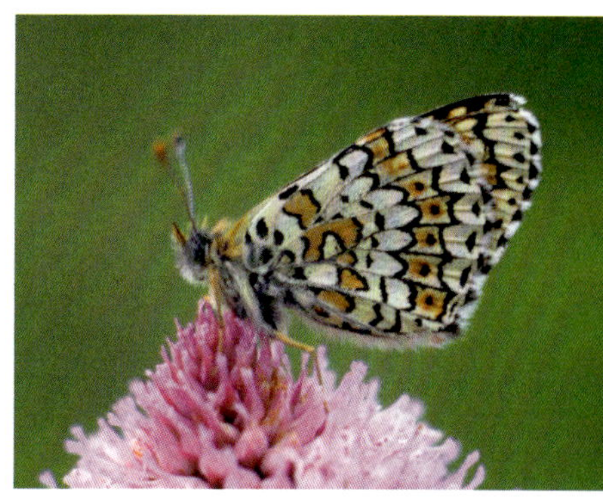

Für einen direkten Aufstieg zur Korada empfiehlt sich folgende Alternative: Von Kanal (103 m) wie beschrieben nach **Gorenja vas**, dort rechts aufwärts bis zum Ende der geschlossenen Siedlung und an der Wegteilung links (Pfeil *Korada*). Durch Wald circa 2,5 Kilometer bergauf (Markierung beachten). Zwischen den Bäumen erblickt man im Sočatal im Süden das große Zementwerk Salonit Anhovo. Mit seinen an Charlie Chaplins „Moderne Zeiten" erinnernden riesigen Anlagen trägt es nicht gerade zur Talverschönerung bei. Doch die Luft ist mittlerweile rein. Ende der 1970er-Jahre, als ich zum ersten Mal hier durchfuhr, lag in kilometerweitem Umkreis heller Staub auf den Häusern, auf den Bäumen, überall. Bis 1996 wurde dort auch Asbest produziert. Die Bäume sind mittlerweile grün – hier hat sich einiges zum Positiven verändert. Nahe dem einsamen Gehöft **Ravna** (500 m) wandern wir durch bunte Wiesen, durchsetzt mit einzelnen Rebzeilen und Gebüschen – ein Dorado für blütenbesuchende Insekten. Nahe dem Kirchlein **Sveti Jakob** treffen wir auf die Höhenstraße, auf der wir wie beschrieben den Weg zur Korada fortsetzen.

Tipp: Wer bei Solkan die (aufgestaute) Soča erkunden möchte, dem sei folgende kleine Wanderung oder Radtour entlang der Wocheiner Bahn empfohlen (die Fernverkehrsstraße in Richtung Bovec verläuft auf der anderen Seite der Soča): Unmittelbar nach der großen Steinbrücke, am Fuß des Sabotin, links auf einer steilen Treppe abwärts, unten auf einem inzwischen befestigten Weg links und entlang der Soča aufwärts. Links die felsigen Südhänge des Sabotin mit Vorkommen der **Steineiche**. Ab der Steinbogenbrücke weiter auf dem Bahnbetriebsweg unmittelbar oberhalb der Schienenstrecke, vorbei an der Staumauer und bis zum verlassenen Bahnhof – oder noch weiter, denn der gesamte Weg von Solkan bis Kanal ist inzwischen auch für „normale" Fahrräder problemlos befahrbar (Fahrradverleih z. B. im Hotel Sabotin).

KURZ & BÜNDIG

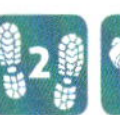
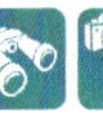

Nächste Bahnstationen: Kanal, Solkan, Nova Gorica

Charakterisierung: Lange, aber unschwierige Wanderung. Am besten auf 2 Tage aufteilen. Im Bereich des Sabotin Trittsicherheit erforderlich (vor allem im Abstieg).

Höhenunterschiede:
Kanal–Marijino Celje: 580 m ↑

Marijino Celje–Sv. Jakob–Korada: ca. 250 m ↑ (mit Gegenanstiegen)

Korada–Sabotin: ca. 450 m ↑, ca. 250 m ↓

Sabotin–Solkan/Nova Gorica: 520 m ↓

Gehzeiten:
Kanal (103 m)–Lig–Marijino Celje (677 m): 2 ½–3 Std.

Marijino Celje (677 m)–Sv. Jakob–Korada (812 m): 2 ½–3 Std.

Korada (812 m)–Sabotin (609 m): 3–4 Std.

Sabotin (609 m)–Hst. Solkan bzw. Bhf. Nova Gorica 2 bzw. 2 ½ Std.

Stützpunkte: *Planinsko zavetišče na Koradi* (803 m): 20 L.; geöffnet ganzjährig Samstag, Sonntag, Feiertag. Übernachtung nur Samstag auf Sonntag; Tel. 041/352584, podbrda@pzs.si

In *Kanal* s. Tour 27.

In *Solkan* Hotel Sabotin (s. Anhang).

In *Nova Gorica* Hotels der gehobenen Preisklasse mit Casinoanschluss.

Beste Jahreszeit: April–Oktober/November, am schönsten im Mai/Juni (Blumenwiesen).

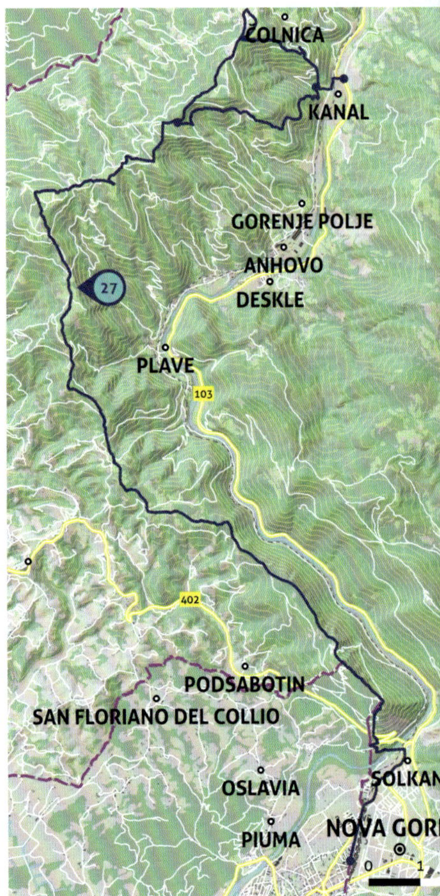

Der Berg Sabotin/Monte Sabotino

Zu den interessantesten Erscheinungen im slowenisch-italienischen Grenzgebiet gehört der Berg Sabotin/Monte Sabotino. Geologisch gesehen stellt er den einzigen „Vorposten" des Karsts *westlich* der Soča dar. Aufgrund seiner reichhaltigen Flora und Fauna – hier treffen sich alpine mit mediterranen Arten – zählt er zu den wertvollsten Natura-2000-Gebieten der Primorska außerhalb der Alpen. Meist nicht erfreulich verlief hier jedoch die Geschichte.

Bereits im Mittelalter wurde am südöstlichen Eckpunkt des Bergzugs ein Kloster gegründet, Sveti Valentin, das aber im 18. Jahrhundert wieder aufgegeben und im Ersten Weltkrieg dann gänzlich zerstört wurde. Der Erste Weltkrieg hat nachhaltige Spuren auf diesem Berg hinterlassen. Im Zuge der sechsten Isonzoschlacht im Sommer 1916 gelang es den Italienern unter hohen Verlusten, diesen Berg zu erobern – zusammen mit der wenig später erfolgten Einnahme von Görz einer der wenigen nennenswerten militärischen Erfolge Italiens an der Isonzofront. Danach wurde der Berg, der 1919 Italien zugesprochen wurde, zur zona sacra, also heiligen Zone, erklärt. Nach dem Zweiten Weltkrieg wurden die Grenzen in Europa neu gezogen. Italien musste einen Großteil des Soča-/Isonzoeinzugsgebiets an Jugoslawien abgeben und auch der Monte Sabotino sollte ab 1947 vollumfänglich an Jugoslawien fallen. Auf inständiges Bitten von italienischer Seite, wenigstens einen Teil der Zona Sacra behalten zu dürfen, wurde die Grenze jedoch über den Gipfelgrat des Sabotin gezogen, mit der Folge, dass das nunmehr zu Jugoslawien gehörende Weinbaugebiet Goriška Brda wirtschaftlich weitgehend isoliert war.

Das sollte sich erst Jahrzehnte später ändern. 1985 wurde auf Grundlage des Vertrags von Osimo eine Straße von Solkan in die Brda gebaut – durch italienisches Staatsgebiet am Südwesthang des Berges Sabotin. Von einem guten nachbarschaftlichen Verhältnis konnte aber noch nicht ganz die Rede sein. Bis heute säumen mehrere Meter hohe Drahtzäune die Straße, Schilder warnen vor einem Verlassen dieses Korridors und weisen auf ein Fotografierverbot hin – kuriose Relikte einer Zeit, da dieses Gebiet noch gespalten war.

In der Nachkriegszeit bemühten sich beide Seiten, Italien und Jugoslawien, am Berg Sabotin auch optisch Präsenz zu zeigen. 1978 wurde unweit der Ruine Sveti Valentin mit Steinen – die gibt es dort reichlich – ein weithin und vor allem nach Italien hin sichtbarer Schriftzug geschaffen: NAŠ TITO (Unser Tito), 25 Meter hoch und 100 Meter lang. Dieser wurde bis über das Jahr

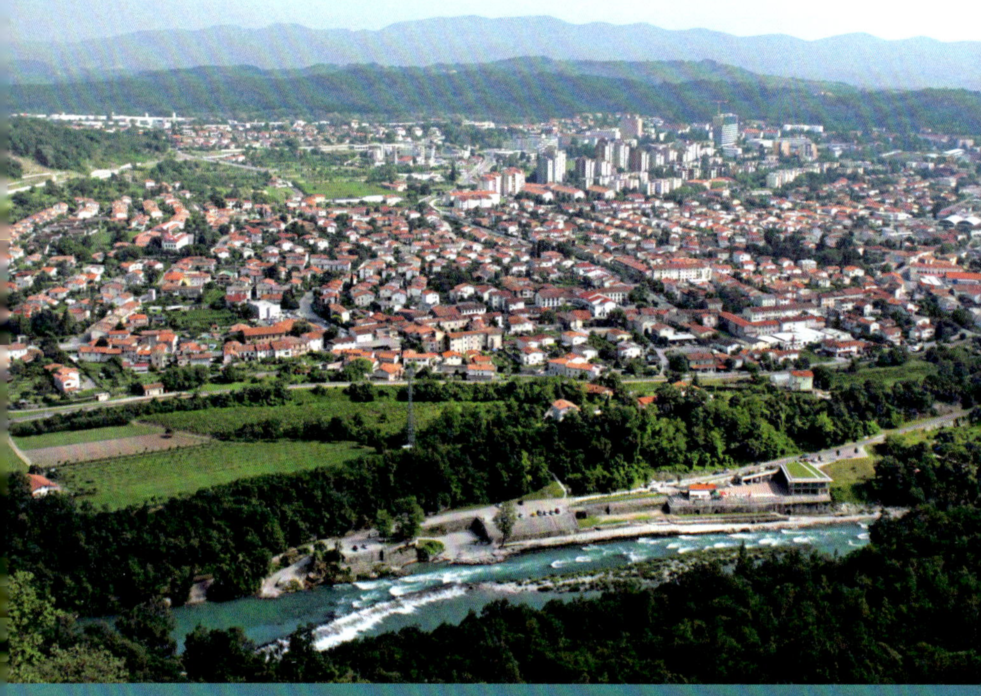

Blick vom Sabotin auf Nova Gorica

2000 hinaus gepflegt und von störendem Gehölzaufwuchs befreit. Doch dann entstand ein regelrechter sportlicher Wettkampf. Über Nacht wurde mehrfach der Schriftzug geändert. NAŠ TIGR, NAŠ FIDO, NAŠ MIR (Frieden), NAŠ SLO hießen dann die Parolen. Immer wieder aber auch NAŠ TITO – er hat noch immer seine Anhänger. Ein paar Jahre lang kehrte nächtliche Ruhe am Sabotin ein und Büsche machten sich breit, bis 2013 wieder ein Schriftzug erschien: VRSTAJA (Aufstand). Das ließ die Tito-Anhänger wieder aktiv werden. 2014 haben sie die Hoheit über das Areal erst mal zurückgewonnen und als Hommage an ihr Idol ihre Parole erneuert. Ein Jahr später erschien jedoch die Parole THC – wohl eine Werbung für Cannabis –, doch bald darauf wieder TITO, zwar ohne NAŠ, jedoch größer als je zuvor – und das 40 Jahre nach Titos Tod. Ob es dabei bleiben wird?

Etwas bescheidener sind die italienischen Aktivitäten. Nahe dem Grenzkamm befindet sich ein Wachhäuschen, das mittlerweile verlassen ist. Doch wer nachts bei klarer Sicht von Nova Gorica dort hinaufschaut, entdeckt drei Lichtlein: grün-weiß-rot – Italia.

Vielleicht ist die EU am Sabotin/Sabotino noch nicht so richtig angekommen ...

Tour 28

Nova Gorica
(Erkundungstour per Fahrrad oder zu Fuß)

Eine Stadt mit junger Geschichte

Eine Stadt, kurz nach dem Krieg am Reißbrett entworfen und von freiwilligen Jugendbrigaden aus ganz Jugoslawien in weniger als zwei Jahren „aus dem Boden gestampft" – Nova Gorica war ein Vorzeigeprojekt der Leistungsfähigkeit des Sozialismus in Sichtweite des kapitalistischen Westens. Besonders schön war und ist die Stadt nicht und wird sie wohl nie sein. Hochhäuser bestimmen das Bild des wirtschaftlichen Zentrums der Primorska, das heute seinem westlichen Nachbarn mächtig Konkurrenz macht und von dort schon viel Kaufkraft abgezogen hat. Ein bedeutender, wenngleich in der Tendenz abnehmender ökonomischer Faktor sind die großen, besonders ins Auge springenden Hotelcasinos, die noch immer so viel Geld in die Stadtkasse spülen, dass die Benutzung der Stadtbusse kostenlos ist. Einige Unterschiede zum historisch gewachsenen Gorizia machen sich aber angenehm bemerkbar: großzügige Freiflächen, keine engen Gassen, zahlreiche Radwege entlang der Straßen und breite Gehwege. An dieser Stelle sei jedoch auf zwei historisch wertvolle bauliche Anlagen hingewiesen, die sich leicht per Fahrrad oder zu Fuß erkunden lassen.

- Das **Franziskanerkloster Kostanjevica** mit der Kirche Mariä Verkündigung, auf einem lang gestreckten Hügel circa 50 Meter über der Stadt gelegen. Die Anfänge des Klosters gehen in das 17. Jahrhundert zurück. Bis Ende des 18. Jahrhunderts Ausbau auf seine heutige Größe – der ganze Komplex ist ungefähr 100 Meter lang. Seit 200 Jahren von Franziskanern betreut. Während des Ersten Weltkriegs zerstört, Ende der 1920er-Jahre von den Italienern wiederaufgebaut. Bemerkenswert ist die Bibliothek des Klosters mit über 10000 Büchern, darunter Drucke aus dem 16. Jahrhundert. Berühmt ist das Kloster aber hauptsächlich

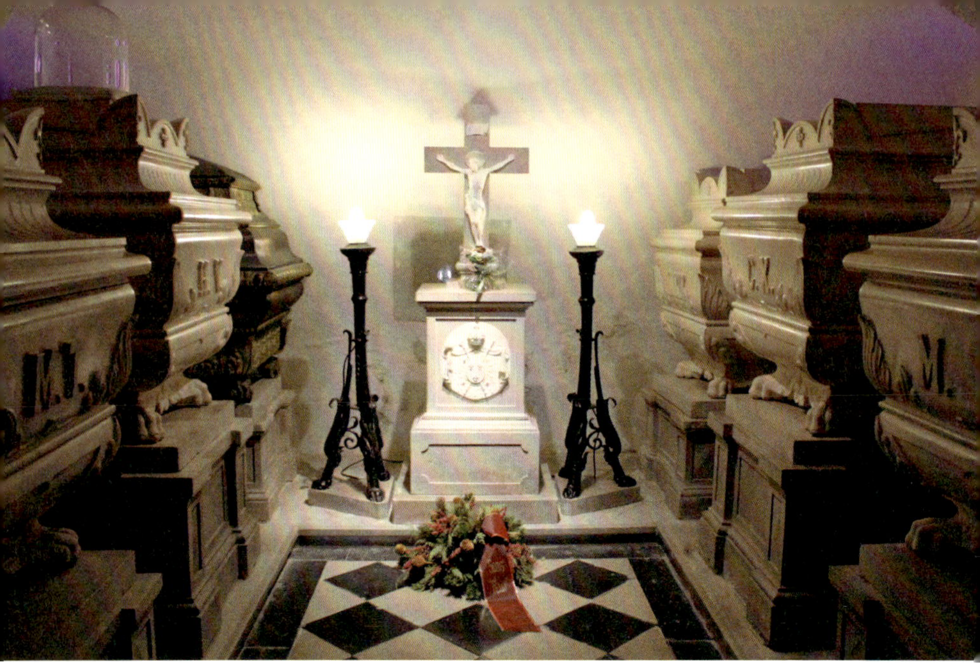

Die Bourbonengruft im Kloster Kostanjevica

wegen seiner Bourbonengruft. Sechs Vertreter dieses Geschlechts sind hier begraben. Der berühmteste ist Karl X., König von Frankreich, der 1830 im Zuge der Julirevolution abdanken musste, nach Schottland floh, später nach Prag und 1836 schließlich nach Görz, wo er vom Grafen Coronini gnädig aufgenommen wurde. Hier war ihm aber nur ein kurzer Aufenthalt vergönnt. Siebzehn Tage nach seiner Ankunft starb er an Cholera. Die Gruft kann werktags von 9 bis 12 Uhr und von 15 bis 17 Uhr, sonntags nur von 15 bis 17 Uhr besucht werden.

- Der **Bahnhof** und sein Vorplatz: Mit seiner repräsentativen Fassade war und ist der Bahnhof ein Prunkstück der Wocheinerbahn. Zwar schwand seine Bedeutung schon wenige Jahre nach Eröffnung dieser Strecke und auch nach dem Zweiten Weltkrieg brach keine glorreiche Zeit an, doch blieb er bis heute in seiner Substanz weitgehend erhalten – und seine Fassade erstrahlt nach einer Renovierung in altem Glanz. Drinnen herrscht eine nostalgisch-sympathische Mischung aus K. u. K. und Tito (nur die Porträts fehlen).

Bemerkenswert ist die Geschichte des Bahnhofsvorplatzes. 1947: Die neue Grenze zwischen Italien und Jugoslawien teilt den Platz plötzlich in zwei Hälften, den Einwohnern von Gorizia wird der Zugang zum Bahnhof Nova

Gorica (bis dato „Montesanto") verwehrt. Ein von jugoslawischen Grenzsoldaten streng bewachter Zaun mit Stacheldraht durchzieht den Platz und setzt sich beiderseits am östlichen Stadtrand von Gorizia fort. Familien und Freunde sind auseinandergerissen, dürfen sich nicht mehr treffen. Sie können sich nur am Zaun gegenüberstehen, jedoch keine Worte wechseln. Nur Weinen ist erlaubt!

Ab Mitte der 1950er-Jahre gibt es Erleichterungen für die Grenzbewohner. Menschen, die innerhalb eines Korridors von jeweils 10 Kilometern beiderseits der Grenze wohnen, dürfen einmal im Monat für maximal 24 Stunden die andere Seite besuchen. In der Folgezeit werden die Bestimmungen weiter gelockert. Am 1. Mai 2004 dann der große Tag: Slowenien wird in die EU aufgenommen, und mit hoher politischer Prominenz feiert man dieses Ereignis auf dem Bahnhofsvorplatz. Der ohnehin schon löchrige Grenzzaun wird beseitigt und durch Rosenbüsche ersetzt. Und seit dem Wegfall der Grenzkontrollen im Jahr 2007 kann sich jeder, egal ob von nah oder fern, zwanglos hin- und herbewegen. Eine runde Metallplatte in der Mitte des Platzes erinnert an die einstige Teilung – und an die Öffnung.

Wer sich für die Geschehnisse in der Zeit nach 1945 interessiert, sollte unbedingt die **Museumssammlung Kolodvor** besuchen. Sie befindet sich, vom Bahnhofsvorplatz betrachtet, im Bahnhofsgebäude links außen im Erdgeschoss.

Muzejska zbirka Kolodvor, Öffnungszeiten: Montag bis Freitag 13–17 Uhr; Samstag/Sonntag 12–17 Uhr; Eintrittspreis: 1 €, mit Führung 3 €; Tel. 05/3359811; https://goriskimuzej.si/en. Falls gerade niemand anwesend ist, kann man sich an das Tourismusbüro in der Schalterhalle wenden.

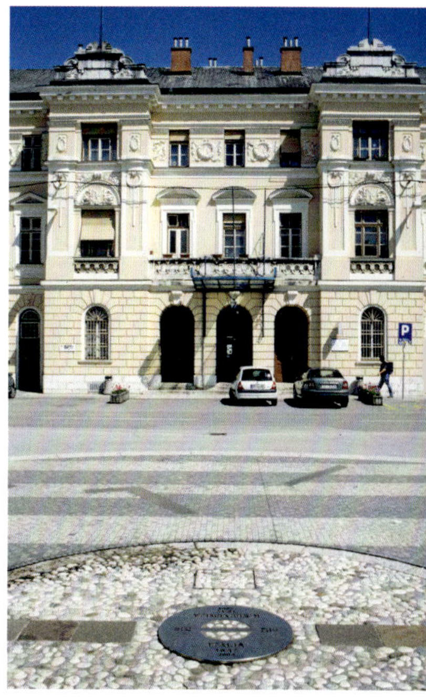

Nova Gorica: der Bahnhofsvorplatz mit der Grenzmarkierung und die Westfassade des Bahnhofs.

Tour 29

Solkan–Skalnica/Sveta Gora (681 m)

Zum bekanntesten Wallfahrtsort Sloweniens

Es gibt wohl kein Land in Europa, in dem so viele Kirchen und Klöster auf exponierten Standorten errichtet wurden wie in Slowenien. Erinnert sei nur an Marijino Celje und an das bescheidene Kirchlein Sveti Jakob auf dem Kanalski Kolovrat (Tour 27). Stolz und weithin sichtbar präsentieren sich dagegen die Wallfahrtskirche und das Kloster Sveta Gora („Heiliger Berg") auf der Skalnica nördlich von Nova Gorica, fast 600 Meter über der Soča. Vielleicht ist es auch diese Lage, die diesen Berg zum bedeutendsten Wallfahrtsort Sloweniens werden ließ – und die gute Erreichbarkeit, schließlich kann man mit dem Auto ganz hinauffahren. Ein ehrlicher Wall*fahrer* (!) sollte solch einen Berg zwar nicht auf Knien, doch wenigstens zu Fuß erklimmen. Dies soll nachfolgend beschrieben werden – für Wanderer, die mit öffentlichen Verkehrsmitteln angereist sind, und auch für die anderen ...

Wegbeschreibung

Startpunkt ist der Parkplatz am östlichen Ende der 1985 erbauten Straßenbrücke über die Soča bei **Solkan**. Hierher entweder mit dem Bus von Nova Gorica oder zu Fuß vom Bahnhof Solkan. Von dort zur großen Kreuzung, die Hauptstraße Nova Gorica–Bovec überqueren und links auf der Straße aufwärts (Wegweiser *Čepovan* und *Sveta Gora*), vorbei am Kalksteinbruch, wo es manchmal etwas staubt. Nach einigen Hundert Metern rechts das **Gostišče Oddih**, gut 1 Kilometer weiter eine Rechtskehre. Ab hier circa 750 Meter bis zu einer Parkbucht mit hervorragender Aussicht auf den dicht besiedelten Talbereich von Nova Gorica und Gorizia, auf die Karsthochfläche dahinter und zur Adria in der Ferne. Blickfang sind jedoch die beiden Sočabrücken am Fuß des steilen Südhangs des Sabotin, die Straßenbrücke,

Sveta Gora

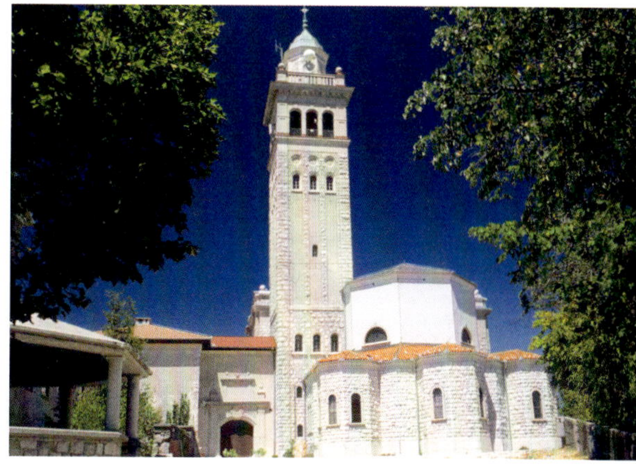

die Solkan mit der Brda verbindet, und die berühmte Steinbogenbrücke der Wocheiner Bahn.
Nur wenige Meter von der Parkbucht zweigt links die Auffahrt nach Sveta Gora ab. Auf dieser aufwärts, nach 100 Metern eine Linkskehre und nach weiteren 250 Metern bei einem Kreuz links auf einen markierten Wanderweg, der sich schon nach 60 Metern teilt. Wir gehen rechts, durch Kampfgebiet aus dem Ersten Weltkrieg, zunächst durch Schützengräben und zwei kleinere Stollen, dann aber – nun wird es gruselig – durch einen 260 Meter langen **Stollen**. An einem Fixseil hangeln wir uns über den feuchten Boden steil aufwärts. Hierfür benötigen wir eine Stirnlampe. Das andere Ende dieses Stollens befindet sich auf der Nordostseite der Skalnica. Hier waren die Österreicher bis zur zehnten Isonzoschlacht noch auf der sicheren Seite. Ängstliche Gemüter sollten einen „normalen" Weg nach oben wählen. Vom Ausgang des Stollens rechts hinauf zur Statue des heiligen Franz von Assisi. Von dort gibt es den vielleicht besten Ausblick auf **Nova Gorica** und **Gorizia**, zum bewaldeten **Trnovski gozd**, auf die **Banjšice** und zu den **Julischen Alpen**. Über den Kamm gehen wir wenige Hundert Meter zur Kirche und zum Kloster. Die Anlage ist insgesamt 70 Meter lang und mehr als 20 Meter breit, der Kirchturm 50 Meter hoch. Die Kirchturmglocken sind weithin zu hören.
Bereits im frühen Mittelalter hatte dieser Ort eine hohe sakrale Bedeutung. Mitte des 16. Jahrhunderts wurde hier nach einer Marienerscheinung eine Kirche erbaut, die Elemente der Spätgotik und der Renaissance vereinte. Diese Kirche wurde jedoch im Verlauf des Ersten Weltkriegs fast völlig zerstört und in den 1920er-Jahren im Stil der Neorenaissance wieder

aufgebaut. Eines der ältesten Relikte aus der Zeit vor der Zerstörung ist eine hölzerne Marienfigur mit Kind aus dem 16. Jahrhundert. Beeindruckend sind die überaus zahlreichen Fürbitten und Danksagungen, welche die Pilger im linken Seitenschiff hinterlassen haben. Unmittelbar nördlich der Kirche gibt es eine Einkehrmöglichkeit. Und von dort auch einen packenden Blick nach Westen zum lang gezogenen felsigen Kamm des **Sabotin**, in die **Friauler Ebene** und zu den weit entfernten **Karnischen Alpen**. Der Rückweg erfolgt nicht mehr durch den langen Stollen, vielmehr kann man auf mehreren Wegen die Südwestflanke bis zu einem markierten Querweg hinabsteigen, dort links und zurück zur Auffahrt zum Kloster. Ab hier auf beschriebenem Weg abwärts nach Solkan.

KURZ & BÜNDIG

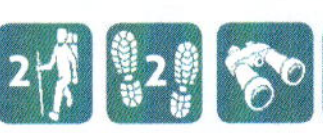

Nächste Bahnstationen: Solkan, Nova Gorica

Nächste Bushaltestelle: Parkplatz an der Sočabrücke bei Solkan (Endstation einer Stadtbuslinie von Nova Gorica).

Charakterisierung: Als ½-Tagestour möglich. Unschwierige Wanderung, z. T. an Straßen; im Auf- und Abstieg durch die Südwestflanke der Skalnica Trittsicherheit erforderlich. Im Sommer heiß, Aufstieg nur morgens zu empfehlen. Begehung des 260 Meter langen Kriegsstollens nur mit Stirnlampe möglich!

Höhenunterschied/Gehzeit: Solkan–Sveta Gora: knapp 600 m/2–2 ½ Std. ↑↓.

Unterkünfte: s. Tour 27

Beste Jahreszeit: Prinzipiell ganzjährig. An Sonn- und Feiertagen viel Verkehr.

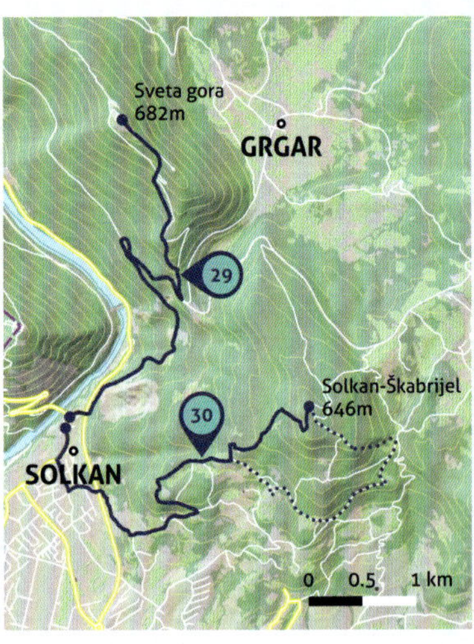

Die Eisenbahnbrücke bei Solkan

Eine der schönsten Eisenbahnstrecken, die ich kenne, führt von Jesenice im Norden über Bled, Bohinjska Bistrica, Most na Soči und Kanal ob Soči nach Nova Gorica im Süden. Bekannt ist die 89 Kilometer lange eingleisige Strecke unter dem Namen **Wocheinerbahn**, slowenisch *Bohinjska proga*. Die 1906 eröffnete Bahnstrecke stellt mit ihren Bauwerken auch aus heutiger Sicht eine Meisterleistung dar. In dem schwierigen Gelände mussten 28 Tunnel, 5 Galerien und 21 Brücken gebaut werden. Die bekanntesten Bauwerke sind der über 6 Kilometer lange Wocheiner Tunnel, der Bahnhof von Nova Gorica (ursprünglich Görz) und die Eisenbahnbrücke bei Solkan.

Die Eisenbahnbrücke von Solkan kann bis heute mit einem Rekord aufwarten: Mit 85 Metern Spannweite gilt ihr Steinbogen, der in sage und schreibe nur 18 Arbeitstagen hoch über der Soča errichtet wurde, als weltweit größter Steinbogen. Nach Entfernen der zum Bau erforderlichen Stützkonstruktion aus Holz sank der aus harten Kalksteinquadern errichtete Bogen lediglich um 6 Millimeter, was eine selbst aus heutiger Sicht bewundernswerte Leistung der Erbauer darstellt. 10 Jahre später allerdings, im August 1916 – es tobte die sechste Isonzoschlacht –, wurde der Steinbogen von den Österreichern nach ihrem Rückzug auf das östliche Sočaufer gesprengt, um dem Gegner das Nachrücken zu erschweren. Nach dem 24. Oktober 1917 – im Zuge der zwölften Isonzoschlacht wurde das Terrain von Österreich-Ungarn zurückerobert – ersetzte man den zerstörten Steinbogen provisorisch durch eine Eisenkonstruktion. Von 1925 bis 1927, inzwischen gehörte das Gebiet zu Italien, wurde der Bogen originalgetreu aus Kalksteinquadern wiederhergestellt: zu einer Zeit, da Stein als Material zum Brückenbau längst durch Beton abgelöst worden war. Gegen Ende des Zweiten Weltkriegs wurde die Brücke mehrmals vergeblich von den Alliierten bombardiert. Am 15. März 1945 traf eine Bombe dann doch noch. Sie explodierte aber nicht, sondern riss nur ein Loch in den Bogen.

1985 wurde die Steinbogenbrücke, die heute noch durch ihre Ästhetik beeindruckt, als technisches Denkmal unter Denkmalschutz gestellt.

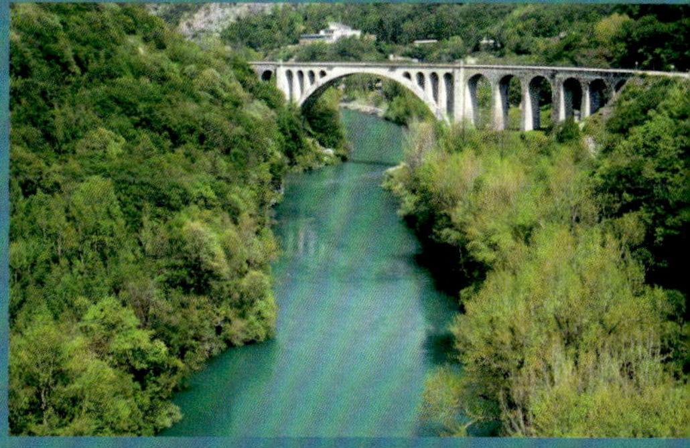

Tour 30

Solkan–Škabrijel (646 m)

Auf einen wiederbelebten Berg

Škabrijel/Monte San Gabriele – vor 100 Jahren war hier nichts mehr heilig. Todesberg/Monte della morte, so hieß das schlimmste Schlachtfeld der Isonzofront. Kein Stein blieb auf dem anderen. Der Berg, ein trostloser Schutthaufen, noch Jahrzehnte später. Wohl niemand hätte damals gedacht, dass dort einmal wieder Leben einkehrt. Zwar werden die Narben der Vergangenheit noch lange sichtbar bleiben, doch das Leben in Form von Pflanzen und Tieren – und in Form einer freundlichen Gaststätte – hat gesiegt. Eine Wanderung auf diesen Berg ist heute geradezu erholsam, trotz der zahlreichen Narben.

Wegbeschreibung

Start ist am Parkplatz nahe der großen Sočabrücke bei **Solkan**. Von hier rechts an der Soška cesta einwärts nach Solkan, nach circa 500 Metern links in die Šolska ulica, auf dieser circa 300 Meter und vor der Schule links aufwärts (Straße *Zagrad*). Wir überqueren die **Ulica Borisa Kalina**, verlassen die oberste Häuserzeile von Solkan am Haus Nr. 9, wo ein asphaltierter Weg aufwärts führt, vorbei an einem alten Waschplatz, aus dem jetzt ein Feigenbaum herauswächst. Wir unterqueren die Fernverkehrsstraße und gelangen auf einen Schotterweg, der durch liebliche Obst- und Weingärten führt – kaum zu glauben, dass hier einmal menschengemachte Wüste war. Nach 600 Metern links halten. Der Weg führt zu einigen einzeln stehenden Wohnhäusern. Dort entweder auf steilem Wiesenweg aufwärts oder geradeaus und fast eben weiter bis zu einer schmalen Asphaltstraße. Auf dieser links und ungefähr 1 Kilometer durch Buschwald hinauf zum Parkplatz des Ausflugslokals **Gostilna Kekec** (322 m), benannt nach dem Hirtenjungen

Kekec, einer der beliebtesten Filmfiguren im ehemaligen Jugoslawien. Diese Gaststätte bietet nicht nur gutes Essen, sondern auch eine fabelhafte Aussicht. An schönen Wochenenden und an Feiertagen kann es hier voll werden. Geöffnet von 11 bis 23 Uhr. Montag und Dienstag sind Ruhetage.

Links am Parkplatz vorbei gehen wir noch auf der Asphaltstraße, genießen den Blick hinüber zum felsigen Südhang des **Sabotin** und hinauf zu **Sveta Gora**, unterqueren eine Stromtrasse, bis wir nach Ende der Asphaltstrecke zu einem heruntergekommenen Wasserhäuschen gelangen. Dort links (Pfeil *Škabrijel*) und schon nach 150 Metern rechts auf den markierten Weg (an zwei Bäumen die Höhenangabe *400* und *½ h Škabrijel 646 M*). Nun ist das Ziel nicht mehr zu verfehlen. Der rot-weiß markierte Weg führt durch einen Buschwald aus **Hopfenbuchen** und **Schwarzkiefern** hinauf zum Gipfel mit einem metallenen **Aussichtsturm**, der einen ausgezeichneten Rundblick über die Baumwipfel hinweg erlaubt – besonders eindrucksvoll zu Sveta Gora. Nahebei befindet sich ein Denkmal für die Slowenen, die aufseiten der österreichisch-ungarischen Armee kämpfen und hier im Verlauf der elften Isonzoschlacht ihr Leben lassen mussten.

Der Abstieg erfolgt entweder über den Aufstiegsweg oder über einen Umweg durch Laufgräben nach Osten zur **Vratca** (403 m) und von dort zurück zur Gostilna Kekec.

KURZ & BÜNDIG

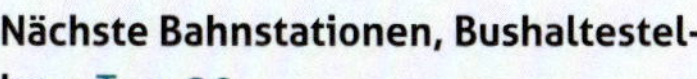

Nächste Bahnstationen, Bushaltestelle: s. Tour 29

Charakterisierung: Gehtechnisch einfacher Weg, jedoch mit festen Wanderschuhen. Gutes Orientierungsvermögen von Vorteil, vor allem im unteren Teil.

Höhenunterschied/Gehzeit: Solkan–Kekec–Škabrijel: ca. 550 m/2–2 ½ Std. ↑↓.

Unterkünfte: s. Tour 27

Beste Jahreszeit: Prinzipiell ganzjährig, auch im Winter lohnend.

Unterlauf Isonzo – von Gorizia bis zur Mündung

Tour 31

Gorizia (Erkundungen)

Eine Stadt mit langer Geschichte

Nova Gorica und Gorizia, welch ein Kontrast, sichtbar auch von verschiedenen Aussichtspunkten, beispielsweise vom Sabotin/Monte Sabotino oder auch von der Gostilna Kekec: Hier eine moderne Stadt mit entsprechenden Begleiterscheinungen, dort eine gewachsene Stadt mit eng bebautem Kern und einer über 1000-jährigen Geschichte. Nachdem Anfang des 10. Jahrhunderts mehrmals Ungarn plündernd und mordend ins Friaul eingefallen waren, warben die Patriarchen von Aquileia slawische Bauern zur Wiederbesiedlung entvölkerter Gebiete an. Viele Ortsnamen am Unterlauf des Isonzo haben deshalb slawische Wurzeln, so auch Gorizia bzw. Gorica, was so viel wie „Hügelchen" bedeutet. Erstmals urkundlich erwähnt wird „Goritia" im Jahr 1001, als der Patriarch von Aquileia hier weltliche Besitztümer erwarb. Später waren es die Grafen von Görz, die in weiterem Umkreis herrschten und die Burg errichteten. Ab 1500 waren es jedoch die Habsburger, die über vier Jahrhunderte die Geschicke dieser Stadt – sie hieß dann Görz – bestimmten, was Spuren im Stadtbild hinterlassen hat. Um 1900 wurde Görz von den Österreichern wegen seiner Paläste und Villen auch „Nizza der Adria" genannt.

Durchaus unerfreulich dann einige Ereignisse im 20. Jahrhundert. Durch den Ersten Weltkrieg schon stark in Mitleidenschaft gezogen, wurde die

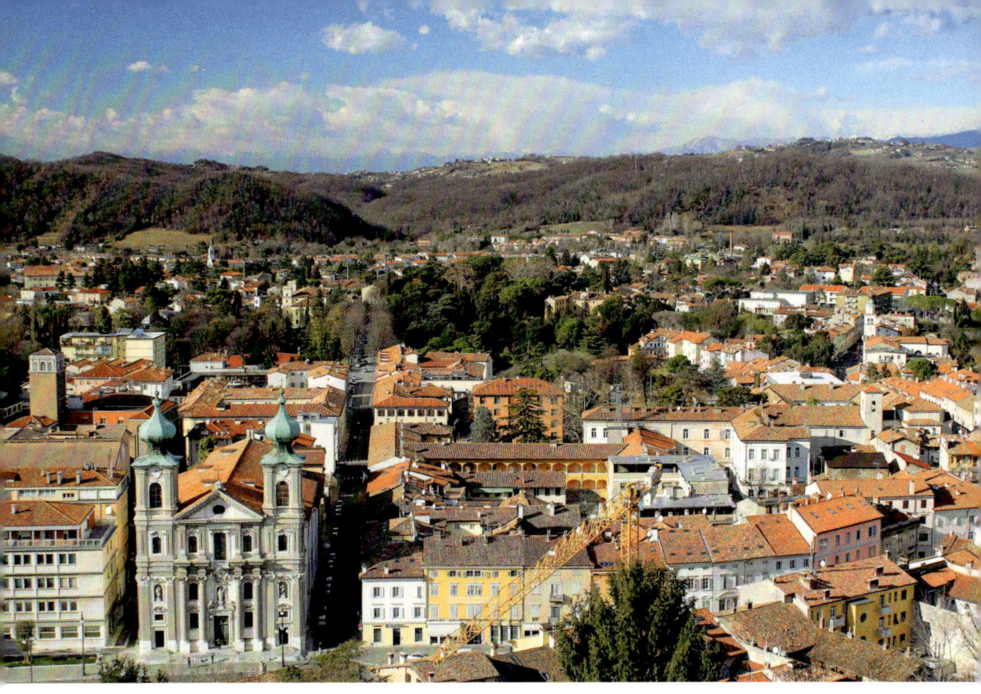

Gorizia, gesehen von der Burg. Unten links die Kirche Sant'Ignazio, in der Bildmitte der auch im Winter grüne Park Coronini Cronberg.

Stadt nach dem Zweiten Weltkrieg, im Schatten von Triest, zum Streitfall zwischen Ost und West wegen der ungeklärten Grenzfrage. Das Ergebnis waren eine Grenzziehung, die einen Großteil des Hinterlands vom engeren Stadtgebiet abschnitt, und der Verlust des für den Nord-Süd-Verkehr wichtigen Bahnhofs „Montesanto" (heute Nova Gorica). Doch Gorizia erholte sich, und die Grenze zum sozialistischen Nachbarn avancierte gerade hier zur lockersten Grenze zwischen Ost und West überhaupt. Heute, da die Grenze kaum noch sichtbar ist, verstärkt sich aber der wirtschaftliche Konkurrenzdruck durch den direkten Nachbarn. Inzwischen geht man gerne zum Einkaufen nach drüben, also nach Slowenien – bis vor einigen Jahren war es eher umgekehrt. Geschäfte mit Tradition, etwa in der Via Rastello, bekommen dies zu spüren. Bis heute ist Gorizia, im Gegensatz zu Nova Gorica, mehrsprachig. Der überwiegende Teil der Bevölkerung spricht Italienisch, 10 % sprechen Slowenisch und auch das Friulanische ist noch vertreten. Nur Deutsch ist fast völlig verschwunden. Mit circa 35000 Einwohnern ist Gorizia die größte Stadt im gesamten Einzugsgebiet der Soča bzw. des Isonzo.

Von den zahlreichen Sehenswürdigkeiten sollen im Folgenden nur drei herausgestellt werden. Sie sind – auch und gerade von Nova Gorica aus – zu Fuß oder per Rad leicht zu erreichen, wobei Radfahren auf den bisweilen recht engen und radweglosen Straßen Gorizias nicht unbedingt erholsam ist.

- Die **Burg** (Castello), circa 50 Meter auf einem Hügel über dem Stadtgebiet sich erhebend, ist das Wahrzeichen von Gorizia. Ihre Baugeschichte reicht ins 11. Jahrhundert zurück. Aus dieser Zeit sind jedoch nur die Grundmauern eines viereckigen Turms übrig geblieben. Die mehrfach umgebaute Burg besteht aus vier miteinander verbundenen Gebäuden. Das eindrucksvollste Gebäude, der **Palazzo dei Conti** (Grafenpalast [von Görz]) mit rundbogigen Fenstern im romanischen Stil, wurde im 13. Jahrhundert errichtet. Gegenüber befindet sich der **Palazzo degli Stati Provinciali** (Palast der Landstände) aus dem 15. Jahrhundert. Umgeben ist die Anlage von einer starken Festungsmauer, deren Bau sich bis ins 17. Jahrhundert hinzog. Den einzigen Zugang bildet die **Porta Leopoldina** (Leopold-Tor), eingeweiht 1660 von Kaiser Leopold. Während des Ersten Weltkriegs wurde die Burg stark beschädigt. Der sorgfältig geplante Wiederaufbau erfolgte von 1934 bis 1937. Ein im historischen Zusammenhang etwas kurioses Detail: Über dem Leopold-Tor fällt ein großer Markuslöwe auf. Dieser wurde am 25. April 1919, dem Tag des heiligen Markus, dort angebracht als Zeichen der Verbundenheit mit Venedig, in dessen Besitz sich Görz im Jahr 1509 nur für einige Monate befand.
  Die Räume der Burg dienen heute hauptsächlich Ausstellungszwecken. Zu den permanenten Ausstellungen gehören unter anderem mittelalterliche Waffen und

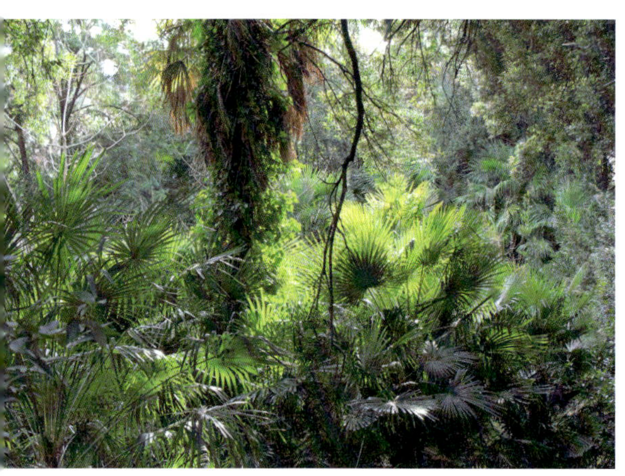

Gorizia: Palmenbereich im Park Coronini Cronberg

alte Musikinstrumente, während im ehemaligen Getreidespeicher die Geschichte der einstigen Burgherren, der Grafen von Görz, ausführlich dargestellt wird. In den Außenanlagen finden auch Theateraufführungen mit mittelalterlichem Bezug statt.
Öffnungszeiten: Dienstag bis Sonntag 10–19 Uhr, Montag 9.30–11.30 Uhr

- Unweit unterhalb der Burg, an der **Piazza della Vittoria,** fällt die Barockkirche **Sant'Ignazio** mit ihren beiden Zwiebeltürmen besonders ins Auge. Begonnen wurde der Bau bereits 1654, abgeschlossen mit dem Bau der Türme im Jahr 1727 und geweiht erst 1767 durch den Bischof Karl Michael Attems. Im Gegensatz zu vielen Barockkirchen ist diese Kirche weder außen noch innen allzu verschnörkelt, und auch der schon dem Rokoko zuzuordnende Hauptaltar von 1716 wirkt mit dem weißen und roten Marmor mit wenig Gold durchaus harmonisch.
- Begibt man sich, von der Piazza della Vittoria betrachtet, unmittelbar rechts der Kirche auf die **Via Goffredo Mameli** und geht immer geradeaus, kommt man nach ungefähr 1200 Metern, an der Viale XX Settembre, zum Eingang des **Parks Coronini Cronberg**, der wohl schönsten Parkanlage im gesamten Soča-/Isonzogebiet. Mein erster Besuch hier war an einem kalten Wintertag. Das viele **Immergrün** und die an einen Tropenwald erinnernden **Fächerpalmen** im Nordwesten des Parks machten den Winter fast vergessen. Stattliche **Pinien** und **Schwarzkiefern**, eine 130 Jahre alte **Korkeiche, Steineichen**, eine riesige **Zeder** ... Circa 80 Baum- und Straucharten und die hier herrschende Ruhe machen den künstlerisch gestalteten, knapp 5 Hektar großen Park zu einer wahren Oase. Im Norden des Parks befindet sich der **Palazzo Coronini Cronberg** mit einer reichhaltigen Sammlung an Gemälden, Porzellan oder Einrichtungsgegenständen aus mehreren Jahrhunderten. Betreut wird die Anlage von der „Fondazione Palazzo Coronini Cronberg" (*www.coronini.it*). Innerhalb der Anlage befindet sich übrigens das **Geburtshaus** von **Julius Kugy**.

Öffnungszeiten Park: von Sonnenaufgang bis Sonnenuntergang.
Öffnungszeiten Palazzo: April–Anfang November von Mittwoch–Samstag 10–13 Uhr und 15–18 Uhr, Sonntag 10–13 Uhr, 15–19 Uhr; in den übrigen Zeiten geführte Besichtigungen möglich, jedoch nur nach Vereinbarung und nur für Gruppen ab 15 Personen (Stand 2019).

Tour 32

Gradisca d'Isonzo (Erkundung)

Auf den Spuren von Venezianern und Habsburgern

Etwas überschaubarer, aber nicht weniger geschichtsträchtig als Gorizia zeigt sich die 6500 Einwohner zählende Stadt Gradisca d'Isonzo. Auch dieser Ortsname ist slawischen Ursprungs und bedeutet „Burganlage" oder „befestigter Ort". 1420, nach dem Ende des Patriarchenstaats von Aquileia, gerät die Stadt unter venezianische Herrschaft. Gegen Ende des 15. Jahrhunderts – die Türken dringen plündernd mehrmals ins Friaul ein – wird zur Abwehr feindlicher Angriffe der Festungsring um die Stadt gebaut, der außer an der Westseite noch vollständig erhalten und das Wahrzeichen der

Gradisca d'Isonzo: Teil des Befestigungsrings

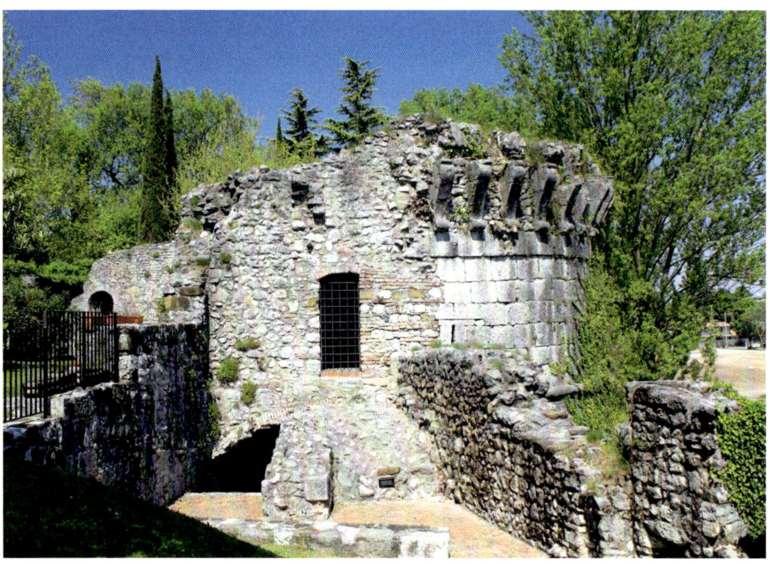

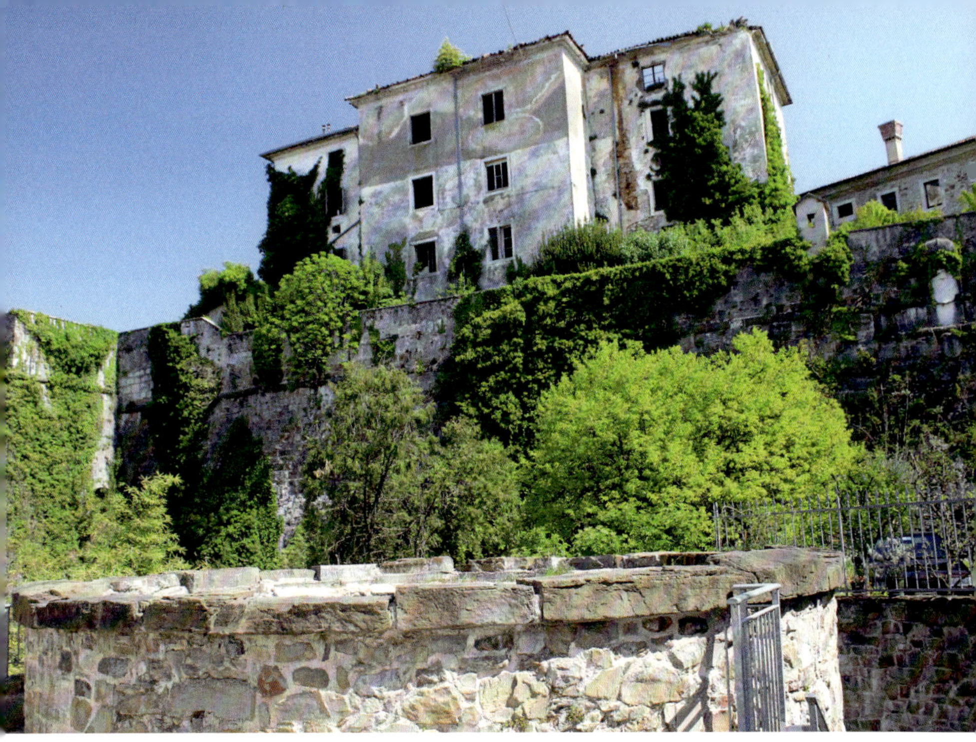

Gradisca d'Isonzo: Kastell

Stadt ist. An der Planung wirkte auch Leonardo da Vinci mit. 1511, während des Venezianerkriegs, wird Gradisca von den Habsburgern erobert und bleibt im Wesentlichen bis 1918 habsburgisch. Von 1647 bis 1717 „verleihen" die Habsburger die Stadt jedoch an das steirische Grafengeschlecht der Eggenberger. In dieser Zeit entstehen die meisten adligen Paläste.

Wer den historischen Teil der Stadt erkunden will, sollte zuerst den gut erhaltenen Festungsring gegen den Uhrzeigersinn von Süden her begehen, beginnend an der runden Grundmauer der venezianischen Pulverkammer. Das zeitweilig als Gefängnis genutzte Kastell verströmt einen ziemlich morbiden Charme, undurchdringliches Dickicht und ein modriger Geruch durchziehen die Anlage. Umso beeindruckender der mächtige Wachturm **Torrione della Campana** im Norden. Durch die nahe gelegene **Porta Nuova** betritt man die freundliche Altstadt mit den Palazzi, darunter der **Palazzo Torriani,** der heute als Rathaus dient, oder auch die **Casa dei Provveditori Veneti,** in der sich eine sehenswerte Vinothek befindet. Nördlich und westlich der Altstadt erstrecken sich Parks mit großen **Zedern** und **Platanen**.

Tour 33

Isola Cona

Das Finale – ein Naturparadies

Alles hat ein Ende, auch der „schönste Fluss Europas". Doch bevor er sich endgültig in die Adria verabschiedet, zeigt er sich von einer völlig unerwarteten Seite. Hier besteht ein amphibischer Lebensraum mit einer Vielzahl an Pflanzen- und Tierarten, die sich noch dazu erstaunlich leicht beobachten lassen. Das war nicht immer so. Im Zuge der Urbarmachung von Sumpfgebieten an der nördlichen Adria, insbesondere zu Zeiten des Faschismus, wurden auch im Bereich oberhalb der Isonzomündung Flächen entwässert, Dämme gegen Hochwasser gebaut und Sperren, um Flussarme abzuschneiden. Doch manchmal gelingt es Menschen, der Natur wieder Raum zurückzugeben. Ein Paradebeispiel hierfür ist das Naturschutzgebiet „Riserva Naturale Regionale Foce dell'Isonzo", vor allem dessen Herzstück, die **Isola Cona**. Hier wurde vor circa 30 Jahren die intensive Weide- und Ackernutzung aufgegeben und die Bodenoberfläche umgestaltet, woraus sich inzwischen ein einzigartiger Lebensraum für natürlich vorkommende Pflanzen- und Tierarten entwickelt hat. Über 300 Vogelarten wurden schon gezählt – das entspricht fast 60 % aller in Europa nachgewiesenen Vogelarten! –, davon fast 100 Brutvogelarten, Tendenz steigend, nicht zuletzt auch wegen des Jagdverbots. Die Soča nimmt ihren Anfang in einem der schönsten Nationalparke der Alpen und beendet ihren Lauf, als Isonzo, in einem nicht weniger schönen und schon mehrfach ausgezeichneten Naturschutzgebiet.

Wegbeschreibungen

Die **Anfahrt** erfolgt mit dem Auto oder mit dem Fahrrad (Letzteres nicht zu empfehlen, da über längere Strecken auf verkehrsreicher Straße) auf der **Strada Provinciale SP 19** von **Grado** oder von **Monfalcone** durch eine

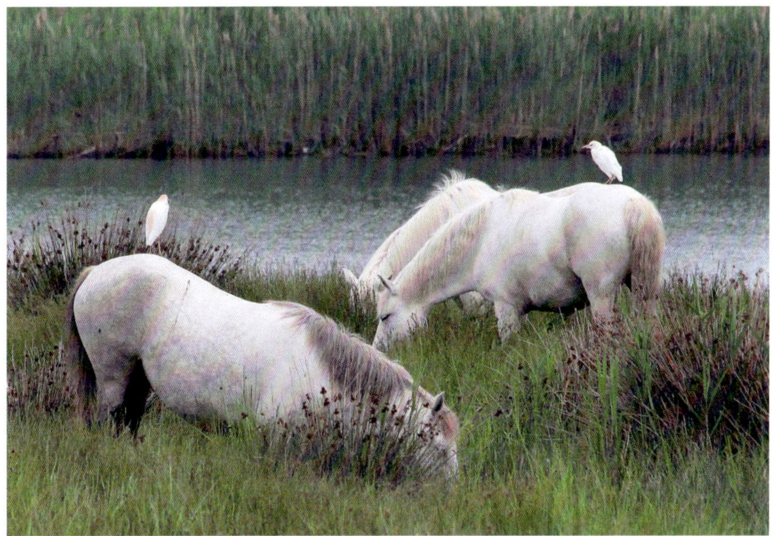

Camarguepferde und Kuhreiher

ebene, typisch norditalienische Landschaft mit intensiver Landwirtschaft und Pappelplantagen zu einem Kreisverkehr, 1,5 Kilometer nördlich der Straßenbrücke über den Isonzo. Ausfahrt nach Süden Richtung *Marina Julia, Isola Cona* (Wegweiser). Entlang eines baumgesäumten Kanals auf einer kleinen Straße mit Schlaglöchern circa 2,5 Kilometer nach Süden und Osten, dann rechts (Wegweiser), nach circa 700 Metern wieder rechts, vorbei an einem Parkplatz und über den Hochwasserdamm. Unmittelbar danach links und entlang des Damms in Ufernähe des Isonzo auf zunächst asphaltiertem, ab dem Sperrwerk nur mäßig befestigtem Weg noch 2 Kilometer bis zum Besucherzentrum des Naturschutzgebiets jenseits des Damms. Dort gibt es einen Parkplatz. Bei hohem Besucherandrang bestehen bereits Parkmöglichkeiten entlang der Zufahrt.

Unsere ersten Schritte führen in das **Besucherzentrum**, wo das Eintrittsgeld zu entrichten ist (2019: 5 €).

Nun gibt es zwei Möglichkeiten, das Naturschutzgebiet zu erkunden:

Vogelbeobachtungspfad „Didattica“: Dieser als Rundweg angelegte Pfad ermöglicht in vorbildlicher Weise eine Beobachtung von seltenen Vogel-

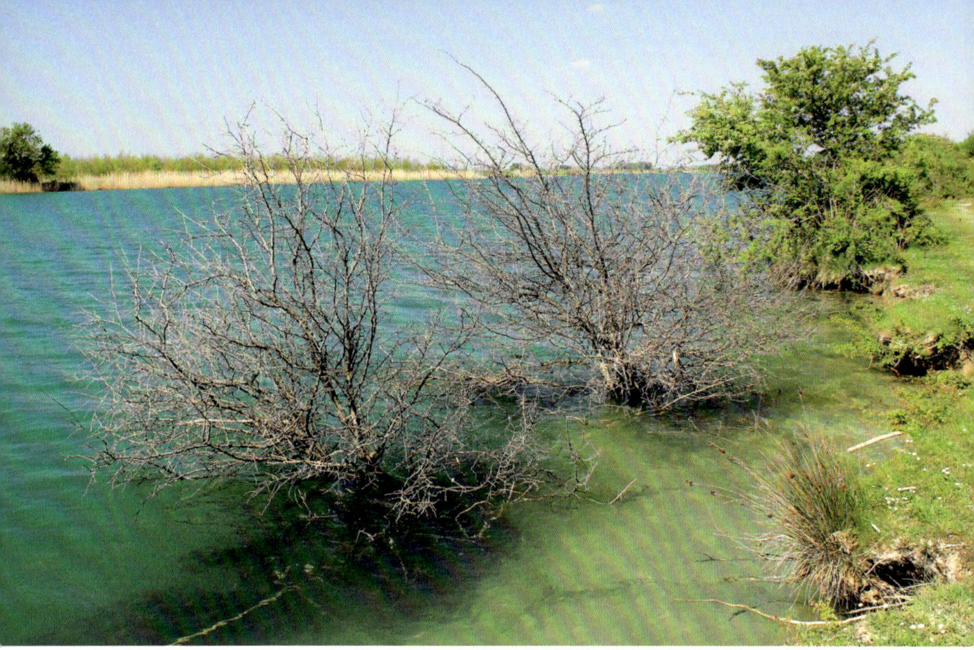

Ufer des Isonzo, kurz vor der Mündung in die Adria

arten, ohne sie zu stören. Er umschließt ein nur 20 Hektar großes Areal, auf dem sich aber ein Großteil des „Inventars" des Naturschutzgebiets erfassen lässt. Ich empfehle eine Begehung gegen den Uhrzeigersinn.

Vom Besucherzentrum gehen wir rechts zur Cafébar **Al Pettirosso.** Vom ersten Stock mit seiner großen Fensterfront bietet sich ein fantastischer Blick auf die amphibische Landschaft mit ihrem reichen Tierleben – und auf die Alpen. Bei klarem Wetter sind Triglav, Krn und Kanin gut auszumachen. Hier beginnt der eigentliche Rundweg zunächst mit kleinen Tümpeln, an und in denen **Sumpfschildkröten, Ringelnattern, Teichfrösche,** verschiedene **Libellen** und andere Kleintiere leben. Auf dem weiteren Weg kommen wir zu einigen Beobachtungspunkten – Holzwänden mit Sehschlitzen, durch die wir viele an Feuchtgebiete gebundene **Vogelarten** beobachten können, manchmal aus nächster Nähe. Für sein „Birdwatching-Konzept", aber auch für seine Renaturierungsmaßnahmen wurde dieses Schutzgebiet schon mehrfach ausgezeichnet.

Die wichtigste Zwischenstation ist **Marinetta,** ein dreistöckiges Gebäude mit schilfgedecktem Dach im Stil der *casoni*, der Häuschen der früheren Lagunenfischer, das sich harmonisch in die Landschaft einfügt. Das unterste Stockwerk bietet einen Einblick in die Unterwasserwelt des Schutzgebiets, die oberen Stockwerke einen herrlichen Blick auf die ausgedehnten, von Schilf gesäumten Wasserflächen im Süden. Von hier führt der Weg kurz in den Gezeitenbereich des **Canale Quarantia,** in dem unter anderem **Queller** und der violett blühende **Strandflieder** vorkommen, dann wieder über einen Damm zurück zum Süßwasserbereich mit weiteren Beobachtungspunkten. Die am häufigsten vorkommenden Vogelarten sind (neben den unvermeidlichen **Silbermöwen, Stockenten** und **Höckerschwänen**) **Grau-, Silber- und Seidenreiher, Graugänse** und **Stelzenläufer**. Immer wieder zu Gesicht bekommt man **Bekassinen, Löffler, Brandgänse, Uferschnepfen, Purpurreiher, Kiebitze, Flussregenpfeifer** und die farbenfrohen **Bienenfresser,** um nur einige zu nennen. Die größten und auffallendsten Tiere sind jedoch die zur Beweidung hier eingeführten **Camarguepferde,** die häufig von **Kuhreihern** begleitet werden. Durch Schilf, teilweise durch Riesenschilf führt der Rundweg zurück zum Besucherzentrum.

Punta Spigolo: Eine Wanderung, die die Geduld mancher Menschen vielleicht überstrapaziert, da insgesamt fast 6 Kilometer lang und auf den letzten 3,5 Kilometern auf einem Damm geradeaus führend. Doch wer Aus- und Fernblicke schätzt und etwas für die Kleinigkeiten am Wegrand übrig hat, wird diese Wanderung nicht bereuen.

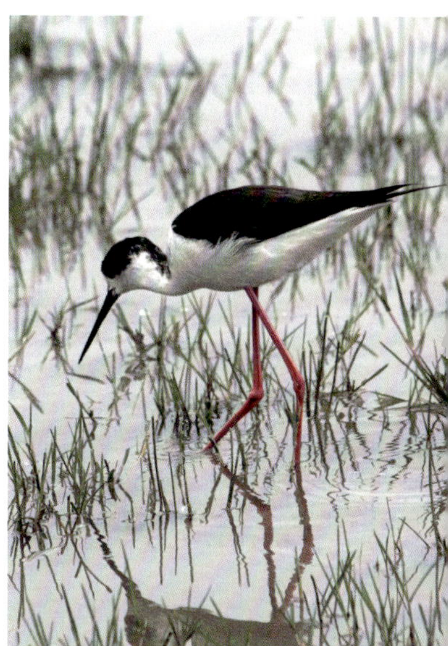

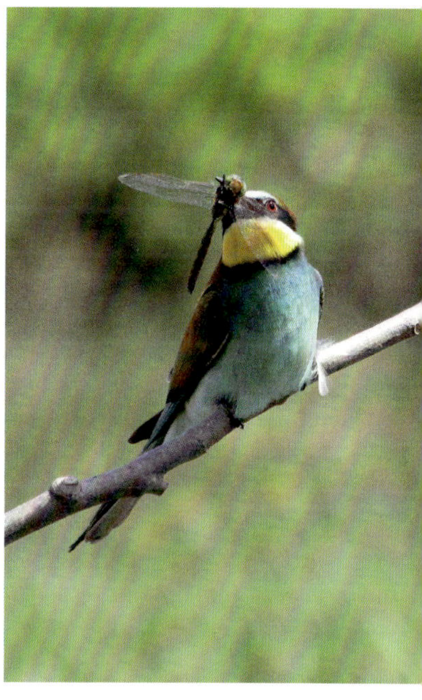

Von oben nach unten: Stelzenläufer, Bienenfresser auf Beutefang.

Wir gehen vom Besucherzentrum zunächst auf dem Rundweg zum Café, vorbei an den Tümpeln, begeben uns aber am Linksknick des Rundwegs rechts über Stufen auf die andere Seite des Damms (Wegweiser *Punta Spigolo*) und setzen unseren Weg durch einen stellenweise unter Wasser stehenden Auwald fort. Bei Regen steht auch der Weg teilweise unter Wasser. Nach 500 Metern gelangen wir durch eine Drehtür auf eine Weidefläche (neben Camarguepferden weiden hier auch Rinder). Auf dem Damm links befindet sich die Beobachtungsstation „Biancospino" (Weißdorn), die einen hervorragenden Blick auf den amphibischen Bereich jenseits des Damms und auf die „Marinetta" bietet.

Auf der Südwestseite des Damms setzen wir den Weg fort, der uns nach circa 250 Metern rechts durch lockeres Gebüsch zum Ufer des Isonzo führt. Entlang des Ufers wandern wir flussabwärts. Der nur noch träge fließende, fast 150 Meter breite Isonzo lädt zur Rast ein. Hier gedeihen unter anderem **Helmknabenkraut, Lockerblütiges Knabenkraut** und die **Spitzorchis**.

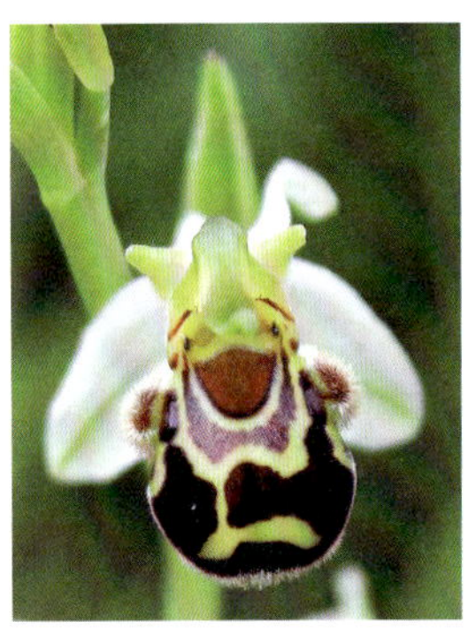

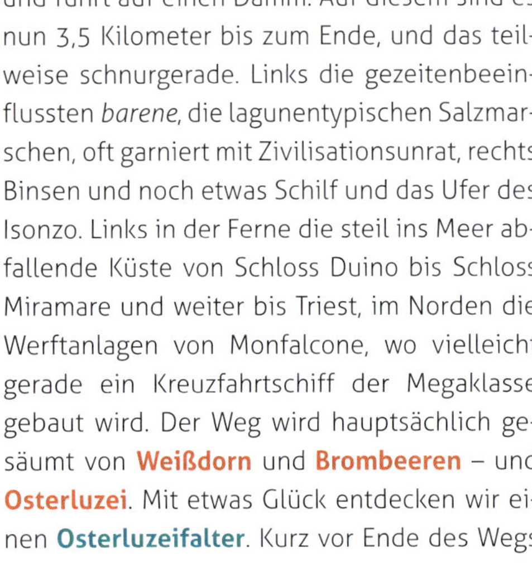

Nach circa 600 Metern biegt der Weg links ab und führt auf einen Damm. Auf diesem sind es nun 3,5 Kilometer bis zum Ende, und das teilweise schnurgerade. Links die gezeitenbeeinflussten *barene*, die lagunentypischen Salzmarschen, oft garniert mit Zivilisationsunrat, rechts Binsen und noch etwas Schilf und das Ufer des Isonzo. Links in der Ferne die steil ins Meer abfallende Küste von Schloss Duino bis Schloss Miramare und weiter bis Triest, im Norden die Werftanlagen von Monfalcone, wo vielleicht gerade ein Kreuzfahrtschiff der Megaklasse gebaut wird. Der Weg wird hauptsächlich gesäumt von **Weißdorn** und **Brombeeren** – und **Osterluzei**. Mit etwas Glück entdecken wir einen **Osterluzeifalter**. Kurz vor Ende des Wegs

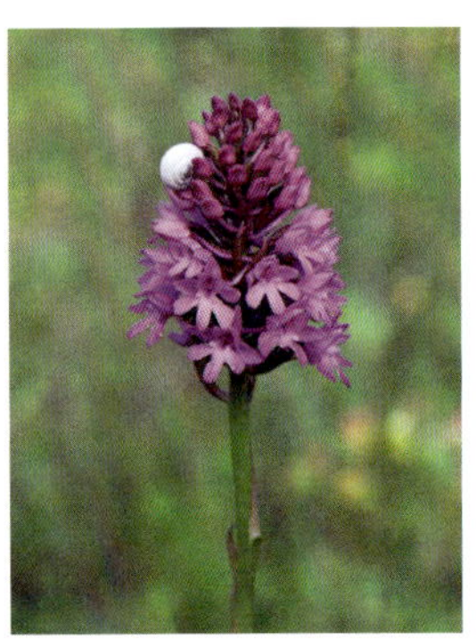

Von oben nach unten: Bienenragwurz, Spitzorchis

passieren wir ein vor wenigen Jahren noch bewohntes, jetzt leer stehendes und dem Verfall preisgegebenes Häuschen.

Noch 200 Meter bis zur **Punta Spigolo** und es geht nicht mehr weiter. Pause, die Schuhe ausziehen, ein paar Schritte ins seichte Wasser, ein Blick rechts auf die andere Seite, wo das Land ebenfalls bald endet – Ende eines 140 Kilometer langen Flusslaufs durch wunderbare Landschaften, vorbei an historisch bedeutsamen Städten, vor kaum mehr als 100 Jahren vom Krieg geplagt. Heute, und hoffentlich noch sehr lange, ein Symbol für Frieden und gute Nachbarschaft.

KURZ & BÜNDIG

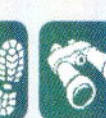

Charakterisierung: Durchwegs ebene Pfade. Rundgang „Didattica" einfach. Fußmarsch zur Punta Spigolo ziemlich lang (Besucherzentrum–Punta Barene/Spigolo: 1 ½ Std.). Nach vorangegangenem Regen empfehlen sich Gummistiefel auf den aufgeweichten Erdwegen.

Besonders zu empfehlen: Antimückenspray – und ein Fernglas oder Fotoapparat mit Teleobjektiv (mind. 300 mm Brennweite für SR-Digitalkameras).

Erreichbarkeit: Am besten von Grado, dort zahlreiche Hotels, Ferienwohnungen etc.

Beste Jahreszeit: Prinzipiell ganzjährig, besonders interessant während des Vogelzugs März/April und September/Oktober.

Tipp: Gegenüber der Punta Spigolo erstreckt sich **Caneo**, ein Schilfgebiet, das ebenfalls zur Riserva Naturale Regionale Foce dell'Isonzo gehört. Es ist zwar nicht so abwechslungsreich wie die Isola Cona, aber einen Besuch wert – und von Grado aus sehr gut mit dem Fahrrad zu erreichen. Ein Holzweg führt durch das Schilf (2019 nicht begehbar). Das Informationsgebäude ist offen, jedoch nicht bewirtschaftet.

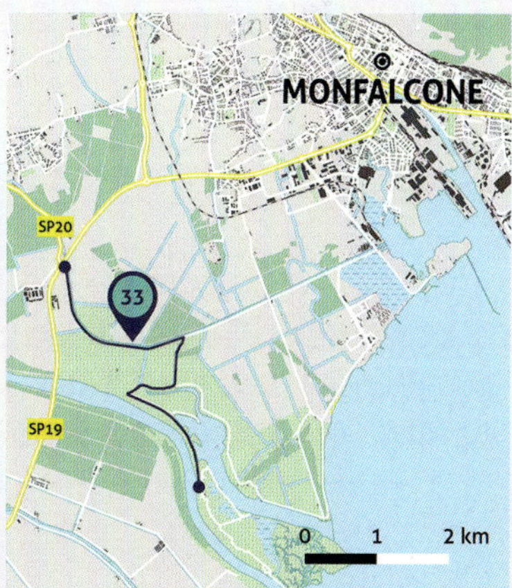

Das Naturschutzgebiet „Riserva Naturale Regionale Foce dell'Isonzo"

Die Landschaft im Mündungsgebiet des Isonzo war insbesondere im Bereich der **Isola Cona** immer wieder starken Veränderungen unterworfen. 1895 durchbrach der Isonzo 500 Meter nördlich des heutigen Besucherzentrums einen Deich und floss durch den Canale Quarantia ins Meer. „La Cona" wurde zu einer Insel innerhalb eines Mündungsdeltas, bis 1938 dieser Durchbruch durch einen Damm und eine Mauer wieder geschlossen wurde. Seither mündet der Isonzo ausschließlich, wie vor 1895, bei **Sdobba** in die Adria. Geblieben ist der Name „Isola Cona".

Dort wurden auf der Ostseite Deiche gebaut, um ein Eindringen von Salzwasser zu verhindern, die Landwirtschaft wurde intensiviert. Nach einem längeren Tauziehen zwischen verschiedenen Interessengruppen konnten jedoch 1989 umfangreiche Renaturierungsmaßnahmen in Angriff genommen werden. Ungefähr 200 Hektar Acker- und Grünland, vormals überwiegend in Privatbesitz, wurden in der Folgezeit aus der Nutzung genommen und dem Naturschutz zur Verfügung gestellt. Bestehende Entwässerungsgräben wurden abgeriegelt, an anderen Stellen regulieren jetzt neugeschaffene Zu- und Abflüsse den Wasserstand wechselnasser Flächen, während das Aushubmaterial nahebei zu flachen Hügeln aufgeschüttet wurde. So entstand ein abwechslungsreiches Relief. 1996 wurde das Gebiet formell als **Riserva Naturale Regionale Foce dell'Isonzo** unter Schutz gestellt. Es erstreckt sich über eine Fläche von 2350 Hektar (davon sind zwei Drittel Wasserflächen und Gezeitenbereiche) und umfasst neben der Isola Cona das Schilfgebiet **Caneo** auf der rechten Seite der Isonzomündung sowie einen schmalen Uferstreifen beiderseits des Isonzo flussaufwärts bis Turriaco. Betreut wird das Gebiet von dem „Consorzio Il Mosaico", einer sozial engagierten Organisation, zu deren Mitarbeitern auch benachteiligte Menschen gehören.

Die Isola Cona besteht aus einem vielfältigen Mosaik aus kleinen Wäldern, welche die einstigen Tieflandwälder Oberitaliens repräsentieren (mit **Schwarz- und Silberpappeln, Weiden, Schmalblättrigen Eschen** etc.), **Schilfröhricht, Sumpfbinsenbeständen, Tamariskengebüschen**, „Barene" (Salzmarschen im Gezeitenbereich) u. v. m. Über 600 Pflanzenarten wurden im gesamten Naturschutzgebiet festgestellt, darunter einige Arten, deren Bestand in Italien gefährdet ist, z. B. das **Lockerblütige Knabenkraut** und die **Sumpfgladiole**.

Für den Besucher am meisten auffallend sind weite, von Süßwassertümpeln durchsetzte Grünlandbereiche, die durch Beweidung mit **Camarguepferden** offen gehalten werden und vielen Vogelarten, die auf offene Feuchtflächen angewiesen sind, als Lebensraum dienen. Gezielt angesiedelt wurden hier **Graugänse**, die als „Grasfresser" ebenfalls eine große Rolle für die Offenhaltung von Feuchtflächen spielen und außerdem andere (Zug-)Vogelarten anlocken. Neben den überaus zahlreichen Vogelarten sind weitere Tiergruppen relativ artenreich vertreten: Hier kommen 11 Reptilienarten vor, mehrere Libellenarten, zum Beispiel die **Feuerlibelle** und der **Schilfjäger**, wobei Letzterer zu den wenigen Libellenarten zählt, deren Larven sich sowohl in Süß- als auch in Brackwasser entwickeln können. Unter den Tagfaltern sind **Segelfalter** und **Osterluzeifalter** die auffallendsten Vertreter. Eine Kuriosität sind die aus Südamerika stammenden **Nutrias**, biberähnliche Nagetiere, die sich nahe dem Café offenbar sehr wohlfühlen.

Neben Naturschutzmaßnahmen im engeren Sinn gehören Besucherinformation und Umweltbildung zu den wichtigsten Aufgaben des Naturschutzgebiets – und das Ermöglichen intensiver Naturerlebnisse, ohne die Natur zu beeinträchtigen. Schließlich soll sich auch die interessierte Allgemeinheit an der Vielfalt und Schönheit dieses wertvollen Gebiets erfreuen können. Zu den wichtigsten baulichen Einrichtungen gehören das Besucherzentrum, die Cafébar „Al Pettirosso" mit Beobachtungsstation und die Beobachtungsstation „Marinetta". Die beiden letztgenannten bieten ausführliche Informationen zur Vogelwelt des Schutzgebiets.

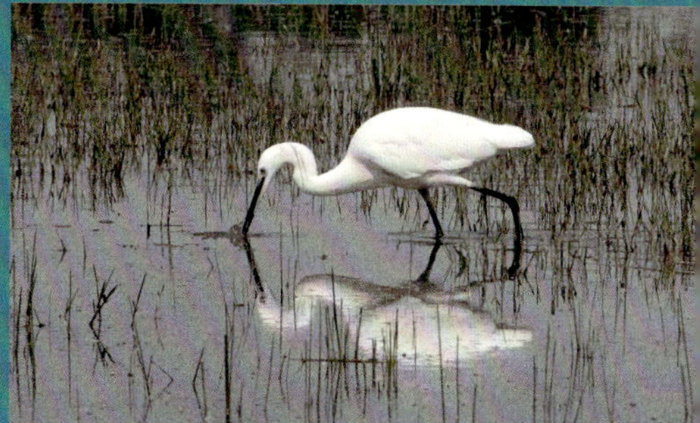

Seidenreiher

Das Besucherinformationszentrum mit einem vielfältigen Angebot (Broschüren, Bücher, Dioramen etc.) ist von Anfang März bis Ende Oktober täglich von 9 bis 17 Uhr, in der übrigen Zeit täglich außer Donnerstag von 9 bis 16 Uhr geöffnet. Es bietet einen größeren Raum für Seminare und Workshops sowie zwei „Klassenzimmer" für Schüler und Lehrer. Einige Zimmer mit insgesamt 20 Lagern nebst Küche und zwei Badezimmern bieten Übernachtungsmöglichkeiten (Rifugio Escursionistico Isola della Cona, Località Cona, 34079 Staranzano, Tel. +39 333 4056800, *info@rogos.it*, umfassende Infos unter *riservafoceisonzo.it*).

Tour 34

Grado–Aquileia (Radtour)

Sandstrand und mehr als 2000 Jahre Geschichte

Grado und Aquileia, die Orte mit der ältesten Geschichte im Nahbereich des Isonzo, weswegen ihnen auch nach der Mündung unseres „schönsten Flusses" noch Raum gewidmet wird. Grado gehört seit Jahrzehnten zu den meistbesuchten Urlaubszielen an der nördlichen Adria. Im Sommer ist es hier nicht immer gemütlich. Angenehm ist es aber im Frühjahr, und auch bis spät in den Herbst. Ein Spaziergang im weichen Sand zwischen Grado und Grado Pineta ist vor allem außerhalb der Badesaison erholsam. Entspannung am Strand von Grado und Erkundung von Aquileia per Bike – eine ideale Kombination. Allzu anstrengend sind Radtouren hier nicht, die Höhenunterschiede tendieren gegen null.

Wegbeschreibung

Start ist am **Kreisverkehr** in Grado, auf den jeder mit dem Auto über die Lagune anreisende Gradotourist trifft. Von hier auf der **Strada Regionale SR 352** nach Norden stadtauswärts, über eine Brücke und 150 Meter nach einer Linkskurve auf den separaten Radweg rechts der Straße. Es folgen 4 Kilometer genussvolles Radeln durch die Lagune, zumal die Straße nur wenig stört. Herrlicher Blick rechts in die Lagune und zur Insel Barbana mit der auffallenden Kirche **Santa Maria di Barbana** – bei klarem Wetter mit Alpenkulisse. Ihre Entstehung verdankt die Lagune nicht zuletzt dem Isonzo. Dessen Sedimentfracht driftet aufgrund einer Meeresströmung von der Mündung nach Westen und baut die Landzunge auf, auf der sich Grado befindet.
Am Ende der Lagune radeln wir zunächst weiter auf der SR 352 und passieren den verfallenden Bahnhof „Grado Fermata", Endstation der Bahnlinie

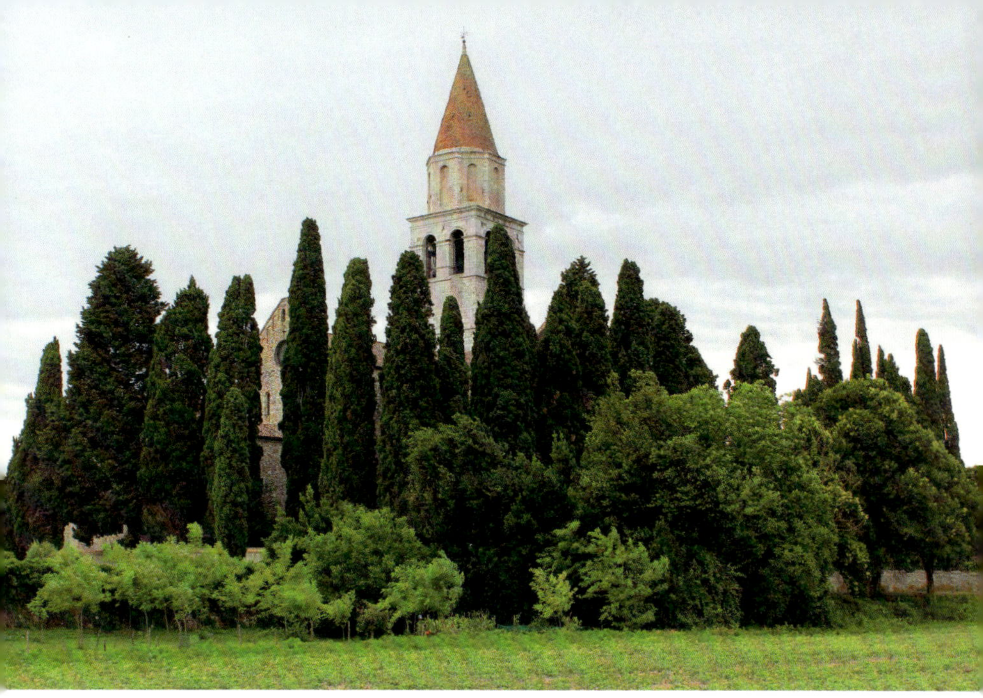

Aquileia: Turm der Patriarchalbasilika

Cervignano–Grado, erbaut um 1910, als Grado zum beliebtesten Bade- und Kurort der österreichisch-ungarischen Oberschicht avancierte. Nach circa 750 Metern biegen wir rechts ab, folgen der von Pinien gesäumten **Strada Provinciale SP 119**, vorbei am Gut und am Campingplatz **Belvedere**, danach noch 1,5 Kilometer, wo wir links abbiegen. Auf wenig befahrener Straße 2 Kilometer durch intensiv genutztes Agrarland bis zu einem alten Pumpwerk, dort links und nach gut 600 Metern rechts. Entlang des Canale Tiel radeln wir 3 Kilometer bis zu den ersten Häusern von San Lorenzo. Dort biegen wir links auf den Radweg entlang der SP 91 und erreichen nach 2,5 Kilometern **Aquileia** – vor 2000 Jahren eine Großstadt, heute eine Kleinstadt mit knapp 3400 Einwohnern.
Am östlichen Ortseingang biegen wir unmittelbar nach einem Entwässerungsgraben rechts auf einen Radweg ab. Schon bald erblicken wir die große **Patriarchalbasilika** (Basilica patriarcale di Santa Maria Assunta) mit dem 73 Meter hohen Glockenturm, zu der wir über einen kleinen Umweg auf der Via Sacra entlang des Friedhofs gelangen. Der Besuch dieser Basilika ist ein Muss für jeden, der nach Aquileia kommt – ihre Ursprünge reichen zurück

ins 4. Jahrhundert, als Bischof Theodorus hier residierte. Aus dieser Zeit stammen die Bodenmosaike im Kirchenschiff und unter dem Glockenturm, die ohne Übertreibung zum wertvollsten Kulturerbe des Christentums gehören, und so gehört die Basilika auch zum Unesco-Weltkulturerbe. Nach wiederholten Zerstörungen wurde die Kirche viermal wieder aufgebaut, bis ins 15. Jahrhundert. Der heutige Bau ist im Wesentlichen romanisch und gotisch geprägt.

Wir begeben uns wieder auf die Via Sacra. Zu Fuß geht es auf dem von Zypressen gesäumten Weg nach Norden zum **römischen Flusshafen**. Dieser wurde um 50 n. Chr. unter Kaiser Claudius gebaut und mit einer 400 Meter langen Kaimauer versehen, die großteils noch existiert. Von dem bis zu 48 Meter breiten Hafenbecken sind jedoch nur ein paar wasserführende Gräben übrig geblieben, in denen Frösche sich heute recht wohlfühlen. Die **Natissa** rechts des Weges, einstmals ein schiffbarer Fluss, ist nunmehr ein träge fließender Bach. Danach besuchen wir noch das **Forum Romanum** mit gut erhaltenen Säulen, dann das Frühchristliche Museum, das Archäologische Nationalmuseum ... Aquileia muss man mehrmals besuchen.

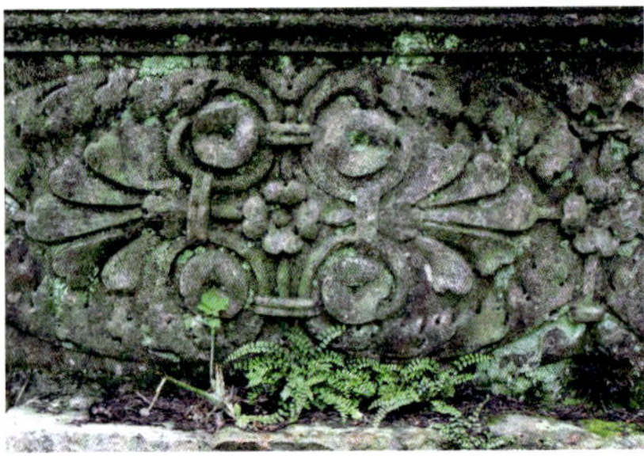

Zurück auf der **SP 91** fahren wir wieder nach Osten. An den Entwässerungsgräben zeugen **Wasserschwertlilien, Sommerknotenblumen** und stellenweise **Schilf** von der einstigen Sumpflandschaft. In **San Lorenzo** biegen wir 100 Meter vor der Einmündung in die SP 68 rechts auf einen Radweg ab, der uns jedoch nach einigen Hundert Metern auf die nur mäßig befahrene **SP 68** bringt. Auf dieser radeln wir 5 Kilometer bis zur Einmündung in die Strada Regionale **SR 19**. Unterwegs erblicken wir den **Isonzato**, einen schmalen Seitenarm des Isonzo, mittlerweile ein stehendes Gewässer, da von oben kein direkter Zufluss mehr erfolgt. An der SR 19 links und schon nach wenigen Metern rechts auf einen Feldweg hinter einer Baumhecke. Dieser etwas holprige Erdweg ist nicht als Radweg ausgewiesen, durch seinen gewundenen Verlauf entlang des Waldes **Bosco Averto** gehört er aber

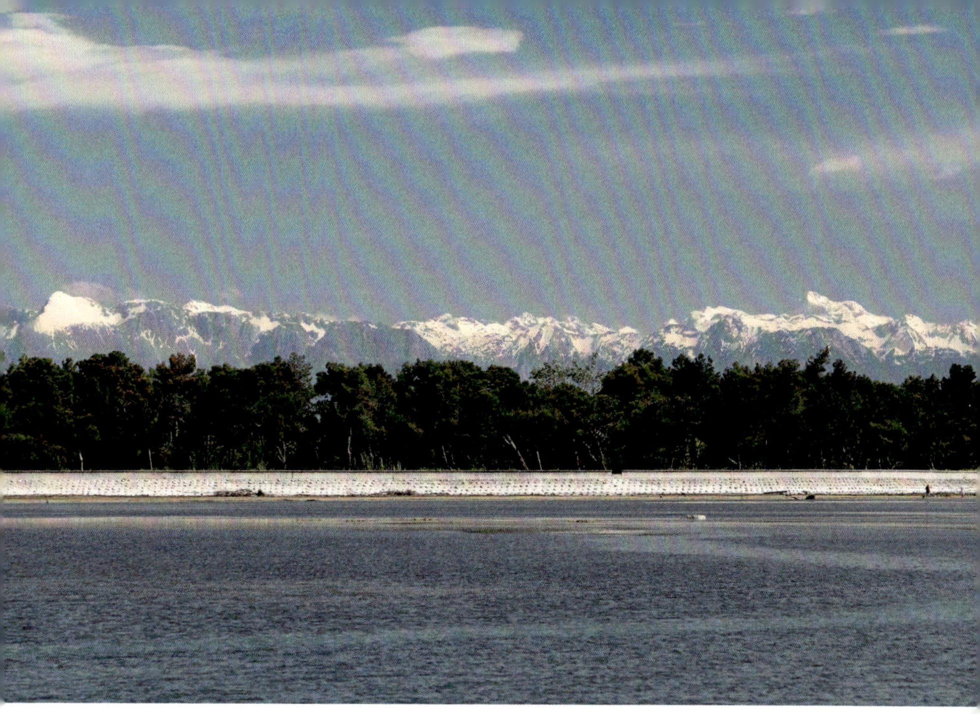

Bei klarem Wetter sind die Alpen von Grado aus gut zu sehen. Links der Krn, rechts der Triglav.

zu den interessanteren Wegen in dieser doch sehr übersichtlichen Landschaft. Der nur wenige Dutzend bis maximal 200 Meter breite Waldstreifen Bosco Averto ist mit dem Schutzgebiet **Riserva Naturale Regionale della Valle Cavanata** verbunden. Auffallend sind die zahlreichen **Ulmen**. Für **Spechte** und viele andere Vogelarten stellt der Wald ein wichtiges Refugium in dieser sonst waldarmen Gegend dar.

Nach circa 5 Kilometern kommen wir an eine asphaltierte Straße, in die wir rechts einbiegen. Kurz darauf halten wir an der Informationsstelle der Riserva Naturale Regionale della Valle Cavanata. Es handelt sich um ein ehemaliges Fischzuchtgebiet, dessen Nutzung in den 1990er-Jahren aufgegeben wurde und das sich wie die Isola Cona zu einem überregional bedeutsamen Vogelparadies entwickelt hat. Mehr als 250 Vogelarten wurden hier schon gezählt.

Noch gut 1 Kilometer und wir erreichen die Strada Regionale SR 19. Dort links auf den Radweg und auf diesem bis **Grado Pineta**. Ich empfehle, gleich an der ersten Einfahrt links zum Strand abzubiegen und auf der Strandpromenade bis Grado zu radeln – oder am Strand zu träumen.

KURZ & BÜNDIG

Charakterisierung: Mäßig anstrengende Radtour auf befestigten Wegen und Straßen, lediglich im Bereich des Bosco Averto auf etwas holprigem Erdweg. Keine Steigungen.

Gesamtlänge: Ca. 45 km.

Beste Jahreszeiten: Frühjahr und Herbst

Tipps: Das Stadtbild Grados ist geprägt durch die Architektur der 1950er- und 1960er-Jahre. Die Altstadt nimmt nur noch einen Bruchteil der gesamten Stadtfläche ein. Doch gerade hier konzentrieren sich die Sehenswürdigkeiten, allen voran die **Basilica Sant'Eufemia**, geweiht im Jahr 579 und somit zu den ältesten Sakralbauten an der nördlichen Adria zählend. Aus dieser Zeit stammen die Bodenmosaike. Bemerkenswert ist auch der *Ambo* (Kanzel) aus dem 14. Jahrhundert mit der symbolisierten Darstellung der Evangelisten und der bemalten Kuppel.

Lohnenswert ist auch eine Fahrt mit einem Ausflugsschiff in die Lagune, sei es zur Insel **Barbana** mit der Wallfahrtskirche Santa Maria di Barbana oder – landschaftlich reizvoller – in den westlichen Teil der Lagune mit ihren zahlreichen Inselchen, auf denen noch sogenannte *casoni* stehen, schilfgedeckte Fischerhütten, die heute vielfach nur mehr als Wochenendhaus oder touristischen Zwecken dienen.

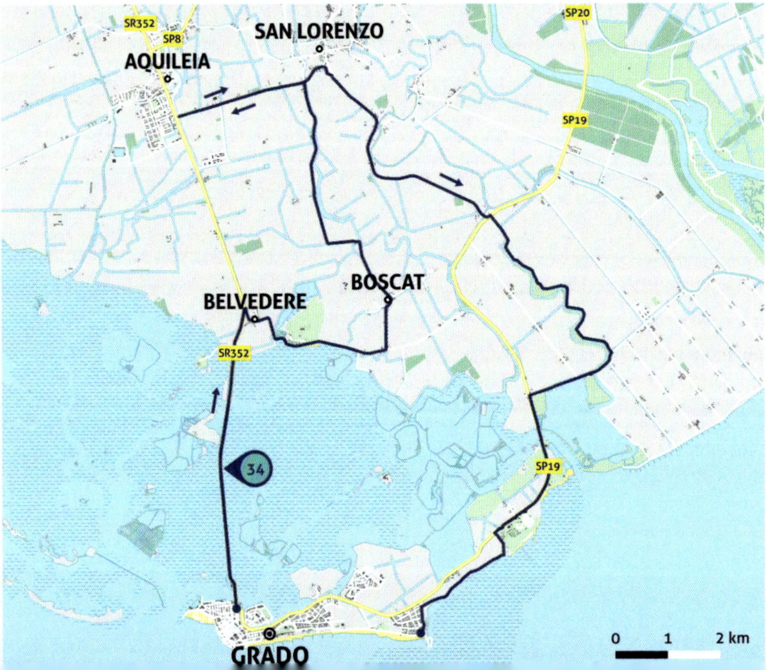

SR352 SP8 AQUILEIA SAN LORENZO SP20 SP19 BOSCAT BELVEDERE SR352 34 SP19 GRADO 0 1 2 km

Anhang

Empfohlene Landkarten

Empfohlene Landkarten erhältlich bei den örtlichen Tourismusagenturen (außer freytag & berndt und Tabacco)

Wander- und Freizeitkarte **Julische Alpen** 1:50.000, freytag & berndt WK 141

Triglavski narodni park (Nationalpark Triglav) – Turistična karta/Tourist map 1:50.000. Kartografia, Ljubljana

Posočje – Turistična karta/Tourist map 1:40.000, mit Rad- und Wanderwegen; erfasst den gesamten Bereich zwischen Mangart, Vršič-Pass im Norden und Nova Gorica im Süden. Kartografia, Ljubljana

Bovec–Trenta. Wanderkarte 1:25.000. Sidarta

Krn. Kobarid–Tolmin. Wanderkarte 1:25.000. Karta Planinske zveze Slovenija

Drežnica und seine Umgebung. Faltprospekt mit Kartenausschnitt ca. 1:30.000, Hrsg. LTO Sotočje. Sehr zu empfehlen für die Touren 17–21. Erhältlich vor Ort und als PDF im Internet.

Collio–Brda–Gorizia. Topographische Wanderkarte 1:25.000. Tabacco 054. Empfiehlt sich für Tour 27 ab Korada; ist genauer als die Karte „Posočje".

Grado–Lignano (inkl. Aquileia, Monfalcone, Isola Cona). Mappa cicloturistica/Radkarte 1:25.000.

Museen (Auswahl)

Besucherzentrum Dom Trenta (Trenta-Haus) des Nationalparks Triglav: Multimediavorstellung des Nationalparks, Trenta-Museum (ethnologisches Kulturerbe der Trenta). *www.tnp.si/en/visit/about-the-park/information-points/tnp-info-centre-dom-trenta/*

Festung **Kluže** im Koritnicatal: Dauerausstellung über die Geschichte der Festung und über die Ereignisse in diesem Gebiet während der beiden Weltkriege und danach. *valley.com/de/sehenswurdigkeiten/der-erste-weltkrieg/kluze-%20-fort-herman/*

Käsereimuseum **Od Planine Do Planike** auf dem Gelände der Molkerei Mlekarna Planika in Kobarid: Geschichte und Ethnologie der Alm- und Weidewirtschaft im oberen Sočatal. *www.soca-valley.com/de/sehenswurdigkeiten/erbe/museen-und-sammlungen/2018010315133318/*

Museum von Kobarid (Kobariški muzej): Preisgekrönte Dauerausstellung zum Thema „Erster Weltkrieg am Isonzo" – ohne Kriegsverharmlosung. *www.kobariski-muzej.si/deu* und *http://www.potmiru.si/pdf/kobariski_muzej_NEM.pdf*

Museum von Tolmin (Tolminski muzej): Dauerausstellung zur Geschichte und Ethnologie des Raums Bovec, Kobarid, Tolmin, Geschichte des Tolminer Bauernaufstands. *www.tol-muzej.si/en* und *www.potmiru.si/deu/tolminski-muzej*

Freilichtmuseen entlang des Friedenswegs „Pot miru" (Laufgräben, Kavernen, Unterstände etc. aus dem Ersten Weltkrieg): *Čelo* oberhalb Kal-Koritnica, *Ravelnik* bei Bovec, *Zaprikraj* oberhalb Drežniške Ravne, *Mrzli vrh* oberhalb Tolmin, *Mengore* bei Tolmin, *Kolovrat* zwischen Kobarid und Tolmin. *www.potmiru.si/pdf/Freilichtmuseen-des-Ersten-Weltkrieges.pdf* und *www.potmiru.si/pdf/poti-miru-alpe-jadran_NEM.pdf*

Erster-Weltkrieg-Museum in Gorizia (Museo della Grande Guerra di Gorizia), nahe der Burg.
www.turismofvg.it/Museen/Provinzielles-Museum-von-Gorizia-Erster-Weltkrieg-Museum

Nationales Archäologisches Museum in Aquileia (Museo Archeologico Nazionale): Fundstücke aus der Römerzeit, geborgen bei Ausgrabungen in Aquileia. *www.fondazioneaquileia.it/de/sehenswuerdigkeiten/archaeologisches-nationalmuseum*

Frühchristliches Nationalmuseum in Aquileia (Museo Nazionale Paleocristiano), u. a. mit unvollendeten Büsten der Heiligen Petrus und Paulus vom Beginn des 4. Jahrhunderts, *www.fondazioneaquileia.it/de/sehenswuerdigkeiten/fruehchristliches-museum*

Zum Thema „Erster Weltkrieg" gibt es zahlreiche, meist kleine private Museen in Bovec, Drežnica, Most na Soči und anderen Orten.

Empfehlenswerte Unterkünfte

Umfasst eine subjektive Auswahl des Autors nach jeweils mehrmaligem Aufenthalt: gute Ausstattung, freundliche Vermieter und/oder freundliches Personal, gutes Frühstück, ruhige und/oder günstige Lage, gutes Preis-Leistungs-Verhältnis.

„Ökotouristischer" Bauernhof (Ekološko turistična kmetija) **Pri Plajerju,** Trenta. Stanka und Marko Pretner. Komfortable Apartments, hervorragendes Frühstück, freundliche Familie (vier Kinder, Marko ist auch Leiter des Informationszentrums Trenta des Nationalparks Triglav), absolut ruhige Lage in herrlicher Umgebung. *www.turisticnekmetije.si/de/bauernhof/ekolosko-turisticna-kmetija-pri-plajerju* und *www.eko-plajer.com*

Ökobauernhof (Ekološka kmetija) **Černuta,** Irena und Domen Černuta, Log pod Mangartom. Gemütliche Ferienwohnungen, prima Frühstück, freundliche Familie, absolut ruhige Lage in gigantischer Umgebung, Verkauf von Schafskäse ab Hof. *www.turisticnekmetije.si/de/bauernhof/cernuta*

Apartma FON, Drežniške Ravne. Bequeme und dafür besonders preiswerte Apartments in ruhiger Lage, freundliche Familie, günstiger Ausgangspunkt für Wanderungen zum Slap Curk, zur Alm Zaprikraj, zum Soška pot ..., gutes Frühstück. *www.freeweb.siol.net/fonm/652.html* (englisch)

Touristischer Bauernhof (Turistična kmetija) **Kranjc,** Koseč bei Drežnica, großzügig ausgestattete Zimmer und Apartments, reichhaltiges Frühstück und Abendessen, Familie freundlich und auskunftsbereit, ruhige Lage, günstiger Ausgangspunkt für Wanderungen zu den Wasserfällen in der Umgebung von Drežnica, zur Italienischen Kapelle ...
www.turizem-kranjc.si/de/index.html

Pension **Rutar,** Tolmin. Familiär geführte Pension im Zentrum von Tolmin. Gemütliche Zimmer, gutes Frühstück und Abendessen, freundliches, hilfsbereites Personal. www.soca-valley.com/de/soca-tal/gastronomie/kobarid-and-surroundings

Apartma Pod Gradom. 040/507533 (Minka), 041/903665 (Nataša), apppodgradom@gmail.com, Čarkova ulica 2A, 5213 Kanal, Tel. 05/3051203, *davorin.brezavscek@siol.net.* Bestens ausgestattete Ferienwohnung zur Selbstverpflegung, daneben noch ein Doppelzimmer. Ruhige Lage am Hang, liebevoll angelegter Garten. Freundliche Familie, Schwiegersohn ist exzellenter Gebietskenner und gibt gute Tipps für Ausflüge in die Umgebung.

Hotel Sabotin, Solkan (Nova Gorica): ansprechende Fassade, Zimmer, Frühstück, Pizzen und Leihfahrräder sind in Ordnung. Restaurant erinnert etwas an die Zeit vor der Unabhängigkeit Sloweniens. Preise schwanken abhängig von (geschäftlichen) Events in Nova Gorica, sind aber im Vergleich zu den Casino-Hotels durchaus erträglich. Ruhige Lage, günstiger Ausgangspunkt für Wanderungen auf den Škabrijel, den Sabotin, Sveta Gora und an die Soča. *www.hotelsabotin.com*

Hotel Tanit, Grado Pineta: einige Hundert Meter vom Sandstrand entfernt, dafür umso ruhiger und von schönem Garten umgeben. Freundliches und hilfsbereites Personal, saubere Zimmer. Österreichische Gäste stellen die Mehrheit. Ein nicht nur für italienische Verhältnisse reichhaltiges Frühstücksbuffet. Günstige Übernachtungspreise gemessen am Preisniveau von Grado. *www.hoteltanit.it*

Internetadressen lokaler und regionaler Tourismusverbände

www.soca-valley.com/de/ (für Bovec, Kobarid, Tolmin)
www.soca-trenta.si/en/
www.dreznica.si/de
www.tic-kanal.si/eng/Kanal-and-surroundings/
www.novagorica-turizem.com/ger
www.turismofvg.it/Ort/Görz
www.turismofvg.it/Ort/Gradisca-di-Isonzo
www.turismofvg.it/Ort/Monfalcone
www.turismofvg.it/Ort/Aquileia
www.turismofvg.it/Ort/Grado
www.grado.it

außerdem
www.pzs.si Internetauftritt des Slowenischen Alpenvereins Planinska zveza Slovenije (PZS); auch mit englischsprachiger Webseite (wichtig: „Huts & Shelters"/Schutzhütten)

www.soca-valley.com/de/sehenswurdigkeiten/erbe/museumszug/ mit weiterführenden Links

Telefonieren

Internationale Notruf-Nr.: 112
Internationale Vorwahl für Slowenien: 00386 (die anschließende 0 der Ortsvorwahl wird weggelassen)
Internationale Vorwahl für Italien: 0039 (die anschließende 0 der Ortsvorwahl wird beibehalten!)

Literaturnachweis

Geschichte

Marko Simič: Auf den Spuren der Isonzofront. Hermagoras, Klagenfurt 2004.
Vasja Klavora: Monte San Gabriele – Die Isonzofront 1917. Hermagoras, Klagenfurt 1998.
Vasja Klavora: Blaukreuz – Die Isonzofront Flitsch/Bovec 1915–1917. Hermagoras, Klagenfurt 2003.
Stiftung „Wege des Friedens im Sočatal" (Pot miru): Weg des Friedens – Führer der Isonzofront im oberen Sočatal. Kobarid 2007.
A. Moritsch, G. Tributsch (Hrsg.): Isonzo-Protokoll. Hermagoras, Klagenfurt 1994.
Andreas Moritsch (Hrsg.): Alpen-Adria – Zur Geschichte einer Region. Hermagoras, Klagenfurt 2001.
Joachim Hösler: Slowenien. Von den Anfängen bis zur Gegenwart. F. Pustet, Regensburg 2006.
M. M. Dan, A. Delneri: Das Görzer Schloß und sein Dorf. Edizione della Laguna, Monfalcone 1993.
Luigi Marcuzzi: Aquileia – Kunst und Geschichte. Edizione Ghedina, Cortina
Ezio Marocco: Grado – Ein kunsthistorischer Reiseführer. Bruno Fachin Editore, Trieste

Natur- und Reiseführer

G. Pilgram, W. Berger, G. Maurer: Das Weite suchen – Zu Fuß von Kärnten nach Triest. Carinthia, Klagenfurt 2006.
G. Pilgram, W. Berger, W. Koroschitz, A. Pilgram-Ribitsch: Die letzten Täler – Wandern und Einkehren in Friaul, 3. Auflage. Drava, Klagenfurt 2010.
Borut Korun: Die Soča – Sloweniens Smaragd. Kajak- und Urlaubsführer. Pollner, Unterschleißheim 2005.
Igor Maher: Die schönsten Radtouren in Slowenien. Styria Regional, Wien–Graz–Klagenfurt 2014.
P. Immich, M. Kemmler: Slowenien – 30 Mountainbiketouren im Soča-Tal. freiraus, München 2011.
Andrej Mašera: Die 55 schönsten Klettersteige – in den Karawanken, Julischen und Steiner Alpen. Styria Regional, Wien–Graz–Klagenfurt 2014.
Slovenian Museum of Natural History: Nature of Slovenia – The Alps. Ljubljana 2004.
Ingrid Pilz: Julische Alpen. Carinthia, Klagenfurt 2008.

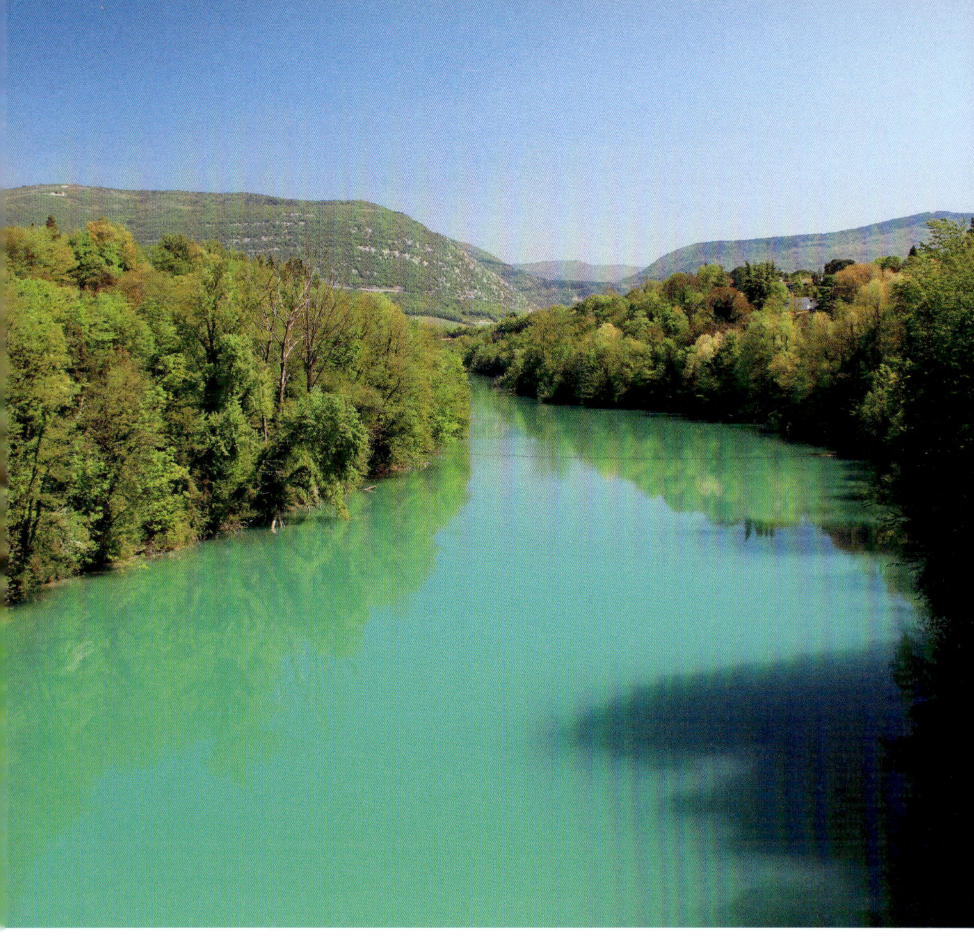

Der Isonzo bei Gorizia. Im Hintergrund links der Sabotin/Monte Sabotino.

Wolfram Guhl: Nationalpark Triglav – Ein Bergparadies in Slowenien, 4. Auflage. Styria Regional, Wien–Graz–Klagenfurt 2014.

E. Kozorog, J. Pagon, D. Fučka: Exceptional trees in Northern Litoral (Außergewöhnliche Bäume in der Region Goriška). Als Broschüre oder als PDF. LTO Sotočje, Tolmin, 2013

Matthias Kapeller: Kraftquellen zwischen Alpen und Adria – Unterwegs zu den schönsten Orten des Christentums in Kärnten, Slowenien, Friaul. Carinthia, Klagenfurt 2008.

Evelyn Rupperti: Friaul-Julisch Venetien – Das große Reisehandbuch. Carinthia, Klagenfurt 2006.

I. Drozdowski, A. Mrkvicka: Naturführer Obere Adria. Naturhistorisches Museum, Wien 2008.

Hinweis für Bergwanderer, Radfahrer, Mountainbiker:
Die Auswahl und Beschreibung der Touren erfolgte nach bestem Wissen und Gewissen des Autors. Durch Naturereignisse, aber auch durch menschliche Aktivitäten können sich Änderungen des Zustands und Verlaufs von Wegen, Straßen und Brücken ergeben. Die Benutzung dieses Führers erfolgt auf eigene Gefahr. Der Verlag und der Autor übernehmen keinerlei Haftung.

Liebe Leserin, lieber Leser,

haben Ihnen die Touren entlang des schönsten Flusses Europas gefallen? Dann freuen wir uns über Ihre Weiterempfehlung. Würden Sie sich gerne genauer über die Gegend entlang Soča und Isonzo informieren? Möchten Sie mit dem Autor in Kontakt treten? Wir freuen uns auf Austausch und Anregung unter **leserstimme@styriabooks.at**

Inspirationen, Geschenkideen und gute Geschichten finden Sie auf **www.styriabooks.at**

STYRIA
BUCHVERLAGE

ISBN 978-3-222-13650-4

Bücher aus der Verlagsgruppe Styria gibt es
in jeder Buchhandlung und im Online-Shop
www.styriabooks.at

Lektorat: Nicole Richter
Covergestaltung: Emanuel Mauthe
Buchgestaltung: Ursula Kothgasser, www.koco.at / malanda-Buchdesign, Graz
Fotos: alle Wolfram Guhl (außer Cover: marcin jucha – stock.adobe.com; S. 39: Dušan Jesenšek)
Kartendaten: © OpenStreetMap-Mitwirkende; Public Information of Slovenia,
the Surveying and Mapping Authority of the Republic of Slovenia,
DMV0125, Dezember 2014
Kartografie: Birgit Mayer, Extraplan

Druck und Bindung: Neografia
7 6 5 4 3 2 1
Printed in the EU